Reiseführer Natur USA

BLV

Wolfgang Bittmann
Brigitte Fugger

Reiseführer Natur
USA

Die Deutsche Bibliothek – CIP-Einheitsaufnahme

Reiseführer Natur USA / Wolfgang Bittmann;
Brigitte Fugger. – 3. Aufl. –
München; Wien; Zürich; BLV, 1998
ISBN 3-405-14067-6
NE: Bittmann, Wolfgang; Fugger, Brigitte

Die Zusammenstellung der praktischen Reiseinformationen und die Beschreibung der Touren in diesem Führer erfolgten mit größtmöglicher Sorgfalt und mit Rücksicht auf die Natur. Bitte verhalten auch Sie sich entsprechend und beachten Sie im Interesse Ihrer eigenen Sicherheit die Hinweise der Autoren, z. B. zu gefährlichen Wegstrecken. Ob eine Route gefährlich ist, hängt neben den Wetterverhältnissen auch von der persönlichen Konstitution des Wanderers ab. Befragen Sie im Zweifelsfall vor einer Reise ihren Hausarzt. Bitte haben Sie Verständnis dafür, daß sich nach Erscheinen des Buches Wegführungen, Anschriften oder Telefonnummern ändern können. Korrekturhinweise werden Autor und Verlag gerne aufgreifen:
BLV Verlagsgesellschaft mbH, Postfach 40 03 20, 80703 München

BLV Verlagsgesellschaft mbH
München Wien Zürich
80797 München

Dritte Auflage

Umschlaggestaltung: Patscheider Design, Augsburg
Karten: Viertaler + Braun, Grafik und DTP, München
Redaktionelle Mitarbeit: Dr. Einhard Bezzel, Prof. Dr. Josef H. Reichholf
Lektorat: Dr. Friedrich Kögel
Layout: Volker Fehrenbach, München
Herstellung: Hermann Maxant
Satz: Appl, Wemding
Reproduktionen: Repro Ludwig, Zell a. See
Druck: Appl, Wemding
Bindung: Bückers GmbH, Anzing

Printed in Germany · ISBN 3-405-14067-6

Inhalt

Einführung

Essays

Hauptreiseziele

Nebenreiseziele

Reiseplanung

Anhang

Zum Geleit

Reiseführer Natur – eine Chance für den sanften Tourismus?

Dem Massentourismus ist sehr viel Natur zum Opfer gefallen. Der Versuch, der Unwirtlichkeit der Städte und der Industriegesellschaft in eine »intakte Natur« für die kostbarsten Wochen des Jahres zu entfliehen, mißlang gründlich. Denn der Ruhe, Entspannung und Naturgenuß suchende Mensch wurde im Touristikboom schnell wieder in die Massen einbezogen und beinahe zu einer »Ware« degradiert. Der zähe Brei des Massentourismus wälzte sich, da er fortlaufend seine eigenen Existenzgrundlagen zerstört, immer weiter hinaus bis in die letzten Winkel der Erde. Mit größter Sorge betrachteten Naturschützer in aller Welt diese Entwicklung und versuchten – vergeblich – sich dagegen zu stemmen. Sie waren und sind machtlos gegen die Flut, die über sie und die wenigen geschützten Gebiete hereinbrach. Die Naturschützer hatten so gut wie keine Chancen, die Natur vor dem Massenansturm zu bewahren.
So wurde denn der Tourismus in Bausch und Bogen als nicht natur- und umweltverträglich verdammt und gebrandmarkt. Nicht ganz zu Recht, wie man bei objektiver Betrachtung der Sachlage zugeben muß. Denn nicht wenige der wichtigen, ja unersetzlichen Naturreservate der Welt konnten gerade wegen des Tourismus gesichert werden, der Staaten wie Tansania mit der weltberühmten Serengeti oder Ecuador mit seinen Galápagos-Inseln mehr harte Währung einbrachte, als eine Umwidmung der geschützten Flächen zu anderen Formen der Nutzung. Durch geschickte und gezielte Lenkung des Besucherstromes ist es möglich, die Schäden gering zu halten, aber großen Nutzen einzubringen. Viele Beispiele gibt es hierfür. In Amerika, in Afrika und in Südostasien gelingt es offenbar weitaus besser, Naturreservate zu erhalten als hierzulande in Mitteleuropa, wo Naturschutzgebiete fast automatisch zu Sperrgebieten für Naturfreunde gemacht werden (während andere Nutzungsformen, insbesondere Jagd und Fischerei, in der Regel uneingeschränkt weiterlaufen dürfen).
Es fehlt an Information und an Personal, das die Schutzgebiete überwacht, Besucher betreut und für die Erhaltung der Natur wie für die Einhaltung der Schutzbestimmungen sorgt. Vielfach können gerade da, wo die Schutzgebiete mit strengem »Betreten verboten« ausgewiesen sind, die Schutzziele nicht eingehalten werden. Es fehlen die »Verbündeten«; sie sind als Naturfreunde ausgeschlossen und damit keine starken Partner. Eine grundsätzliche Änderung, eine Wende zum Besseren ist derzeit nicht in Sicht. So bleibt der Naturfreund auf sich allein gestellt, Natur zu erleben, ohne sie zu stören oder gar zu zerstören.
Die neue Serie »Reiseführer Natur« folgt diesen Leitgedanken. Sie will den engagierten Naturfreunden die Möglichkeiten aufzeigen, sich schöne Landschaften mit einem reichhaltigen oder einzigartigen Tier- und Pflanzenleben auf eine »umweltverträgliche« Art und Weise zu erschließen. Ein Tourismus dieser Art, der auf Information aufbaut und dessen Ziel die Sicherung der Naturschönheiten ist, wird vielleicht die überfällige Wende bringen. Unberührte Natur, naturnahe Landschaften und freilebende Tiere und Pflanzen haben ihren besonderen Wert. Aber er wird nicht zum Nulltarif auf Dauer zu erhalten sein.

Einhard Bezzel
Josef H. Reichholf

Vorwort

Ein stetig anwachsender Besucherstrom dokumentiert die magnetische Anziehungskraft der zahlreichen Nationalparks, National Monuments und anderer Schutzgebiete der Vereinigten Staaten. Er dokumentiert aber auch den Erfolg eines mit großer Sorgfalt ausgearbeiteten Naturschutzkonzeptes, dessen Entwicklung mit der Gründung des Yellowstone-Nationalparks 1876 begann. In einem Land, in dem seit Beginn der »weißen« Besiedlung der Umgang mit der Natur kaum rücksichtsloser hätte sein können, bedeutete dieses Konzept die letzte Rettung für große Teile seiner einmaligen Tier- und Pflanzenwelt.
Aber schon droht den amerikanischen »Naturinseln in der Kultursteppe« eine neue Gefahr: Sie werden »zu Tode geliebt« wie es eine Schlagzeile einmal treffend beschrieb. Das gewandelte Verhältnis des Menschen zum eigenen Naturerbe führt zu immer neuen Besucherrekorden, so daß manche Nationalparks schon an die Grenzen ihrer Aufnahmekapazität stoßen. Ist daher eine weitere Werbung überhaupt zu rechtfertigen?
Wir meinen ja – denn wer den ersten Bison einmal in freier Wildbahn beobachtet hat, wird sich nicht mehr fragen, was ihn dieses Tier eigentlich angeht; wer den ersten Weißkopf-Seeadler über sich schweben sah, wird darüber nachdenken, warum dessen Junge immer noch an mit Umweltgiften verseuchtem Futter eingehen müssen. Das eigene Erleben wird von Aufklärung und Verständnis für die Natur begleitet, zwei wichtigen Faktoren, denen wir in diesem Buch Rechnung zu tragen versuchten.
Während die Beschränkung der jährlichen Besucherzahlen pro Nationalpark eine zukünftige Aufgabe der amerikanischen Naturschutzbehörden sein wird, ist und bleibt ein rücksichtsvolles, verantwortliches Verhalten die Aufgabe jedes Besuchers:

- Akzeptieren Sie daher Ihre Rolle als Gast, respektieren sie eventuelle Einschränkungen ihrer Bewegungsfreiheit und hinterlassen sie ein Schutzgebiet so, wie sie es vorgefunden haben. Auch Sie gehören bereits zu einer der »zukünftigen« Generationen, für die diese Natur erhalten werden soll!
- Versuchen sie möglichst viel über ihr Besuchsziel zu lernen, denn die Nationalparks der USA zeigen ihre Schönheiten vor allem dem geduldigen, nicht von Terminen gehetzten Besucher. Ersetzen sie Quantität durch Qualität!

Auch in unserem Reiseführer mußten wir aus der großen Zahl von Schutzgebieten in diesem Sinne auswählen. Wir hoffen, das Typische getroffen zu haben.

Wolfgang Bittmann
Brigitte Fugger

Einführung

Zur Benutzung des Buches

Der vorliegende Reiseführer soll es dem Leser ermöglichen, die Natur, d. h. die vielfältigen Landschaften, Pflanzen und Tiere der USA (ohne Alaska und Hawaii) samt einigen ihrer Probleme und Veränderungen kennenzulernen. Zu diesem Zweck wurde das Buch in folgende Kapitel gegliedert:
In der »**Kleinen Landeskunde**« werden die natürlichen Gegebenheiten des Reiselandes USA wie Landschaften, Klima, Pflanzen- und Tierwelt dargestellt. Auch dem Einfluß des Menschen ist ein Abschnitt gewidmet.
Der Hauptteil enthält die Natursehenswürdigkeiten des Landes, aufgeteilt in 26 Haupt- und 20 Nebenreiseziele. Bei der Reihenfolge der Beschreibungen wurden sowohl geographische als auch reisetechnische Zusammenhänge berücksichtigt. In der Karte des hinteren Bucheinbandes sind alle Reiseziele verzeichnet.
Hauptreisegebiete stellen sehenswerte und für das Verständnis der Naturgeschichte wichtige Ziele dar; sie besitzen besonders interessante geologische Formationen, eine typische Pflanzen- und Tierwelt und in der Regel einen Schutzstatus (Nationalpark, National Monument u. a.), der sie dem Zugriff des Menschen entzieht. Sie werden beispielhaft beschrieben, wobei versucht wird, möglichst viele Arten im Foto darzustellen. Verweise auf erwähnte Arten, die in einem anderen Kapitel abgebildet sind, erfolgen durch »S. . . .«, Textstellenverweise durch »s. S. . . .«. Essays (im Text blau unterlegt) geben zusätzliche Information zu bestimmten Themen. Wo immer möglich, werden deutsche Artnamen verwandt. Als Vorlage dienten dabei für die Säuger »Grzimeks Enzyklopädie« (1988), für die Vögel »Wolters, Die Vogelarten der Erde« (1975–1982). Gibt es vor allem bei Pflanzen keinen eindeutigen deutschen Artnamen, wird der englische in den Text genommen. Nur in seltenen Fällen wird der lateinische Artname zur Verdeutlichung aufgeführt; z. B. ». . .Tannenläuse der Art *Adelges piceae*. . .«. Wird ein Tier oder eine Pflanze nur als Gattung oder Gruppe genannt, so folgt der lateinische Gattungsname in Klammern; z. B. ». . .Apfelschnecken *(Pomacea)*. . .«. Die Artbestimmung richtete sich nach den Audubon-Führern (s. Anhang unter Literatur).
Neben den allgemeinen Informationen enthält jedes Hauptreiseziel **Wegbeschreibungen und Karten.** Sie geben Vorschläge aus dem Angebot der möglichen Aktivitäten. Das Gewicht liegt dabei nicht auf Vollständigkeit, sondern darauf, das Typische zu erfassen ohne sich zu verzetteln.
Die km-Angaben der Wege beziehen sich, falls nicht anders vermerkt, stets auf die Gesamtstrecke. Für Einzelheiten des Reiseziels steht die Rubrik »**Praktische Tips**« zur Verfügung. Bei »Unterkunft« ist zu beachten: wo keine Reservierung erforderlich ist, wird dies auch nicht im Text erwähnt.
»**Blick in die Umgebung**« enthält Ziele, die nahe einem Hauptreiseziel liegen bzw. auf dem Weg dorthin passiert werden und einen Abstecher lohnen.
Nebenreiseziele bieten weitere Einblicke in die Natur des Reiselandes. Teilweise ähneln sie in ihrer Struktur den Hauptreisezielen, d. h. sie besitzen die meisten der dort beschriebenen Arten; manchmal zeichnen sie sich aber auch durch ureigene Sehenswürdigkeiten aus. Sie erfordern in jedem Fall eine eigene Anfahrt- und Zeitplanung, wofür aber oft ein geringerer Besucherdruck entschädigt.
Der leichteren Reisevorbereitung dient das Kapitel »**Reiseplanung**« im Anhang. Hier werden u.a auch Tips für Autofahrer und

Hinweise zum Verhalten in Schutzgebieten gegeben. Es bleibt zu bedenken: Die Infrastruktur von Schutzgebieten, die Unterkunftsmöglichkeiten und insbesondere Telefonnummern sind naturgemäß gelegentlichen Änderungen unterworfen !
Im anschließenden Wörterbuch der Pflanzen- und Tiernamen sind alle erwähnten Arten alphabetisch aufgelistet. Ist ein deutscher Artname bekannt, kann in der Rubrik »Deutsch-Englisch-Wissenschaftlich« auch der entsprechende englische bzw. wissenschaftliche Name gefunden werden. Liegt nur ein englischer Artname vor, so kann man in der Rubrik »Englisch-Deutsch« den entsprechenden deutschen oder, falls ein solcher nicht vorhanden, den wissenschaftlichen Namen nachsehen.
Das Register ist in 2 Teile gegliedert: Im ersten können die im Text aufgeführten Pflanzen- und Tiernamen nachgeschlagen werden, im zweiten findet man die Namen der erwähnten Orte, Landschaften, Nationalparks usw.

Zeichenerklärung für die im Text verwendeten Karten
Um die Übersichtlichkeit der Karten zu gewährleisten, wurden vor allem die für den Touristen interessanten Informationen aufgenommen. Die verwendeten Symbole und Abkürzungen werden in der folgenden Übersicht erklärt. Weitere Sonderzeichen sind in der jeweiligen Karte erläutert, wenn sie nur in diesem Gebiet verwendet werden.

Verwendete Kartensymbole

Asphaltstraße (jeglicher Breite und Ausbaustufe)
Piste
Allradpiste (nur mit Geländefahrzeugen befahrbar)
Wanderweg
Fähre
Gondelbahn
Fluß
Trockenfluß
Staatsgrenze
See, Meer
Nationalpark
Nationalpark, Wasser
Stadt
Gletscher
Ortschaft, wichtiger Platz
Berg
Aussichtspunkt
Informationszentrum
Rangerstation
Unterkunft (Hotel, Motel usw.)
Campingplatz
einfacherer Zeltplatz für Wanderer
Flughafen
Besuchspunkte (mit Querverweisen im Text)

Kleine Landeskunde

Lage und Größe

Die Vereinigten Staaten von Amerika, kurz USA, sind mit rund 9,4 Mio. km² der viertgrößte Staat unserer Erde. Sie gliedern sich in den District of Columbia mit der Hauptstadt Washington und 50 Bundesstaaten, von denen 48 eine zusammenhängende Fläche von 7,83 Mio. km² (= 22mal die Fläche Deutschlands) einnehmen. Diese dehnt sich über 4500 km und 4 Zeitzonen über die gesamte Südhälfte des nordamerikanischen Kontinents vom Atlantik im Osten (67° westlicher Länge) bis zum Pazifik im Westen (123° westlicher Länge). Die Nord-Süd-Erstreckung mißt rund 2700 km und reicht von 49° bis 24° nördlicher Breite, von Kanada im Norden bis Mexiko. Außerhalb liegen die Bundesstaaten Alaska (1,5 Mio. km²) im Nordwesten des nordamerikanischen Kontinents und die pazifische Inselgruppe von Hawaii (rund 16800 km²). Die USA verfügen außerdem über Besitzungen in Mittelamerika (Puerto Rico, Jungfern-Inseln) und im Pazifik (Guam, Amerikanisch-Samoa u. a.).

Entstehung

In der Entstehungsgeschichte muß ganz Nordamerika, d. h. die Gesamtheit aller auf der Nordamerikanischen Kontinentalplatte liegenden Staatsgebiete betrachtet werden. Dazu gehören neben den USA (einschließlich Alaska) auch Kanada, Grönland sowie Mexiko und weite Bereiche Mittelamerikas.
Noch vor 200 Mio. Jahren grenzte Nordamerika als Teil des einzigen, riesigen Urkontinents Pangäa unmittelbar an Eurasien (im Osten) sowie an Südamerika und Afrika (im Süden). Sein Zentrum bildete der aus bis 4 Milliarden Jahre alten Graniten und Gneisen aufgebaute stabile Festlandskern des Kanadischen bzw. Laurentischen Schildes, an dessen Ostrand sich bereits

Typische Landschaft des Baxter State Parks (s. S. 221) im östlichsten Bundesstaat Maine; im Hintergrund der Mt. Katahdin, im Vordergrund blühende »Rhodora«.

der Gebirgszug der heutigen Appalachen aufgefaltet hatte.
Pangäa lag damals weit im Süden (die Gegend des heutigen New York befand sich am Äquator), wanderte aber stetig weiter nordwärts. Dabei führte der mit einer globalen Erwärmung einhergehende Anstieg des Meeresspiegels zur Ausbildung flacher Meere, vor allem im niedrigen Nordteil Pangäas, auf dem sich dicke Sedimentschichten ablagerten – ein Prozess, der sich bis ins Tertiär mehrfach wiederholte und auch das heutige Bild Nordamerikas entscheidend mitprägte (z. B. im Bereich der Great Plains, s. S. 12).
Nach der Teilung Pangäas in einen Südkontinent (Gondwanaland) und einen Nordkontinent (Laurasia) vor ca. 180 Mio. Jahren blieb Nordamerika zunächst weiterhin Nachbar Eurasiens, von dem es erst durch die zunehmende Öffnung des Nordatlantiks im Laufe der folgenden 120 Mio. Jahre getrennt wurde. In dieser Zeit begann Nordamerika seine stetige Drift in Richtung Westen, deren heutige Geschwindigkeit bei etwa 2,5 cm/Jahr liegt.
Während sich im Osten der Nordatlantik durch Neubildung von Ozeanboden verbreiterte, wurde die dem Pazifik unterliegende Platte im Westen unter die Nordamerikanische gedrückt und dort in großen Tiefen aufgeschmolzen. Im Laufe dieser sog. Subduktion kam es immer wieder zu Kollisionen mit vulkanischen Inselbögen und kleineren Erdkrusten-Bruchstücken. Viele dieser »Mikroplatten« verschmolzen dabei mit dem nordamerikanischen Kontinent und vergrößerten seine Fläche um insgesamt etwa 25 %.
Eine weitere Folge der Kollisionen waren verschiedene Gebirgsbildungen: Die Rocky Mountains begannen sich vor ca. 60–70 Mio. Jahren zu heben (Laramische Faltung), später dann die Sierra Nevada, das Kaskadengebirge und die Coast Ranges. Der begleitende Vulkanismus baute vor etwa 3,5 Mio. Jahren auch den Isthmus von Panama auf und schuf damit wieder die Verbindung zum mittlerweile ebenfalls westwärts gewanderten Südamerika.

Bizarre Verwitterungsformen charakterisieren die Trockengebiete des Südwestens; hier ein Blick vom South Rim Drive auf den Spider Rock im Canyon de Chelly National Monument, Arizona (s. S. 216).

Landschaftliche Großräume

Das zusammenhängende Staatsgebiet der USA (ohne Alaska und Hawaii) läßt sich vereinfacht in 3 geomorphologische Großräume aufteilen (s. Abb. S. 13): die alte östliche Mittelgebirgsregion der Appalachen, die zentralen Tiefländer und Ebenen auf dem Schelf des Kanadischen Schildes, und die jungen westlichen Hochgebirge der Kordilleren (Rocky Mountains u. a.).

Östliche Mittelgebirgsregion

Der Gebirgskomplex der Appalachen besteht im wesentlichen aus sehr alten präkambrischen Gesteinen. Er zieht sich über 3000 km vom mittleren Georgia im Süden über das kanadische Staatsgebiet bis hinauf nach Neufundland und läuft dabei annähernd parallel zur atlantischen Küste. Innerhalb der USA werden die Appalachen in einen nördlichen und einen südlichen Teil gegliedert.

Der nördliche Abschnitt umfaßt das küstennahe, bis 150 m hohe Hügelland der **New England Lowlands** im Osten sowie die von einigen höheren Gebirgszügen überragten, tief zerschnittenen Rumpfflächen der **New England Uplands**, die ihre größte Höhe im Mount Mansfield erreichen (1336 m). Sie grenzen im Westen an den Gebirgsstock der Adirondacks, der noch dem Kanadischen Schild zugerechnet wird. Adirondacks wie nördliche Appalachen waren im Pleistozän stark vereist und zeigen daher eine große Vielfalt glazialer Abtragungs- und Aufschüttungsformen.

Die südlichen Appalachen erheben sich aus der atlantischen Küstenebene und setzen sich aus 4 schmalen Längszonen zusammen: Auf das **Piedmont-Plateau** im Osten folgen die **Blue Ridge**, das **Große Appalachental** und schließlich die **Appalachen-Plateaus** (Allegheny, Cumberland u. a.), die sich von z. T. über 1000 m Höhe allmählich nach Westen absenken und dort in einer Schichtstufe enden. Die Blue Ridge, die das 100–400 m hohe, wellige Piedmont-Plateau steil überragt, löst sich im Süden in mehrere parallele Bergketten auf, die in den Great Smoky Mountains (s. S. 184) auf über 2000 m ansteigen.

Zentrale Tiefländer und Ebenen

Nur wenige einzelne Erhebungen unterbrechen die Einförmigkeit des Flachlandes der mittleren USA. Zu ihnen gehören das seenreiche Bergland des Superior Upland im Norden (bis 600 m), die Ouachita Mountains in Verbindung mit den Ozark-Plateaus im Bundesstaat Mississippi (bis knapp über 820 m), und die domartige Aufwölbung der Black Hills (s. S. 23) in South Dakota (2207 m, Mount Harney). Ansonsten zeigen die Sedimentschichten des zentralen Flachlandes ein von Osten nach Westen in mehreren Stufen allmählich ansteigendes Höhenprofil. Im Nordosten, im **Bereich der Großen Seen**, werden die tiefsten Lagen von seenreichen, glazialen Aufschüttungen bestimmt, an die sich südlich die 300–500 m hohen Plateaus von Kentucky und Tennessee anschließen. Diese gehen im Westen in die von Flüssen zerschnittenen Ebenen der **Great Plains** über, die am Fuße der Rocky Mountains schließlich eine Höhe von 1200–1500 m erreichen. In Nord-Süd-Richtung erstrecken sich die Great Plains vom mittleren Texas bis über die kanadische Staatsgrenze und dienen u. a. als Sammelbecken großer Stromsysteme (Mississippi, Missouri, Ohio).

Westliche Hochgebirge

Entlang der pazifischen Küste zieht sich ein bis zu 1500 km breiter Gebirgsgürtel (die sog. **Kordilleren**), der sich im Süden über Mexiko bis nach Südamerika und im Norden über Kanada bis nach Alaska hinein fortsetzt. Zu ihm gehören in den USA die Rocky Mountains im Osten, das Pazifische Gebirgssystem im Westen und eine weite, meist hochgelegene Intermontane Zone zwischen diesen beiden vielfach gegliederten Bergketten.

Das Hochgebirge der Rocky Mountains erreicht in der Sawatch-Kette seine größte Höhe im 4398 m hohen Mount Elbert. Es besteht aus verschiedenen Bergketten unterschiedlicher Streichrichtung und wird durch Yellowstone- und Wyoming-Becken in drei Abschnitte zerlegt. Vor allem im nördlichen und mittleren Teil zeigen sich zahlreiche Spuren der jüngsten pleistozänen Vereisungen (s. auch S. 51).

Die Intermontane Zone setzt sich aus vier Hochbecken zusammen. Von Süden nach Norden sind dies das Hochland von Arizo-

na und New Mexico, das Colorado-Plateau, das Große Becken und das Columbia-Plateau. Das **Hochland von Arizona und New Mexico** wird wie das **Große Becken** durch zahlreiche kurze, bis über 3000 m hohe Bergketten im Wechsel mit großteils abflußlosen Aufschüttungsebenen charakterisiert. Diese sinken von 1500 m vereinzelt bis unter das Meeresspiegelniveau ab (z. B. im Death Valley, s. S. 213) und weisen einige große Salzseen auf. Bei **Columbia-** wie **Colorado-Plateau** handelt es sich dagegen um von Flüssen z. T. tief zerschnittene, hochgelegene Gebiete mit typischem Tafellandcharakter. Während im Columbia-Plateau (300–1800 m) hauptsächlich jüngere vulkanische Gesteinsdecken auftreten, kann man z. B. in den im Grand Canyon (s. S. 117) angeschnittenen Sedimentschichten des Colorado-Plateaus (1500–3300 m) die Erdgeschichte bis fast in ihre Anfänge verfolgen. Im Bereich dieses vor rund 16 Mio. Jahren gehobenen »roten« Plateaus liegen die bekanntesten Naturwunder und viele Schutzgebiete der USA.

Das **Pazifische Gebirgssystem** zeigt eine deutliche Gliederung in drei Längszonen. Von Osten nach Westen sind dies im südlichen Teil die Sierra Nevada, das Kalifornische Längstal und die Bergketten der Coast Ranges, im nördlichen Teil das Kaskadengebirge, die Willamette-Puget-Senke und wieder die Coast Ranges, die sich die gesamte Pazifikküste entlangziehen. Während für die **Coast Ranges** (um 1500 m) relativ kurze Bergketten typisch sind, charakterisieren ausgedehnte Hochflächen das im Mittel 3000 m erreichende Gebirge der **Sierra Nevada** (s. S. 92). Das **Kaskadengebirge** (s. S. 65) andererseits wird von einer Reihe meist schneebedeckter Vulkane gekrönt, deren höchster, der Mount Rainier, 4394 m hoch aufragt.

Klima

Entsprechend der Nord-Süd-Erstreckung vom 49. bis zum 24. nördlichen Breitengrad hat das zusammenhängende Staatsgebiet Anteil an mehreren Klimazonen. Während im Norden **kühlgemäßigtes Klima** mit Übergängen in den kaltgemäßigten, borealen Bereich vorherrscht, liegt der Süden überwiegend in der **warmgemäßigt-subtropischen**, ja z. T. sogar der tropischen Zone (Florida, s. S. 175). Neben dieser großräumigen Zuordnung spielt aber auch die geomorphologische Dreiteilung des Landes (s. S. 13) eine große Rolle bei der Klimagestaltung.

So sorgen die Kordilleren für eine wirkungsvolle Abriegelung der ozeanischen Einflüsse im Westen und damit sowohl für die Ausbildung großer Trockengebiete an ihren Leeseiten als auch für eine allgemeine Verschärfung der kontinentalen Klimamerkmale im Landesinneren. Hier erlaubt das reliefarme, zentrale Flachland außerdem ein ungehindertes Vordringen arktischer Luftmassen nach Süden bzw. tropischer Luftmassen nach Norden und fördert damit häufige schroffe Wetterwechsel und rasche Temperaturänderungen. Erst weiter im Osten werden die Extreme unter dem Einfluß des warmen Golfstromes wieder gemildert, und die Niederschläge steigen. Insgesamt ergibt sich also das **dreigeteilte Bild von trockenem Westen** (mit der Ausnahme des Pazifischen Nordwestens), **kontinental-extremer Mitte** und **feuchtem Osten**.

Im Winter wird das Wetter allgemein durch wandernde **Tiefdruckgebiete** bestimmt. Sie bringen schwere Niederschläge in Form von Regen oder Schnee, vor al-

Die Vegetationszonen der USA

stark vereinfacht

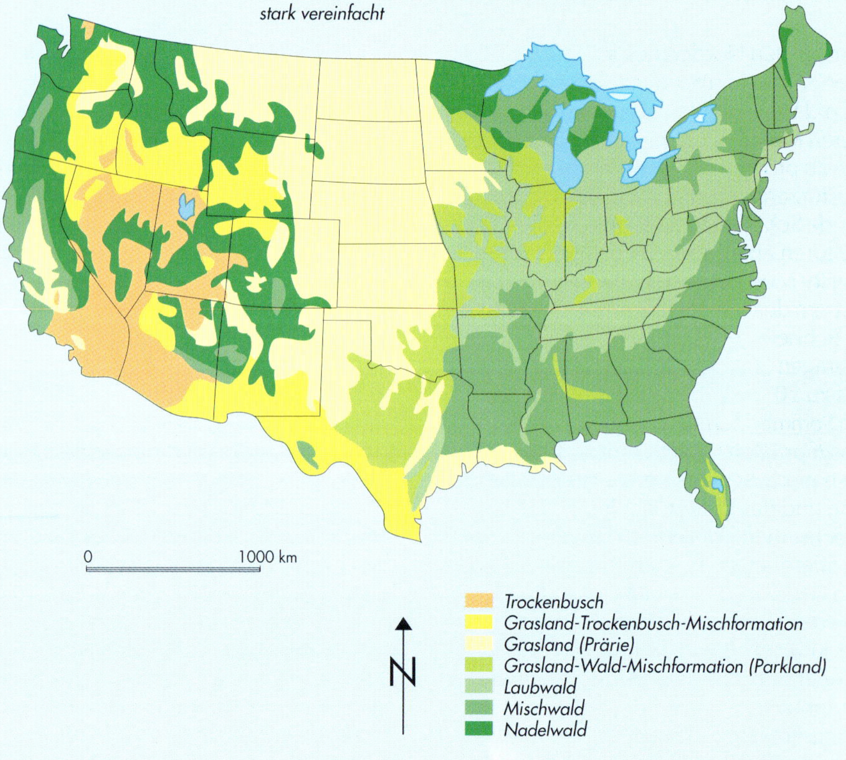

Landschaft nordöstlich des Yosemite-Nationalparks (s. S. 91) im Bundesstaat Kalifornien: Das herbstliche Gelb der weitverbreiteten Amerikanischen Zitterpappeln setzt markante Akzente.

lem für den Norden des Staatsgebietes. Der Winter ist aber auch die Zeit der als »Cold Waves« bzw. »Northers« bezeichneten **Kälteeinbrüche** in den mittleren USA, die zu plötzlichen, sehr krassen Temperaturstürzen führen können und oft verheerende Schäden in den südlichen Pflanzenkulturen anrichten. Auf der Ostseite der Rocky Mountains steht ihnen als anderes Extrem der warme Fallwind Chinook (= Schneefresser) gegenüber, der hier in wenigen Stunden für Temperaturanstiege bis zu 20 °C sorgen kann.

Im Sommer herrschen mit Ausnahme eines ausgeprägten Hitzetiefs über dem Südwesten niederschlagsärmere **Hochdrucklagen** vor, und das Wetter ist allgemein weniger wechselhaft. Im zentralen Flachland kann es allerdings zu ausgedehnten, weit nach Norden vorstoßenden **Hitzewellen** (»Hot Waves«) kommen. Der Frühsommer (April bis Juni) ist hier die Zeit der **Tornados**. Pro Monat bilden sich mehr als 100 dieser kleinräumigen, kurzlebigen Wirbelstürme (mittlerer Durchmesser 200 m, mittlere Lebensdauer 25 Minuten) und können bei Windgeschwindigkeiten bis zu 500 km/h trotz ihrer nur kurzen Zugbahnen große Verwüstungen anrichten. Der Spätsommer dagegen ist die Zeit der **Hurrikane** – großer tropischer Wirbelstürme, die über dem Karibischen Meer entstehen und vor allem im Bereich der Golfküste gelegentlich auf das nordamerikanische Festland übertreten.

Pflanzen und Tiere

Vegetation

Auch in der großräumigen Vegetationszonierung des zusammenhängenden Staatsgebietes der USA spiegelt sich die geomorphologische Dreiteilung des Landes wieder. Die Nadelwälder, Trockengehölze und Grasformationen des Westens stehen den homogeneren Einheiten der zentralen Prärien und der östlichen Laub- und Mischwaldgebiete gegenüber (s. Abb. links). Allerdings wurde diese natürliche Vegetation vom Menschen bereits stark verändert und ist daher außerhalb der Schutzgebiete nur selten anzutreffen.

Östliche Wälder

Bis auf kleinere Bestände borealen Nadelwaldes im Gebiet der Großen Seen sowie in den Hochlagen der Appalachen besteht die natürliche Vegetation des Ostens aus artenreichen, sommergrünen Laub- und Mischwäldern. Wichtige Formationen bilden dabei die ausgedehnten Eichenwälder der Appalachen sowie die Buchen-Ahorn- bzw. Eichen-Hickorynuß-Wälder der Plateaulandschaften. Letztere leiten westwärts mit einem Parklandgürtel zu den zentralen Grasländern über.

Veränderungen: Die Wälder des Ostens hatte vor allem im 19. Jh. stark unter großflächigen Abholzungen mit anschließender, oft außer Kontrolle geratender Brandlegung zu leiden. Später wurde die Zusammensetzung der verbliebenen Waldbestände durch die Wahl bestimmter Baumarten in der modernen Forstwirtschaft z. T. verändert oder durch die Anlage großer Kiefern-Plantagen gänzlich zerstört. Weitere große Schäden richteten eingeschleppte Schädlinge an (s. S. 187).

Zentrale Grasländer

Die natürliche Vegetation der endlosen Ebenen der mittleren USA wird in weiten Teilen von reinen Grasfluren gebildet. Dabei herrschen im niederschlagsreicheren, tiefer gelegenen Osten des Gebietes Langgras-Prärien vor. Sie schließen sich unmittelbar an das von Waldinseln durchsetzte östliche Parkland an und gehen im Westen in Mischgras-Prärien über. Mit zunehmender Höhe und abnehmenden Niederschlägen werden diese weiter westwärts durch Kurzgras-Prärien ersetzt. Vor allem im trockeneren Süden des zentralen Flachlandes treten außerdem auch Mischformationen aus Grasfluren und Trockengehölzen auf.

Veränderungen: Der menschliche Einfluß war in der gesamten zentralen Region der Great Plains besonders groß. Die Langgras-Prärien wurden nahezu vollständig in Ackerland verwandelt (Mais, Sojabohnen u. a.), die westlichen Misch- und Kurzgrasprärien litten unter der Anlage ausgedehnter Monokulturen (vor allem Weizen) und der gebietsweise starken Überweidung durch Rinder und Schafe. Bodenabspülung und – vor allem – Bodenausblasung durch Wind erreichen hier oft horrende Ausmaße.

Vegetationsformationen des Westens

<u>Nadelwälder:</u> Feucht-Nadelwälder mit hochwüchsigen Bäumen konzentrieren sich an der nördlichen Pazifikküste sowie an den Westhängen der anschließenden Coast Ranges und des Kaskadengebirges (s. S. 65). Östlich und südlich davon dominieren Trocken-Nadelwälder unterschiedlicher Zusammensetzung sowohl in den Gebirgen als auch in weiten Teilen der Intermontanen Zone. Misch- und Laubwälder sind nur punktuell und besonders im Pazifischen Gebirgssystem Kaliforniens verbreitet.

Veränderungen: Die reichen Holzreserven des Pazifischen Nordwestens wurden von der Raubwirtschaft des letzten Jahrhunderts weit weniger betroffen als die östlichen Wälder. Der Kampf der Holzindustrie um größere Einschlagsgebiete wird allerdings immer heftiger und führt heute zu starken Konflikten mit den Naturschützern: gleichzeitig entstehen zunehmend große, monotone Nadelholzplantagen. In den übrigen, trockeneren Gebieten bilden vom Menschen fahrlässig angelegte Waldbrände eine stetige Gefahr.

<u>Trockengehölze und Grasländer:</u> Hierher gehören neben der Sonderformation des Chaparral (ein Gürtel immergrüner Hartlaubgehölze rund um das Kalifornische Längstal) vor allem die ausgedehnten, von wenigen Kleinstraucharten dominierten Trockenbuschgebiete der Intermontanen Zone. Gegen Süden zunehmend mit Sukkulenten durchsetzt bestimmen sie das Landschaftsbild der südwestlichen Halbwüsten des Großen Beckens (Nevada/

Wermutsträucher dominieren weite Gebiete der trockenen Intermontanen Zone (s. S. 12) des Westens; hier eine Aufnahme aus dem Coral Pink Sand Dunes State Park südlich des Zion-Nationalparks (s. S. 125) im Bundesstaat Utah.

Utah), der Mohave (Süd-Kalifornien) und der Sonora (Süd-Kalifornien/ Arizona, s. S. 107).
Reine Grasfluren findet man nur im Kalifornischen Längstal und in den nördlichen Teilen des Columbia-Plateaus. Wesentlich weiter verbreitet sind dagegen Mischformationen von Grasländern und Kleinsträuchern, die sowohl im Norden als auch im Süden der Intermontanen Zone weite Gebiete einnehmen. Solche Grasland-Trockenbusch-Mischungen charakterisieren z. B. auch die Chihuahua-Wüste (s. S. 162, 167) am südöstlichen Rand des Hochlandes von Arizona und New Mexico.
Veränderungen: Abgesehen von teils schweren Überweidungsschäden mit nachfolgenden Bodenverlusten ist der menschliche Einfluß in diesen trockeneren Zonen geringer. Allerdings führte der zunehmende Ausbau von Staudämmen und die Anlage von Bewässerungskulturen gebietsweise zu starken Änderungen des Landschaftsbildes.

Tierwelt

Säugetiere

9 Ordnungen von land- und amphibisch lebenden Säugetieren sind mit rund 370 Arten im gesamten Nordamerika nördlich von Mexiko vertreten (zum Vergleich: Afrika mit Madagaskar 1500, Europa 181). Von ihnen kommen etwa 20 Arten nur in Alaska bzw. in Alaska und Kanada vor. Beispiele hierfür sind Halsbandlemming, Eisfuchs, Eisbär, Moschusochse und verschiedene Robben. Auch die Verbreitungsgebiete eines Teils der übrigen 350 Arten reichen nur knapp bis in das zusammenhängende Staatsgebiet der USA hinein. Dies gilt besonders für »südliche« Arten wie Halsbandpekari (S. 174) oder Antilopenhase.
Die Ordnung der **Beuteltiere** ist in Nordamerika mit nur einer Art vertreten, dem etwa hauskatzengroßen Nordopossum (S. 188). Es bevölkert vor allem weite Teile des Ostens und ernährt sich hauptsächlich

Der Puma gehört zu den »heimlichsten« Bewohnern des Westens. Seine Jungen werden von der Mutter aufgezogen.

Graufüchse bevölkern weite Teile der USA. In den wärmeren Gegenden sind sie hauptsächlich nachts unterwegs.

Neunbinden-Gürteltiere erreichen eine Körperlänge von 60–80 cm.

von Aas, Kleintieren und Beeren. Ähnlich rar machen sich die **Nebengelenker** mit ebenfalls nur einer Art, dem mit schweren Knochenplatten gepanzerten Neunbinden-Gürteltier. Die dritte,nur mit einer Art vorkommende Ordnung ist die der **Seekühe** (Nagel-Manati, S. 182).

Die **Insektenesser** präsentieren sich mit 37 Arten aus den Familien der Spitzmäuse und Maulwürfe. Diese meist nachtaktiven bzw. unterirdisch lebenden Würmer- und Insektenjäger sind nahezu überall anwesend, werden aber selten gesehen. Eine Art, die Kurzschwanzspitzmaus, besitzt einen giftigen Speichel, mit dem sie ihre Beutetiere lähmt. Die Ordnung der **Fledermäuse** (s. S. 161) ist mit rund 40 Arten ebenfalls weit verbreitet. Mit Ausnahme des nur einmal in Texas nachgewiesenen Kleinen Blutsaugers gehören sie alle zu der Gruppe der Insektenjäger.

Die **Hasentiere** Nordamerikas (19 Arten) umfassen auch die Familie der Pikas (S. 160). Diese Pfeifhasen leben in den Hochlagen der Gebirge, besitzen kleine runde Ohren, aber keine hinteren Sprungbeine. Sie werden deshalb oft mit **Nagetieren** verwechselt, die mit rund 200 Arten alle Lebensräume besiedeln. Zu ihnen zählen die Stummelschwanzhörnchen (S. 60) genauso wie die zahlreichen Hörnchen (s. S. 137), die in unterirdischen Bauen lebenden Taschenratten, Taschenmäuse und Känguruhratten (S. 164), der Kanadische Biber (S. 205), die Neuweltmäuse (Cricetidae), die Hüpfmäuse, der Nordamerikanische Baumstachler (S. 44) und der Nutria.

Zu der Ordnung der **Raubtiere** (54 Arten) gehören Schwarz- und Braunbären (s. S. 53), häufige Arten wie der Nordamerikanische Waschbär (S. 68) und der Streifenskunk (S. 203) sowie einige Seltenheiten wie Schwarzfußiltis oder Ozelot. Zu den bekanntesten amphibisch lebenden Raubtieren zählen die in kaum einem Zoo fehlenden Kalifornischen Seelöwen und die Seehunde (S. 60).

Die **Paarhufer** schließlich sind mit 15 Arten in Nordamerika vertreten. Jeder Besucher sieht zumindest einige der zahlreichen Weißwedelhirsche (S. 197) und Großohrhirsche (letztere werden gelegentlich auch als Maultierhirsche bezeichnet, abgeleitet vom englischen »Mule Deer«, S. 165), und jeder wünscht sich zumindest einmal einen Elch (S. 45), eine Schneeziege (S. 52) oder einen Bison (s. S. 31) zu Gesicht zu bekommen.

Vögel

Von den rund 750 bekannten Vogelarten Nordamerikas nördlich von Mexiko (zum Vergleich: Australien 720, Mexiko rund 1000) gelten über 620 Arten als Brutvögel. Wegen der im Winter vor allem im Norden äußerst unwirtlichen Bedingungen sind viele von ihnen Zugvögel.
Einige der insgesamt 73 vertretenen Familien sind weltweit verbreitet (Greifvögel, Falken, Entenartige, Reiher, Tauben, Eulen, u. a.), andere nur auf der Nordhemisphäre (Seidenschwänze, Baumläufer, Seetaucher u. a.), wieder andere kommen nur in der Neuen Welt, d. h. in den drei Amerikas vor. Nur 1 Familie (mit 2 Arten) findet man ausschließlich in den USA und Mittelamerika: Es sind die Truthühner (Meleagrididae), deren US-amerikanischer Vertreter, das Truthuhn, als Stammform des bekannten Haustruthuhns gilt.
Von den neuweltlichen Vogelfamilien haben fast alle ihren Verbreitungsschwerpunkt in Süd- bzw. Mittelamerika und statten den südlichsten USA nur gelegentliche Besuche ab: so z. B. die Schmuckvögel (Cotingidae), die Hokkohühner (Cracidae) oder die Trogone (Trogonidae). Einige Familien dringen aber sogar bis Alaska vor und brüten auch in Nordamerika (Zahl in Klammern = Artenzahl):

- die von Wasserschnecken lebenden Rallenkraniche (Aramidae, 1);
- die Neuweltgeier (Cathartidae, 3, S. 107, S. 149), einschließlich des fast ausgestorbenen Kalifornischen Kondors;

Nur die Männchen des Rotschulterstärlings besitzen die auffällige namensgebende Zeichnung.

- die Stärlinge (Icteridae, 20, S. 130), die z. T. schöne Beutelnester bauen, z. T. aber auch als Brutparasiten kleinerer Vogelarten leben;
- die als Stimmenimitatoren bekannten Spottdrosseln (Mimidae, 10, S. 160);
- die kleinen, oft sehr farbenprächtigen Waldsänger (Parulidae, 52, S. 30);
- die bunten, z. T. auf Mistelbeeren spezialisierten Ammertangaren (Thraupidae, 5, S. 195);

Die 13–20 cm langen Rotkehl-Anolis sind im Südosten häufig. Sie besitzen einen roten Kehlfächer und bevorzugen Gewässernähe.

- die winzigen, schillernden Kolibris (Trochilidae, 15, S. 46, S. 121) als wichtige Blütenbestäuber;
- die Zaunkönige (Troglodytidae, 10), von denen 1 Art allerdings auch in Eurasien und Afrika vorkommt;
- die insektenjagenden Tyrannen (Tyrannidae, 31, S. 172);
- die Vireos (Vireonidae, 12) mit ihrem feinen Hakenschnabel.

Angesichts dieser Vielfalt erscheint es kaum glaubhaft, daß in Nordamerika in den letzten 200 Jahren mehr Vogelarten ausstarben als auf irgendeinem anderen vergleichbaren Kontinent. Die Ursache dafür lag in der oft hemmungslosen Bejagung, vor allem aber in den enormen Lebensraumverlusten. Von unserer Erde für immer verschwunden sind z. B. die Riesenalken (seit 1844) und Labradorenten (um 1875–78); der letzte Carolinasittich, die einzige Papageienart Nordamerikas, starb 1914 in Gefangenschaft – im gleichen Jahr wie die letzte der einst in Milliardenschwärmen (!) vorkommenden Wandertauben; vom Elfenbeinspecht, dem größten Specht der Erde, wurde seit den 1950er Jahren kein Exemplar mehr entdeckt, für den Eskimobrachvogel gibt es seit den 1930er Jahren keinen gesicherten Nachweis.

Reptilien, Amphibien und Fische

Knapp 290 Reptilienarten hat Nordamerika nördlich von Mexiko zu bieten (zum Vergleich: Australien über 700, Deutschland 12), von denen Klapperschlangen, Mississippi-Alligatoren und die Gila-Krustenechse zu zweifelhaftem Ruhm gelangten (s. S. 183). Daneben gibt es aber noch zahlreiche »harmlosere« Gruppen wie die Schildkröten mit knapp 50 z. T. sehr farbenprächtigen Arten (S. 181) oder die neuweltlichen Echsenfamilien der **Leguane** und **Schienenechsen**. Beide kommen hauptsächlich in den südlichen Bundesstaaten vor, sind zumeist tagaktiv und lokal recht häufig. Zu den ersteren gehören u. a. die Taubleguane (S. 169) und Krötenechsen (S. 132); letztere sind überwiegend mit der Gattung der Rennechsen (»Whiptails«, S. 172) vertreten. Aus der kosmopolitischen Familie der **Skinke** (Glattechsen) ist z. B. der Streifenskink (S. 189) vor allem in den östlichen USA weit verbreitet.

Die Amphibien kommen in Nordamerika mit rund 200 Arten vor. Zur Ordnung der **Schwanzlurche** zählen z. B. die zahlreichen Querzahnmolche und die Lungenlosen Salamander, deren 80 Arten meist aber nur sehr kleine Areale besiedeln. Der Amerikanische Riesensalamander erreicht Körperlängen von über 70 cm. Die Familie der kuriosen, äußere Kiemen tragenden Armmolche ist in ihrer Verbreitung auf Nordamerika beschränkt. Beispiele aus der Ordnung der **Froschlurche** sind die Schaufelfüße, der stimmkräftige Ochsenfrosch (S. 202) oder die bis über 20 cm große aus Mittelamerika eingeführte Aga-Kröte, die sich gebietsweise auf das Naschen aus Hunde- und Katzen-Futternäpfen spezialisiert hat. Sehr hübsch und oft intensiv grün gefärbt sind viele der Laubfroscharten der USA.

Die Meere rund um Nordamerika weisen einen immer noch großen Reichtum an Fischen auf. So werden über den Schelfgebieten des Ostens (Nordatlantik) vor allem Heringe, Schollen und Kabeljaue gefangen, während man sich im Westen (Pazifik) mehr auf Lachse, Thunfische und Sardinen konzentriert. An den Küsten wie in den rund 206 000 km² bedeckenden Binnengewässern ist die Fischerei ein beliebter und weit verbreiteter Sport. Vor allem die Laichwanderungen der **Pazifischen Lachse** locken Menschen wie Bären an die Ufer vieler westlicher Flüsse. Jeder hier geborene Lachs kehrt nach Erreichen der Geschlechtsreife und z. T. jahrelangem Umherziehen im Meer wieder in sein Geburtsgewässer zurück. Er findet es mit Hilfe des Geruchssinn und legt bei seinen Wanderungen oft Tausende von Kilometern zurück. Nach dem Ablaichen sterben die Fische dann ab.

Wirbellose

Obwohl mit fast 100000 bekannten Arten in allen Lebensräumen Nordamerikas vertreten und unabkömmlich in den Nahrungsketten der verschiedenen Ökosysteme, erregen Wirbellose meist erst dann die Aufmerksamkeit, wenn sie entweder besonders schädlich (s. S. 187), furchtbar lästig (wie die Stech- und Kriebelmücken), ziemlich ausgefallen (wie die Eiswürmer, S. 66), sehr schön (wie die Schmetterlinge, S. 47, S. 129, S. 173) oder auch nur ein Schreckgespenst aus Kindertagen (wie die Spinnen, S. 162) sind. Da es schwierig und ohne die Hilfe eines Spezialisten oft auch unmöglich ist, die einzelnen Arten zu bestimmen, sollte man sich einfach begeistern lassen – von den oft schreienden Farben der Schmetterlingsraupen, den ausgefallenen Formen der Zikaden, der Vielfalt der Käfer und der Eleganz der Libellen.

Mensch und Geschichte

Die Vereinigten Staaten von Amerika wurden – wie der Kontinent – nach dem Spanier Amerigo Vespucci benannt (»America« = weibliche Form von Amerigo). Der Seefahrer hatte bei seinem Besuch der Küste Brasiliens 1501/02 die Entdeckung einer Neuen Welt vermutet und stand mit dieser Meinung im krassen Gegensatz zur Annahme des Christoph Kolumbus (1492), der glaubte, auf der neuen Westroute Indien erreicht zu haben. Dieser damals weit verbreitete Irrtum schlug sich in vielen Namensgebungen nieder – u. a. in der Bezeichnung »Indianer« für die Eingeborenen der Neuen Welt.

Nach heutigen Erkenntnissen hatten die Vorfahren dieser Eingeborenen Nordamerika vor frühestens 40000 Jahren erstmals betreten. In kleinen Gruppen waren sie aus Eurasien über die Beringstraße eingewandert (sie lag wegen der eiszeitlich bedingten Meeresspiegelabsenkung teilweise trocken) und immer weiter nach Süden vorgedrungen. Als nomadische Jäger- und Sammlervölker besetzten sie allmählich alle Lebensräume der Neuen Welt, gingen stellenweise zur Seßhaftigkeit über, wohnten in kleinen »Städten« (s.auch S. 152), bauten Nahrungspflanzen an und entwickelten z. T. hochstehende Kulturen.

Mit Beginn des 16. Jh. fand das isolierte Leben der nordamerikanischen Indianer ein Ende: Die Spanier drangen von den Antillen und Mittelamerika aus nach Florida und vor allem in den Südwesten Nordamerikas vor, im 17. Jh. setzten sich die Franzosen am St.-Lorenz-Strom und später im Mississippi-Delta fest, die Briten nahmen die Atlantikküste und das angrenzende Hinterland in Beschlag, und im 18. Jh. machten sich die Russen in Alaska breit – zur gleichen Zeit, als sich die mittlerweile 13 englischen Kolonien für unabhängig erklärten und schließlich 1783 als »Vereinigte Staaten von Amerika« anerkannt wurden.

Der junge Staat erreichte seine heutige Größe durch Kauf des Louisiana-Territoriums von Frankreich (1803), Kriegsgewinne von Mexiko (Texas u. a., 1848) und den spektakulären Erwerb Alaskas von Rußland 1867. Gleichzeitig fand im Land eine ganz andere Schlacht statt: Die in so vielen Filmen verherrlichte und oft verfälscht dargestellte Eroberung des »Wilden Westens«, die bis heute die Vorstellung des Europäers von den USA prägt.

Treck auf Treck mit Tausenden von mittellosen weißen Siedlern unterschiedlichster Herkunft drang unter dem Schutz der Armee nach Westen vor, nahm den Indianern das Land, fällte die Bäume, verbrannte die Prärien, schleppte für die Indianer tödliche Krankheiten und Alkohol ein, brach Hunderte von Verträgen und behandelte die Indianer genauso wie die Bisons (s. S. 31) und andere Tierarten. Die Überlebenden (etwa 10 % der ursprünglich rund 2 Mio. Indianer Nordamerikas) wurden auf Reservate zurückgedrängt und bemühen sich bis heute, ihren Platz im »Vielvölkerstaat« zu finden.

1 Badlands-Nationalpark

Skurrile Erosionsformen ausgedehnter Badlands; kahle, von Prärien umgebene Lehmgebirge, Tafelberge und Canyons; eine der reichsten Fundstätten von Säugetierfossilien der Welt; Bisons, Gabelböcke und Schwarzschwanz-Präriehunde; Schweifhühner, Kanincheneulen und Fahlstirnschwalben im Sommer.

Dieses knapp 990 km² große Schutzgebiet im Südwesten des Bundesstaates South Dakota umfaßt eine phantastisch anmutende Erosionslandschaft am Westrand der ehemals endlosen Prärien des mittleren Nordamerika. Das Gebiet ist uraltes Indianerland und liegt z. T. innerhalb des Pine-Ridge-Reservats der Oglala-Sioux. Nur wenige Kilometer südlich der Parkgrenze fand hier im Dezember des Jahres 1890 die »Schlacht« am Wounded Knee Creek statt, die letzte große Tragödie der Indianerkriege: Ein versehentlich losgegangener Schuß führte zur Ermordung von 200–300 Männern, Frauen und Kindern der Sioux durch das 7. Kavallerie-Regiment. Das sinnlose Gemetzel gilt heute als das symbolische Ende der Freiheit aller nordamerikanischen Indianer.
Im Herzen des 1978 eingerichteten Badlands-Nationalparks liegt die im Mittel 60 m hohe Wall, eine knapp 100 km lange und 5–8 km breite Kette von verwinkelten Lehmschlössern, gebänderten Steilwänden, tiefen Spülrinnen, zackigen Bergrücken und zarten Minaretten. Das aus fossilen Böden, Mergeln, Ton- und wei-

»Grastische« charakterisieren die Übergangszone von der Prärie zu den eigentlichen Badlands.

chen Sandsteinen geschaffene Kunstwerk begann einst viel weiter südlich, nahe dem White River. Hunderttausende von Jahren stetiger Erosionsarbeit dieses Flusses sowie die Abtragung der weichen Sedimentschichten durch Regenwasser und Wind verschoben die Wall dann allmählich immer weiter nach Norden. Zurück blieb ein lebensfeindliches Sammelsurium der unglaublichsten Auswaschungsformen, der Urbegriff eines Badlands.

Tatsächlich stammt die Bezeichnung »Badlands« von den hier ansässigen Oglala-Sioux, die dieses für sie wenig nutzbare Gebiet schlicht als »mako sica/shika« (= Land schlecht) bezeichneten. Die ersten besuchenden französischen Pelztierjäger schlossen sich diesem Urteil an: »les mauvaises terres« (= schlechtes Land) boten auch ihnen wenig Anreiz zum Verbleib. Heute wird der Begriff Badlands allgemein für alle ähnlich weichen, wüstenhaften Erosionsformationen verwendet.

Die wichtigste Phase in der Ausformung der Badlands von South Dakota leitete sich vor etwa 37 Mio. Jahren mit Beginn des Oligozäns ein: Im Westen wölbten sich die Black Hills immer stärker auf, und zahlreiche hier entspringende Flüsse begannen mit dem Abtransport von Sedimenten in die tieferliegenden, östlichen Ebenen. Unterbrochen von Phasen der Ruhe und der Ausformung fossiler Böden lagerten sie tonhaltige Schlamme, Sande und eingewehte vulkanischen Aschen übereinander: Auf die gräuliche »Chadron Formation« folgten die »Brule« und schließlich die »Sharps Formation«. Letztere markiert das Ende des Schichtenaufbaus vor etwa 23 Mio. Jahren.

Das Oligozän, das »Goldene Zeitalter der Säugetiere«, hinterließ seine wohlkonservierten Spuren in allen drei genannten Formationen, die unter dem Namen »White River Group« weltberühmt wurden. Das Gebiet gilt als eine der reichsten bekannten Fundstätten für fossilisierte Überreste heute ausgestorbener Säugetiere. So erreichten z. B. in der älteren »Chadron Formation« die riesigen, nashornähnlichen Titanotheren im damaligen feuchten Klima ihren Entwicklungshöhepunkt; in der trockeneren Zeit der »Brule Formation« belebten Herden von wasserschweinähnlichen Oreodonten, schäferhundgroße Urpferde und Säbelzahnkatzen das Bild. Einen schönen Überblick über die aufregende Fossiliengeschichte der Badlands gibt das Museum of Geology der South Dakota School of Mines and Technology im nahegelegenen Rapid City.

Der Gabelbock gilt als schnellstes Säugetier der USA. Er kann Höchstgeschwindigkeiten von über 110 km/h erreichen.

Pflanzen und Tiere

Außerhalb der Badlands dominiert Misch- bzw. Kurzgras-Prärie. Sie gilt als einer der wenigen gut erhaltenen Überreste der Grasländer der Great Plains (s. S. 12), die einst Nordamerikas größten Tierreichtum trugen. Über 50 Grasarten wurden bisher im Park festgestellt, wobei niedriges Büffelgras, »Blue Grama« und bläuliches »Western Wheatgras« zu den häufigsten gehören. Dazwischen wachsen über 200 Arten krautiger Blütenpflanzen, die im Frühling ihre Farben zeigen: der Mis-

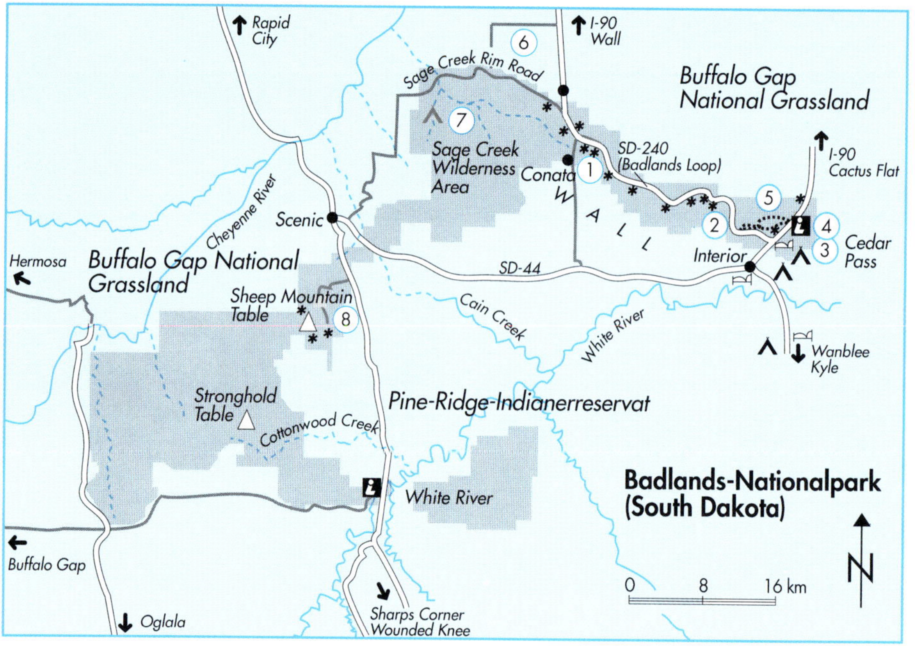

souri-Tragant präsentiert sich in Lila, »Upright Prairie-Coneflowers« in Gelb, »Scarlet Globemallows«, eine Kugelmalvenart (S. 135), in tiefem Orangerot.
In feuchteren Winkeln und entlang der Wasserläufe tauchen Sträucher auf. »Meadow Roses« öffnen im Frühling ihre rosafarbenen Blüten, und »Common Chokecherries« erfüllen die Luft mit dem süßen Duft ihrer weißen Blütenstände. Unter den Bäumen dominieren Rocky-Mountains-Wacholder und die Virginische Zedern. Sie bieten gute Nistplätze für die im Park verbreiteten Elstern.
In der offenen Prärie am Fuße der Wall fallen die 1963 wiederangesiedelten Bisons (s. S. 31) auf, die die Sage Creek Wilderness Area durchstreifen. Auf die eleganten Gabelböcke trifft man dagegen eher in den Grasländern oberhalb der Wall. Hier befindet sich auch Roberts Prairie Dog Town, eine große »Stadt« der Schwarzschwanz-Präriehunde. Diese 2–3 Pfund schweren Hörnchen leben in aus Großfamilien zusammengesetzten, mehrere hundert Individuen umfassenden Gemeinschaften. Sie haben ein ausgeprägtes Kommunikationssystem, das von »Begrüßungsküssen« bis zu dem namensgebenden »Warnbellen« reicht. Einige ihrer Wohnhöhlen werden im Sommer von Kanincheneulen in Beschlag genommen, und manchmal sieht man Langschwanzwiesel oder Kojoten (S. 143) beutehungrig um die Bauten schleichen. Weitere Nachbarn der Präriehunde sind die allgegenwärtigen Wiesenstärlinge und die Schweifhühner, deren spektakuläre Gruppenbalz im Frühjahr im Park zu beobachten ist.
In den Badlands selbst sind die leicht zu übersehenden Kleinen Chipmunks häufig. Wie die 1964 wieder angesiedelten Dickhornschafe (S. 94) heben sie sich kaum vom Untergrund ab. Im Sommer brüten die blauen Berghüttensänger (S. 96) in den Lehmwänden, Truthahngeier (S. 149) besetzen die Plateaus, und Fahlstirnschwalben kleben ihre Nester unter Überhänge.

Im Gebiet unterwegs

Der Park besitzt zwei Besucherzentren: Cedar Pass im Nordteil (ganzjährig offen) und White River im Südteil (nur im Sommer geöffnet). Letzteres zeigt eine interessante, kleine Ausstellung zur Geschichte der Indianer der Region, die mit Namen wie Sitting Bull und Crazy Horse Erinnerungen an Wildwestromane weckt.
Eine Hauptattraktion ist die Fahrt auf der SD-240, dem **Badlands Loop**, entlang der Wall durch den Nordteil des Parks ①. An dieser Straße (insgesamt etwa 45 km) liegt eine große Zahl von Aussichtspunkten, die alle einen Stop lohnen. Die Farben und Formen der Badlands treten dabei in den frühen Morgen- bzw. späten Nachmittagsstunden besonders intensiv hervor. Vom Badlands Loop gehen auch alle nördlichen Wanderwege ab, darunter drei kurze Lehrpfade:

Die kleinen, langbeinigen Kanincheneulen sind am Tage aktiv.

Fossil Exhibit Trail ②: Kurzer Rundgang vorbei an mit Plastikkuppeln geschützten Fossilienreplikas.
Cliff Shelf Nature Trail ③: 800 m langer Rundweg um einen kleinen Tümpel in einem Klippenabbruch.
Door Trail ④: 1 km langer, geologischer Spaziergang durch die eigentlichen Bad-

Schwarzschwanz-Präriehunde ernähren sich rein vegetarisch. Ihre »Städte« erreichen oft riesige Ausmaße.

Entlang des Badlands Loop eröffnen sich immer wieder faszinierende Blicke über den zentralen Teil der Wall.

lands. Der nahegelegene Window Trail und der etwas anstrengendere Notch Trail führen ebenfalls in diese Region.

Einen interessanten Eindruck von der Topographie des Nordteils kann man auch während einer Wanderung auf dem **Castle Trail** gewinnen. Er beginnt nahe dem Parkplatz für den Door Trail und läßt sich mit dem **Medicine Root Trail** gut zu einem Rundweg kombinieren ⑤ (knapp 10 km). ACHTUNG: Wasser mitnehmen, im Sommer wird es sehr heiß!

Kurz vor dem nordwestlichen Parkeingang (Pinnacles Entrance) zweigt eine gut ausgebaute Piste ab, die **Sage Creek Rim Road** ⑥. Sie führt vorbei an Roberts Prairie Dog Town über die Wall zur **Sage Creek Wilderness Area** ⑦, die man sich nach Absprache mit den Rangern und mit Hilfe einer entsprechenden Karte erwandern kann (keine festen Wege).

Weiter auf dieser Piste erreicht man den Ort Scenic. Von dort führt eine asphaltierte Straße zum Besucherzentrum White River im Südteil des Parks. Unterwegs lohnt sich hier unbedingt ein Abstecher über eine schlechte Piste auf den **Sheep Mountain Table** ⑧, von dem sich phantastische Ausblicke über den wohl bizarrsten Teil der Badlands eröffnen.

TIP: Helikopterflüge über die Badlands sind sehr beindruckend; sie starten z. B. vom Heliport beim nordöstlichen Parkeingang.

Praktische Tips

Anreise

Von Rapid City im Westen bzw. von Sioux Falls im Osten über die I-90 bis zum Exit 131 bei Cactus Flat oder zum Exit 110 bei Wall; von dort jeweils auf der SD-240 Richtung Süden. Weitere Zufahrten teils über Pisten von verschiedenen Punkten in den Black Hills im Westen.

Klima/Reisezeit
Heiße Sommer (bis 38 °C) mit kühlen Nächten, im Winter Frost und Schneefälle (Dezember bis März); gelegentliche Blizzards und allgemein schnelle Temperaturwechsel; Regenfälle um 400 mm/Jahr vor allem im Mai/Juni. Beste Reisezeit: Frühjahr und Herbst.

Unterkunft
Im Park: Campingplatz Cedar Pass, Zeltplatz Sage Creek (kein Wasser) und Cedar Pass Lodge (Mai bis Oktober, Reservierungen empfohlen, Tel. (605) 433–5460). Weitere Unterkünfte in Interior, Wall und Cactus Flat im Norden.

Adressen
- Badlands National Park (Parkhauptquartier), P.O.Box 6, Interior, SD 57750;
- Besucherzentrum Cedar Pass: Tel. (605) 433–5361.

Blick in die Umgebung

Das den Nationalpark umgebende Buffalo Gap National Grasland läuft im Westen in den Bergen der **Black Hills** aus. Hier liegt der touristische Magnet des **Mount Rushmore National Memorial** – 4 aus dem anliegenden Granit herausgearbeitete, riesige Präsidentenköpfe, Amerikas berühmter »Altar der Demokratie«. In der Nähe ist ein ähnliches steinernes Monument, das **Crazy Horse**, gerade in Arbeit. Für den Naturinteressierten attraktiv sind aber vor allem das **Jewel Cave National Monument** (eine sehenswerte Tropfsteinhöhle), der sehr tierreiche **Custer State Park** (Bisons, Gabelböcke und Schwarzschwanz-Präriehunde z. B. entlang der Wildlife Loop Road) sowie der südlich an diesen angrenzende, kleine **Wind-Cave-Nationalpark**. Letzterer bietet von Rangern geführte Touren durch eine Tropfsteinhöhle mit außergewöhnlichen Bienenwaben-Strukturen, kurze Wanderwege und eine dem Custer State Park entsprechende Tierwelt.

Wiesenstärlinge beleben die Prärie mit ihrem flötenden Gesang.

Die »Upright Prairie-Coneflower« wird auch »Mexikanerhut« genannt.

»Curlycup Gumweed«, ein stark verzweigter Korbblütler mit klebrigen Blütenständen, besiedelt auch kärgste Böden am Rande der Badlands.

2 Theodore-Roosevelt-Nationalpark

Vielfarbige, weitläufige Badlands umgeben von Misch- und Kurzgras-Prärie; malerisches Tal des Little Missouri River; Wermutsträucher, Bisons und Schwarzschwanz-Präriehunde; knapp 180 Vogelarten, darunter Steinadler, Goldwaldsänger und Braunkopf-Kuhstärlinge.

Dieses Schutzgebiet im Westen des Bundesstaates North Dakota wurde 1947 im Gedenken an den amerikanischen Präsidenten Theodore Roosevelt eingerichtet (s. unten). Der 285 km² große Park besteht aus drei getrennten Einheiten. Süd- und Nordteil liegen rund 70 km Luftlinie voneinander entfernt; der dritte, kleinste Teil zwischen ihnen umfaßt die 1884 aufgebaute Elkhorn Ranch Theodore Roosevelts und ist touristisch nicht weiter erschlossen. Alle drei Teile werden vom Little-Missouri-Fluß durchströmt, der östlich in den hier zum Lake Sakakawea aufgestauten Missouri mündet.

Neben dem breiten Tal des Little Missouri beherrschen Grasländer und Badlands-Formationen (s. S. 22) den Park. Weiche Sand- und Tonsteine formen phantastische Urgebirge, Kuppeln und Dome und erlauben einen Blick zurück in das Zeitalter des Paläozäns (70–55 Mio. Jahre), aus dem die meisten der exponierten Schichten stammen. Die horizontal verlaufenden »Farbbänder« dokumentieren das Geschehen:

- Gelb und Gelbbraun: Schicht um Schicht lagerten ostwärts fließende Flüsse sandig-toniges Erosionsmaterial aus den sich westlich bildenden Rocky Mountains (s. S. 154) in den weiten Tiefebenen ab.
- Schwarz: Die eingetragenen Sedimente begruben z. T. dichte Pflanzendecken niederschlagsreicherer Perioden unter sich und preßten sie zu Braunkohle.
- Rot: Durch Blitz, Feuer oder spontane Selbstentzündung entstanden Schwelbrände in den später exponierten Braunkohle-Adern. Sie brannten überliegende Lehmschichten zu hartem »Ziegelstein«.
- Blaugrau: Gelegentlich produzierte vulkanische Aktivität im Westen große Mengen von Aschen, die Wind und Wasser nach Osten transportierten. Sie bedeckten die Vegetation und verwitterten schließlich zu Tongestein (Bentonit). In diesen Lagen findet man viel versteinertes Holz.

Theodore Roosevelt besuchte die Region der Badlands North Dakotas erstmals 1883 zur Jagd. In der Zeit waren die großen Schlachten mit den Sioux- und Cheyenne-Indianern gerade zugunsten der Weißen entschieden worden, die Eisenbahn hatte von Osten her den Little-Missouri-Fluß erreicht, und Bisons (s. S. 31), Dickhornschafe (S. 94) und andere Tiere der Prärien sahen ihrem Untergang entgegen. Roosevelt wandte sich deshalb wie viele andere der Rinderzucht zu und betrieb diese bis 1898. Seine dabei entdeckte Liebe zur Natur setzte er während seiner späteren Präsidentschaft (1901–1909) in zahlreiche Schutzbemühungen um.

Pflanzen und Tiere

Die Misch- bzw. Kurzgras-Prärien North Dakotas entsprechen in ihrer natürlichen Artenzusammensetzung im wesentlichen den Grasländern des Badlands-Nationalparks (s. S. 22). In diesen nördlichen Breiten überraschend ist das Vorkommen niedrig wachsender »Plains Pricklypears« inmitten der Gräser.Diese Feigenkakteen sind winterhart; ihre roten Früchte wurden

früher zur Herstellung von Marmeladen benutzt. Neben den offenen Prärien findet man auch größere, vor allem mit »Silver Sagebrush« bestandene Flächen. Die Pflanze gehört zu den Wermutsträuchern (S. 17), die mit insgesamt 8 Arten im Park vertreten sind und oft sehr wohlriechende Blätter besitzen.
Entlang des ganzjährig Wasser führenden Little-Missouri-Flusses wachsen verschiedene hohe Pappeln und Weiden, die sich manchmal zu einem schönen Galeriewald formieren. Ansonsten gibt es größere Baumbestände nur noch an einigen Hängen, auf denen Rocky-Mountains-Wacholder und andere Wacholderarten Fuß fassen konnten.
Zur Zeit der Einrichtung des Nationalparks waren viele wichtige Tierarten der Great Plains (s. S. 12) bereits aus dieser Region verschwunden und wurden deshalb teilweise wieder angesiedelt. Bereits 1956 geschah das mit dem Bison, später dann auch mit Dickhornschaf und Rothirsch (S. 36). Rettung in letzter Minute brachte der Park auch für die rücksichtslos verfolgten Schwarzschwanz-Präriehunde (S. 25). Drei ihrer enormen »Städte« im Südteil Theodore Roosevelts liegen direkt an der Straße und erlauben mühelose und amüsante Beobachtungen ihres ausgeprägten Sozialverhaltens.
VORSICHT: Füttern sowie das Betreten der »Städte« ist strikt verboten, nicht zuletzt wegen der scharfen Zähne der kleinen Nager!
Neben den kleinen Buntfalken sind Rotschwanzbussarde und Kornweihen die häufigsten Greifvögel des Parks, aber auch Steinadler (S. 74) kommen vor. Sie alle ziehen im Winter nach Süden, ebenso wie viele andere im Park heimische Vögel, darunter Carolinatauben (S. 150), Königstyrannen oder die gelbbäuchigen Gold-

Eine Bisonherde durchquert den Little-Missouri-Fluß unweit des Cottonwood-Campingplatzes im Südteil. Die »Giganten der Prärie« nehmen heute wieder einen festen Platz in diesem Park ein.

Blick von der Panoramastraße auf die Badlands des Südteils. Deutlich erkennbar ist die blaugraue Bentonit-Schicht, in der auch versteinertes Holz gefunden wird.

waldsänger. Letztere sind neben anderen Waldsängern, Vireos oder Finkenvögeln beliebte Wirte für die amselgroßen Braunkopf-Kuhstärlinge, die ebenfalls im Park vorkommen. Als echte Brutparasiten schieben diese Stärlinge wie der europäische Kuckuck ihre Eier den kleineren Vogelarten unter. Werden sie allerdings dabei von diesen beobachtet, reagieren z. B. Goldwaldsänger schnell: Sie begraben das fremde Ei umgehend unter einem neuen Nestboden und beginnen darauf ein zweites, eigenes Gelege. Reptilien und Amphibien sind mit nur 19 Arten im Nationalpark vertreten und werden selten gesehen. Das einzige Gifttier unter ihnen ist die etwa 1 m lange, auffällig gemusterte Präriеklapperschlange.

Goldwaldsänger besitzen eine wohltönende Stimme; hier ein Männchen mit den typischen rotbraunen Bruststreifen.

Bisons – Geschichte einer Fast-Ausrottung

Der Bison, das größte Landsäugetier des nordamerikanischen Kontinents, ist heute nur mehr an wenigen Stellen der USA zu finden. Mit einem Gewicht bis 1000 kg, seinem massigen Schädel, den kurzen, gedrungenen Hörnern und seiner zottigen Kopf-, Hals- und Schultermähne gehörte er einst zu den Charaktertieren der Great Plains (s. S. 12), wo seine Zahlen noch zu Beginn des 18. Jh. auf rund 60 Mio. geschätzt wurden. Mit den Bisons zusammen lebten Millionen von Gabelböcken (S. 23), Präriehunde (S. 25), Kojoten (S. 143), Wölfe (S. 54) und viele weitere typische Graslandarten. Sie alle erlitten mit dem zunehmenden Vordringen des »weißen Amerikaners« das gleiche Schicksal: Ihr Lebensraum wurde zerstört, sie wurden bejagt, mit Schnellfeuergewehren niedergemetzelt und vergiftet – einige bis zur völligen Ausrottung.

Die riesigen Herden der Bisons lockten schon seit Beginn der Besiedlung weiße Jäger in die endlosen Prärien des mittleren Westens. Aber erst ab etwa 1830 begann man mit der systematischen Abschlachtung, u. a. auch um die aufständischen Indianer dieser Region ihrer Lebensgrundlage zu berauben. Völlig grotesk erscheinen dabei heute die von den Eisenbahngesellschaften veranstalteten »Vergnügungsjagden«, bei denen Zehntausende von Bisons nur um ihrer delikaten Zungen willen vom Zugfenster aus abgeknallt wurden. 60 Jahre später war das »Vergnügen« jedoch vorbei: Von den etwa 60 Mio. Tieren waren nur mehr wenige Dutzend (!) übrig – eines der beschämendsten Kapitel in der Eroberungsgeschichte Nordamerikas!

Der um die Jahrhundertwende einsetzende Sinneswandel brachte Rettung in letzter Minute: Aus den im Yellowstone-Nationalpark (s. S. 34) unter dem Schutz der Armee überlebenden Individuen und aus Zootieren baute man unter großem Kostenaufwand wieder einen Bestand von etwa 65 000 Bisons auf – die heute maximal mögliche Anzahl dieser herrlichen Wildrinder für den nur noch in Resten vorhandenen Lebensraum.

Im Gebiet unterwegs

Südteil

Das Besucherzentrum **Painted Canyon** (nur im Sommer geöffnet) beim gleichnamigen Aussichtspunkt ① liegt direkt an der I-94 (Exit 8) und bietet einen ersten beeindruckenden Blick über die farbigen Badlands des Südteils. 11 km weiter östlich, in Medora, findet man das ganzjährig geöffnete Hauptbesucherzentrum. Hier kann man vor der Einfahrt in den Park Theodore Roosevelts restauriertes Wohnhaus von der Maltese Cross Ranch besichtigen.

Hauptattraktion im Südteil ist eine Rundfahrt auf der 58 km langen Panoramastraße, zu der es vom Nationalpark einen guten Führer gibt. An ihr liegen viele Aussichtungspunkte, faszinierende Badlands-Formationen, drei »Städte« der Schwarzschwanz-Präriehunde und zwei Lehrpfade: Der **Ridgeline Nature Trail** ②, ein 1 km langer Rundweg durch typische Badlands-Szenerie mit Erklärungen zur Geologie und Pflanzenwelt, und der **Coal Vain Trail** ③. Letzterer durchquert ein Gebiet, in dem eine von 1951 bis 1977 brennende Braunkohle-Ader die darüberliegenden Lehmschichten in ziegelrote Gesteinschlacke verwandelte (Rundweg, 1,6 km). Auch längere Wanderungen bieten sich an. So z. B. auf dem **Petrified Forest Trail** ④, der streckenweise ebenfalls als Rundweg angelegt ist (26 km, Tagestour). Er führt zu einem Gebiet mit versteinerten Baumstümpfen und beginnt im Peaceful Valley. Am gleichen Punkt starten auch die Pferdeausflüge, die im Sommer von der im Park gelegenen Peaceful Valley Ranch veranstaltet werden (Informationen im Medora Besucherzentrum).

Nordteil

Auch am Eingang dieses Parkteils liegt ein Besucherzentrum bzw. eine ganzjährig geöffnete Rangerstation, von der eine 24 km lange Panoramastraße bis zum **Oxbow Overlook** ⑤ führt. Unterwegs bieten sich informative Stops an. Etwa 2,5 km westlich der Abzweigung zum Campingplatz Squaw Creek beginnt an dieser Straße der **Caprock Coulee Nature Trail**, der auf 1,2 km Länge als Erosions-Lehrpfad angelegt wurde. Er geht am Ende in den **Upper Caprock Coulee Trail** über. Beide Pfade lassen sich zu einem Rundweg kombinieren ⑥ (insgesamt dann 6,4 km). Vom gleichen Punkt aus erreicht man auch einen längeren Rundwanderweg, den **Buckhorn Trail** ⑦. Über 18 km führt er vorbei an einer Schwarzschwanz-Präriehund-»Stadt« durch typisches Badlands-Terrain. Ein weiterer Lehrpfad, der **Squaw Creek Nature Trail** ⑧, beginnt am gleichnamigen Campingplatz und berührt Flußbegleitvegetation wie Badlands-Formationen (800 m). VORSICHT: Bei längeren Wanderungen unbedingt Wasser mitnehmen und Hinweise auf S. 227 beachten.

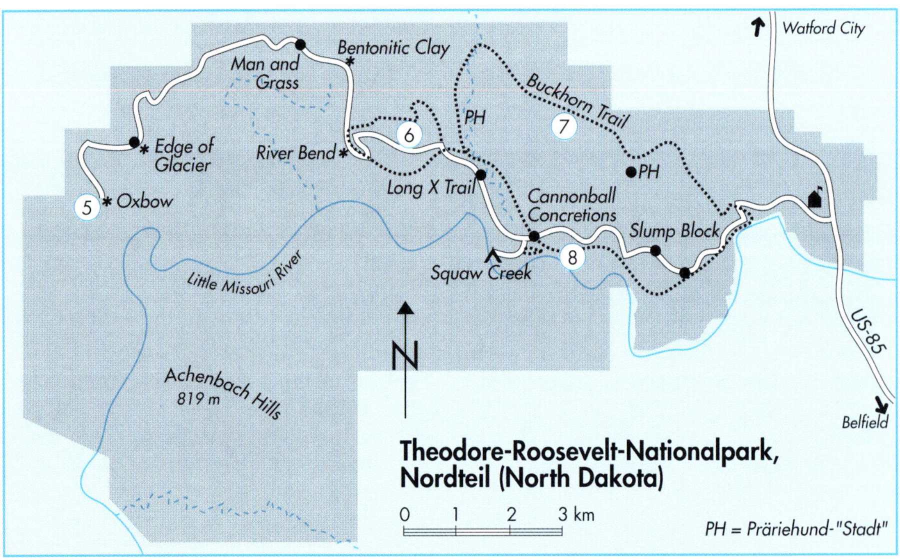

Theodore-Roosevelt-Nationalpark, Nordteil (North Dakota)

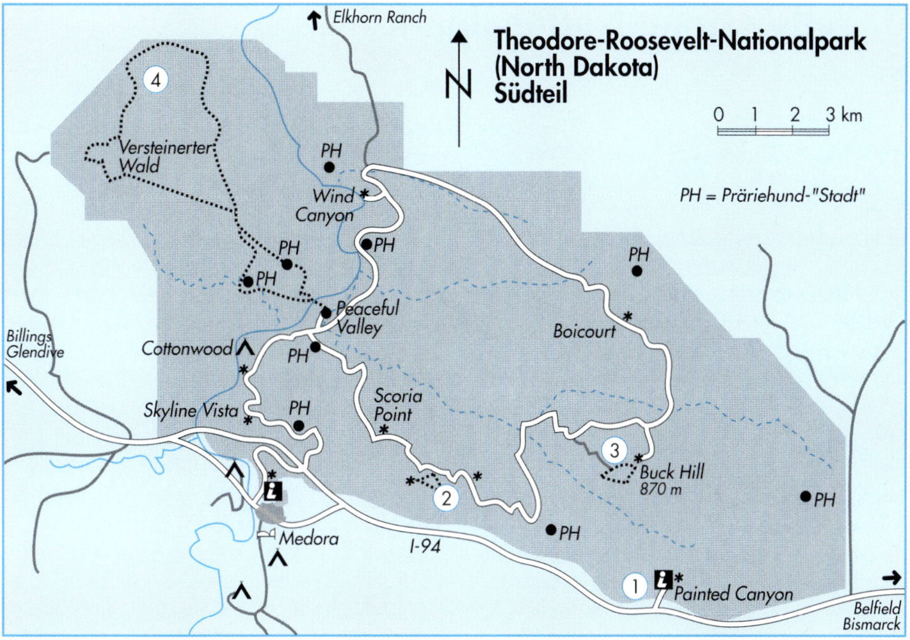

Praktische Tips

Anreise

Zum Südteil/Medora: Von Billings bzw. Bismarck über die I-94, Exits 6 und 7; von Rapid City über die I-90, die US-85 und die I-94.
Vom Südteil zum Nordteil: über die I-94 zum Exit 10 bei Belfield und auf der US-85 Richtung Watford City (110 km).

Klima/Reisezeit

Heiße Sommer (> 38 °C) und kalte Winter (< -10 °C; Nationalparkstraßen dann teils wegen Schneefällen geschlossen); oft heftige Frühsommergewitter; Niederschläge im Mittel bei 360 mm/Jahr. Beste Reisezeit: Mai bis September.

Unterkunft

Im Park: Cottonwood-Campingplatz (Südteil) und Squaw-Creek-Campingplatz (Nordteil). Weitere Unterkünfte in Medora, Belfield und Watford City.

Adressen

➪ Theodore Roosevelt National Park, Box 7, Medora, ND 58645, Tel. (701) 623–4466.

Blick in die Umgebung

Das den Park umgebende, von Rinderfarmen und Ölpumpen durchsetzte **Little Missouri National Grassland** ist ein beliebter Tummelplatz für Gabelböcke, Großohrhirsche (S. 165) und Schweifhühner. Ausfahrten nach Empfehlungen der Ranger in den frühen Morgenstunden sind lohnend. Für geschichtlich Interessierte bieten sich Abstecher zur **Knife River Indian Villages National Historic Site** bei Stanton am Missouri im Osten (190 km ab Medora) oder zur **Fort Union Trading Post National Historic Site** bei Williston im Norden (210 km ab Medora) an. Zu sehen gibt es Lehmbehausungen der Hidatsa-Indianer und ein restauriertes Fort von 1851.

3 Yellowstone-Nationalpark

Größtes aktives Thermalgebiet der Erde mit über 10000 Geysiren, heißen Quellen und Fumarolen; Farben des Grand Canyon of the Yellowstone; ausgedehnte Nadelwälder und zahlreiche Seen; Rothirsche, Bisons, Braun- und Schwarzbären; Trompeterschwäne und Nashornpelikane.

Das 1978 von der UNESCO zum Erbe der Menschheit erklärte Schutzgebiet ist der älteste Nationalpark der Vereinigten Staaten. Er wurde bereits 1872 ins Leben gerufen, umfaßt knapp 9000 km² und dehnt sich von Wyoming bis in die benachbarten Bundesstaaten Idaho und Montana. Zusammen mit den zahlreichen umgebenden National Forests, Wildlife Refuges und dem sich südlich anschließenden Grand-Teton-Nationalpark (s. S. 43) bildet er die sog. Greater Yellowstone Area. Diese gilt als das mit etwa 36000 km² weltweit größte noch intakte Ökosystem der gemäßigten Breiten.

Im Zentrum des Nationalparks liegt das im Mittel 2100–2400 m hohe vulkanische Yellowstone-Plateau, aus dem sich als prominentester Gipfel am nördlichen Rand der 3122 m hohe Mount Washburn erhebt. Unweit dieses Berges liegen die versteinerten Wälder der Specimen Ridge sowie die beeindruckende, über 30 km lange Schlucht des Grand Canyon of the Yellowstone, von deren intensiv gelborangen Gesteinsfarben der Park seinen Namen erhielt. Im Südosten breitet sich der Yellowstone Lake aus; mit einer Fläche von rund 360 km² ist er der größte Hochlandsee der USA.

Das Yellowstone-Plateau wird von fünf 3000–3300 m hohen Bergketten der Rocky Mountains (s. S. 12) umrahmt, deren Gesteine z. T. sehr alt sind (bis 2,5 Milliarden Jahre). Im Gegensatz dazu steht die nur 600000 Jahre junge, dynamische Geschichte des Plateaus selbst. Sie begann mit unvorstellbar gewaltigen vulkanischen Eruptionen, die über 1000 km³ glutflüssiges Gestein in die Luft schleuderten. Der Auswurf solch ungeheurer Materialmengen – rund 800mal mehr als z. B. beim Ausbruch des Mount St. Helens im Jahre 1980 (s. S. 211) – führte zunächst zur Bildung einer 70 x 50 km durchmessenden, über 800 m tiefen Caldera (= vulkanischer Einsturzkrater). In großen Strömen austretende Lava füllte dann die Caldera im Laufe von Jahrtausenden wieder und baute das heutige Hochplateau auf. Die letzten Lavaflüsse versiegten vor nur 60000–70000 Jahren.

Yellowstone ist aber noch nicht ganz zur Ruhe gekommen. Das gesamte Plateau wölbt sich weiter auf (bis 15 mm/Jahr), die Wärmeflußwerte im Gestein sind bis 30mal höher als normal, und die Erdbebenhäufigkeit ist groß. Auslöser und Motor der vergangenen Eruptionen wie der gegenwärtigen hydrothermalen Aktivität ist ein sog. Hot Spot, ein stationäres, lokal begrenztes Gebiet hoher Wärmeströmung im Erdmantel. Seine nur 5–6 km unter der Erdoberfläche liegende Magmakammer erhitzt das im Gestein versickernde Regenwasser, das dann in Form von unzähligen heißen Quellen, Schlamm-»Vulkanen«, Fumarolen (Dampfausströmungen) oder Geysiren (periodisch Wasser auswerfende heiße Quellen) wieder zu Tage tritt.

Die Fülle der Heißwasserphänomene des

Die grellweißen Travertin-Terrassen von Mammoth Hot Springs werden stellenweise von Bakterien und Algen eingefärbt (s. auch S. 37). Hier ein Blick auf den als Minerva Springs bezeichneten Teil des Thermalgebietes.

Gebietes gab auch Anlaß zu seiner so frühen Unterschutzstellung. Der vermutlich erste Weiße in Yellowstone, John Colter (1806/07), berichtete darüber ebenso enthusiastisch wie spätere private und staatliche Erkundungstrupps in den Jahren 1870 und 1871, die schon bald den notwendigen Gesetzestext forcierten. Der junge Nationalpark diente lange als Experimentierfeld für die Entwicklung heute allgemein anerkannter Schutzkonzepte.

Pflanzen und Tiere

Etwa 1100 Pflanzenarten wurden bisher im Park bestimmt. In dem überwiegend bewaldeten Gelände dominieren Nadelhölzer und hier vor allem die Drehkiefer (S. 90). Sie bildet 80 % der Baumbestände des Yellowstone, teils als Endformation (auf trockneren, ärmeren Böden), teils als

Ein Rothirsch im Schneetreiben ist auf dem kalten, hohen Yellowstone-Plateau kein ungewöhnlicher Anblick.

Vorstufe zukünftiger Wälder von Engelmannsfichten (S. 71) und Felsengebirgstannen (S. 64), die auf feuchteren, reicheren Böden in ihrem Schutz heranwachsen und sie letztlich ersetzen. Die Skala der übrigen Vegetationstypen des Yellowstone reicht von semiaridem Buschland bis zu Sümpfen und Marschen, von den Lebensgemeinschaften der Thermalquellen bis zu den alpinen Matten.

Für jeden Besucher auffällig sind die Folgen der großen Brände im Yellowstone im Jahre 1988, als etwa 36 % der Nationalparkfläche, d. h. über 3200 km^2, in Flammen aufgingen. Während im Feuer selbst nur wenige Großsäuger starben, kam es 1989/90 wegen der angespannten Futterlage zu einigen Ausfällen. Doch die Vegetation regeneriert sich schnell. Gräser und Wildblumen wachsen wieder reichlich zwischen den verkohlten Stämmen, und die durch das Feuer geöffneten Zapfen der Drehkiefern haben ihre Samen ausgebracht.

Im Yellowstone am leichtesten zu beobachten sind Großsäugetiere, darunter vor allem der Rothirsch, der hier mit über 31000 Individuen übersommert. Im Herbst ziehen diese Rothirsche durch den Grand-Teton-Nationalpark zur National Elk Refuge bei Jackson (s. S. 49) oder aber sie verlassen die Schutzgebiete. Sie stehen dann ebenso zur Jagd frei wie die Großohrhirsche (S. 165), Bisons (s. S. 31) und Elche (S. 45), die den Park ebenfalls in großer Zahl bevölkern. Die gute »Versorgungslage« gab Anlaß zu Erwägungenen einer Wiederansiedlung der hier in der ersten Hälfte dieses Jahrhunderts ausgerotteten Wölfe (S. 54). Ausführliche Vorstudien haben sich mit den verschiedensten Aspekten dieses Problems beschäftigt und befürworten das Projekt.

Eine weitere Attraktion des Yellowstone sind seine Schwarz- (500–600) und Braunbären (> 200; s. S. 53). Die Gier nach einem näheren (Bild-)Kontakt mit diesen starken und schnellen Allesfressern ist für Besucher wie Bären allerdings schon oft

Leben in heißen Quellen

Mit Ausnahme weniger anorganischer Verbindungen von Schwefel, Eisen oder Mangan verleihen Lebewesen den heißen Quellen ihren faszinierenden Farbenreichtum. Dabei wird die Zusammensetzung dieser ungewöhnlichen Gemeinschaften von Faktoren wie Säuregehalt des Wassers und seinen mit zunehmender Entfernung von der Quelle langsam absinkenden Temperaturen bestimmt. Typischerweise beginnt das Farbenspiel einer nicht-sauren bzw. neutralen heißen Quelle mit einem klaren Blau im Inneren, umschlossen von einem hellgelben oder smaragdgrünen Ring; weiter außen folgt dann ein breiter Gürtel von sattem Orange oder Braungelb (vgl. Foto S. 39). Jede dieser Farben bedeutet dabei einen besonderen Lebensbereich:

Blau: Selbst in dem noch kochenden Zentrum einer Quelle gibt es Leben: fadenförmige Bakterien, die, für das bloße Auge oft unsichtbar, die Wände des Austrittskanals besiedeln und kaum die natürliche Wasserfarbe beeinflussen.

Gelb/Smaragdgrün: Einige durch Pigmente gelb eingefärbte Arten von Blaugrünen Algen können bereits bei 73–75 °C Wassertemperatur wachsen. Im tieferen Wasser ergibt sich durch die Farbmischung z. T. ein intensives Smaragdgrün, im seichten Wasser dominiert das Gelb.

Orange/Braungelb: 50–60 °C heißes Wasser bietet optimale Wachstumsbedingungen für zahlreiche weitere Arten von langfädigen, orangeroten Bakterien und gelbgefärbten Blaugrünen Algen. Sie bilden oft dicke Polster. Sinkt die Wassertemperatur weiter, treten zunehmend Grünalgen und andere höhere Pflanzen auf, und die Bakterienmatten werden dünner. Sie dienen jetzt als Futter für Tausende von Salzfliegen-Larven, die aus knallroten Eiern schlüpfen. Diese werden wiederum von Langbeinfliegen, Libellen, Spinnen und Keilschwanzregenpfeifern gefressen. Von hier aus verzweigt sich die Nahrungskette dann immer mehr, bis sich der Kreislauf bei der Verarbeitung abgestorbener Organismen durch die Bakterien letztlich wieder schließt.

schlecht ausgegangen; alle Vorschriften der Nationalparkbehörden müssen deshalb beachtet werden.

Die zahlreichen Wasserläufe und Seen bieten Lebensraum für Kanadische Biber (S. 205), Nordamerikanische Fischotter und Bisamratten. Neben Kanadareihern (S. 209) und verschiedenen Entenarten findet man hier auch Kanadagänse, Nashornpelikane und die seltenen Trompeterschwäne. Von diesen mit 20–28 Pfund schwersten Vögeln Nordamerikas gibt es insgesamt wieder 3000 Individuen. In den Galeriewäldern nisten außerdem Fischadler (S. 45) sowie der amerikanische Wappenvogel, der Weißkopf-Seeadler (S. 207).

Im Gebiet unterwegs

Der Yellowstone-Nationalpark lockt jährlich mehr und mehr Besucher an (1990 waren es bereits 3 Mio.!). Er besitzt 5 Eingänge, 600 km meist asphaltierte Straßen, knapp 2000 km Wanderwege und mehrere Besucherzentren und Rangerstationen. Die wichtigsten Attraktionen liegen entlang der eine 8 beschreibenden Parkstraße (Grand Loop Road). Zu den meisten der im folgenden erwähnten Hauptbesuchspunkte gibt es vor Ort genaue Karten und Detailbeschreibungen:

Upper Geysir Basin ①: Hier schleudert der bekannteste Geysir, **Old Faithful**, alle

Während seiner 1,5–5,5 Minuten andauernden Eruptionen wirft der Old Faithful Geysir bis zu 32 000 l Wasser aus.

Die Wiederbegrünung der Brandflächen von 1988 ist in vollem Gange.

60–80 Minuten seine bis 40 m hohen Fontänen in den Himmel. Allgemein besitzt das Gebiet die höchste Konzentration von heißen Quellen und Geysiren des Parks, für deren Besichtigung man sich mindestens 1/2 Tag Zeit lassen sollte. VORSICHT: Der Boden abseits der befestigten Wege ist sehr unsicher, deshalb strikt auf den Pfaden bleiben!

Midway Geysir Basin ②: Vor allem lohnt ein Besuch der farbenfrohen Grand Prismatic Spring, der größten heißen Quelle des Yellowstone Parks (> 110 m Durchmesser).

Firehole Lake Drive ③ (3,2 km): Dieser Abstecher von der Hauptstraße führt u. a. zum Great Fountain Geysir, der alle 8–12 Stunden aktiv wird (Fontänen bis 60 m).

Fountain Paint Pot ④: Von einem 800 m langen Plankenweg können neben Geysiren, heißen Quellen und einer Fumarole vor allem blubbernde »Schlammtöpfe« besichtigt werden.

Norris Geysir Basin ⑤ (Museum!): Das Becken gilt als der heißeste Punkt des Parks und bietet z. B. den unvorhersehbaren Steamboat Geysir, dem »höchsten« Geysir der Welt, und den regelmäßig ausbrechenden Echinus Geysir.

Mammoth Hot Springs ⑥: Die märchenhaften Terrassen dieses Thermalgebietes bestehen aus hartem Kalkstein (Travertin), der sich durch schnelle chemische Ausfällung von Kalziumkarbonat aus heißem Quellwasser bildet. Über 2 t Travertin werden täglich aus unterliegenden marinen Kalksteinsedimenten herausgelöst, nach oben transportiert und abgelagert! Zu erschließen ist das Gebiet per Auto (Upper Terrace Drive) und zu Fuß; manchmal grasen Rothirsche in der Umgebung.

Lamar Valley ⑦: In diesem Tal bieten sich gute Beobachtungsmöglichkeiten für Bisons, Elche und Wasservögel.

Grand Canyon of the Yellowstone ⑧: Die gelben, durch hydrothermale Aktivität »aufgeweichten« Lavawände der bis 360 m tiefen Schlucht können von der

Der Castle Geysir ist der vielleicht älteste Geysir des Upper Geysir Basins. Rund um die Öffnung seines Eruptionskanals haben sich Geysirit-Ablagerungen zu einem eindrucksvollen Kegel aufgetürmt.

Das Farbenspiel des Morning Glory Pools, einer sehr klaren, heißen Quelle im Upper Geysir Basin, fasziniert tausende von Besuchern.

Trompeterschwäne, benannt nach ihrem charakteristischen »Trompetenruf«, zählen zu den Besonderheiten des Parks.

Ein schwarzer Hals und weiße Wangen kennzeichnen die Kanadagans.

Nord- wie von der Südseite her eingesehen werden. In ihrer Mitte stürzt der Yellowstone River in zwei großen Wasserfällen zu Tal. Ein Abstieg zu den über 90 m hohen Lower Falls gehört hier ebenso zu den Pflichtübungen eines Besuchers wie Wanderungen beliebiger Länge entlang der jeweiligen Rim Trails.

Hayden Valley ⑨: Zwischen dem Canyon und dem Yellowstone-See mäandriert der Yellowstone River zunächst durch dieses weite, gletschergeformte Tal. Hier kann man mit Bisons, Elchen, Braunbären sowie verschiedenen Wasser- und Greifvögeln rechnen.

Sulphur Caldron/Mud Volcano ⑩: Diese zwei kleineren Thermalgebiete lohnen einen kurzen Stop zum Besuch der verschiedenen Schlammkessel.

Fishing Bridge ⑪: Es empfiehlt sich ein Abstecher Richtung Cody zur Beobachtung von Wasservögeln in den Marschen entlang des Yellowstone-Sees (Pelican Valley); allgemein frequentieren Elche, Großohr- und Rothirsche die ufernahen Gehölze dieses Gebiets.

West Thumb Geysir Basin ⑫: Die idyllische Seeuferlage dieses kleinen Thermalgebietes rechtfertigt einen Abstecher.

Praktische Tips

Anreise

Von Bozeman auf der US-191 über West Yellowstone; von Livingston auf der US-89 über Gardiner; von Billings auf US-212/310 und US-212 über Cooke City; von Cody auf der US-14/16/20; von Jackson auf dem John D. Rockefeller Jr. Memorial Parkway (die US-89/191/287) über den Grand-Teton-Nationalpark; von Idaho Falls auf der US-20 über West Yellowstone. Öffentliche Verkehrsverbindungen zu fast allen genannten Orten; Busse von Cody und Jackson in den Park; Flughäfen in Jackson, Cody und West Yellowstone (Juni-Sept.); Transport innerhalb des

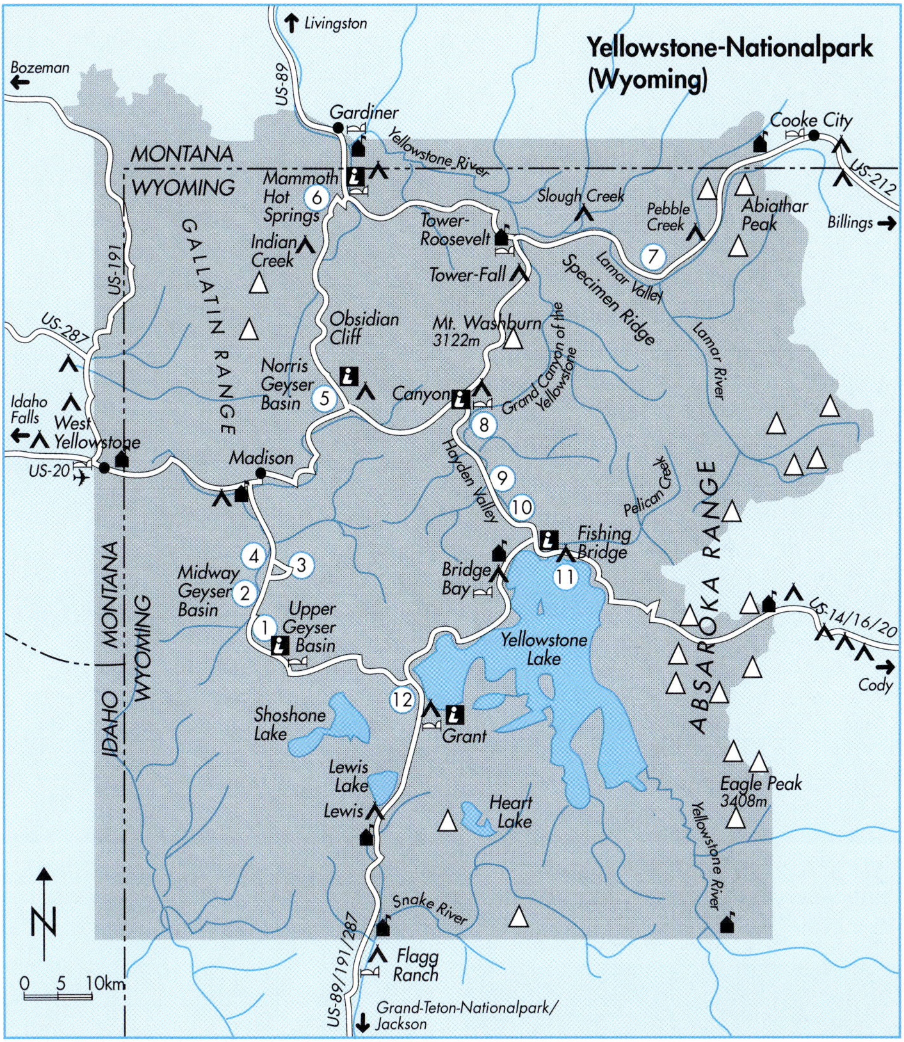

Parks mit TW Recreational Services; die meisten Straßen wie die Campingplätze sind von Mai bis Anfang Oktober offen.

Klima/Reisezeit
Jährliche Niederschläge zwischen 250 mm und 2000 mm je nach Höhenlage und Exposition, vor allem im Frühjahr oder im Winter als Schnee; mittlere Tageshöchsttemperaturen im Sommer bei 24–26 °C, Nächte allgemein kalt (bis unter 0 °C). Beste Reisezeit: Mitte Mai bis Ende September, im Juli/August jedoch sehr starker Besucherandrang.

Unterkunft
Nur 1 (Bridge Bay) der 11 Campingplätze des Nationalparks kann über MISTIX (s. S. 227) vorreserviert werden, die übrigen füllen sich vor allem im Juli/August

Blick auf die Lower Falls des Yellowstone River im für den Park namensgebenden Grand Canyon of the Yellowstone.

meist noch vor Mittag. (ACHTUNG: In Canyon Village sind wegen der Bären keine Zelte erlaubt.) Gebucht werden können der private Campingplatz (mit Anschlüssen für Campingfahrzeuge) in Fishing Bridge sowie 9 Hotels bzw. Lodges (über TW Recreational Services, Reservations Department, Yellowstone National Park, WY 82190, Tel. (307) 344–7311). Weitere Unterkünfte in den angrenzenden National Forests (Campingplätze), im Grand-Teton-Nationalpark und den umliegenden Ortschaften.

Adressen

- Yellowstone National Park (Parkhauptquartier), P.O.Box 168, WY 82190, Tel.(307) 344–7381.

Blick in die Umgebung

Die Fahrt durch die Absaroka Range Richtung Cody im Osten führt zunächst durch den tierreichen **Shoshone National Forest** und durchstreift dann die fantastische Verwitterungslandschaft des **Wapiti Valley**. Für Vogelbeobachter lohnt sich auch ein Abstecher zu den Seen der **Red Rock Lakes National Wildlife Refuge** bei Lakeview westlich des Parks.

Nashornpelikane erreichen eine Flügelspannweite von 2,70 m.

4 Grand-Teton-Nationalpark

Markante, bis über 4000 m hohe Gipfel der Teton Range; Wermutstrauch-Ebenen mit Gabelböcken und Bisons; Ufer des Snake River mit Kanadischen Bibern, Elchen und zahlreichen Vögeln; kühle Seen, steile Felsgrate und blumenreiche alpine Matten.

Das 1257 km^2 große Schutzgebiet im Nordwesten des Bundesstaates Wyoming schließt sich südlich an den Yellowstone-Nationalpark (s. S. 34) an. Im Mittelpunkt steht die silbergraue Bergkette der Teton Range, die fast senkrecht aus dem Talkessel von Jackson Hole aufsteigt. Allein 7 Gipfel dieses allmählich nach Westen abfallenden Gebirges sind höher als 3600 m; der höchste, der Grand Teton, erreicht 4197 m. Etwa ein Dutzend kleinere Gletscher schmiegen sich in geschützte Einschnitte der höheren Lagen, und breite Trogtäler trennen die charakteristischen Spitzen der einst von französischen Trappern »tetons« (= Brüste) getauften Berge. Am Fuß des eindrucksvollen Massivs reiht sich eine Kette glitzender Moränenstauseen.

Das Tal von Jackson Hole, der zweite Parkteil, ist über 60 km lang und knapp 25 km breit. Sein Boden ist mit dicken Schichten lockeren Gletschergerölls bedeckt, und an vielen Stellen zeichnen sich die weichen Umrisse von Moränen ab. Jackson Hole liegt 1900–2100 m hoch und wird in seiner gesamten Länge vom Snake River durchflossen. Dieser entspringt im Yellowstone-Gebiet und trägt sein Wasser über den Columbia River zum Pazifik. Frühe

Blick über den Jackson Lake auf die höchsten Gipfel der Teton Range; rechts der 3842 m hohe Mt. Moran.

Nordamerikanische Baumstachler sind sehr wehrhaft. Ihre Stacheln verankern sich mit Widerhaken in der Haut des Gegners.

Siedler, die ab etwa 1884 in das Tal strömten, zähmten seine Gewalt durch den Bau eines Staudamms am Auslauf des Jackson-Sees.
Die Teton Range ist ein klassisches Blockgebirge, das auf der Westseite einer nord-südlich verlaufenden, etwa 60 km langen Verwerfungslinie nach oben gedrückt wurde, während gleichzeitig das Gebiet östlich dieses Risses (Jackson Hole) nach unten absank. Die Vertikalverschiebung dieser 2 Blöcke gegeneinander (insgesamt etwa 9000 m!) begann vor nur 9 Mio. Jahren und dauert weiter an. Während sich die Berge aufschoben, arbeitete die Erosion und legte einige der unterliegenden, ältesten Granite, Gneise und Schiefer der USA frei. Sie wurden auf ein Alter von bis zu 3 Milliarden Jahren datiert. Das harte, griffige Gestein zieht heute Bergsteiger aus aller Welt in diesen ältesten und zugleich jüngsten Gebirgszug der Rocky Mountains.
Viele Jahrhunderte besuchten Indianer das Gebiet zum Jagen und Fischen; später folgten Pelztierjäger und -händler, Forscher und schließlich Siedler. Als der Park 1929 begründet wurde, umfaßte er nur die eigentliche Bergkette und einige der Seen. Erst 1950 konnte nach einigen Landrückkäufen und langen Kämpfen mit den Anwohnern schließlich auch Jackson Hole in den Nationalpark integriert werden.

Pflanzen und Tiere

Der Gletscherschutt des Talkesselbodens von Jackson Hole hält nur schlecht Wasser und ist deshalb überwiegend mit Gräsern und Trockensträuchern bewachsen. Wermutsträucher (S. 17) dominieren; sie dienen u. a. den im Park häufigen Beifußhühnern als Winternahrung.
Gabelböcke (S. 23) und Bisons (s. S. 31) durchstreifen das Tal und Silberdachse (S. 91) jagen die präriehundähnlichen »Uinta Ground Squirrels«. Die intensiv roten Blütenstände der »Skyrocket Gilias« ziehen Sternelfen an, die kleinsten nordamerikanischen Kolibris (7–10 cm). Die schnellen Präriefalken (S. 121) werden bei einbrechender Dämmerung von Falkennachtschwalben abgelöst, deren charakteristischer Ruf bis in die Nacht ertönt.
Die vielen Seen und der breite Lauf des Snake-Flusses bilden einen eigenen Lebensraum. Elche frequentieren die Weidendickichte und Kanadische Biber (S. 205) nutzen die Rinde und Stämme der Grauerlen, Großohr- (S. 165) und Rothirsche (S. 36) dösen im Schatten der Pappeln. Kanadagänse (S. 40) und Spatelenten besiedeln die ruhigeren Gewässerzonen, Gürtelfischer lauern auf ihren Ansitzen, Fischadler und Weißkopf-Seeadler (S. 207) bauen ihre Nester in die hohen Blaufichten des Ufersaums. Sie leben u. a. von den fein gepunkteten Purpurforellen, die im Snake River als einer endemische Unterart vorkommen.
Vom Tal aufwärts bis etwa 3000 m bilden Drehkiefern (S. 90), Felsengebirgstannen (S. 64) und Engelmannsfichten (S. 71) geschlossene Bestände, in denen Rothörnchen zusammen mit Feuerkopf-Saft-

leckern und Gambelmeisen durch die Zweige huschen. Manchmal sieht man auch die Fraßspuren Nordamerikanischer Baumstachler an den Bäumen, deren Rinde ihre Winternahrung liefert.
Je höher man steigt, desto länger halten sich die Schneefelder, desto kürzer und später im Jahr ist die Blühperiode. Erst im Juli/August zeigen die zwergwüchsigen, eng an den Boden geschmiegten Pflanzen der alpinen Tundra ihre Farben. Stengelloses Leimkraut und »Mountain Townsendia« schmücken ihre Kissen mit rosaroten bzw. violetten Tupfen. Hier ist der Lebensraum der samtfüßigen Pikas (S. 160), deren schrille Pfiffe den Wanderer verfolgen, und Gelbbäuchige Murmeltiere (S. 158) sonnen sich auf den Felsen. Auch Vogelarten wie die Dachsammer brüten in dieser unwirtlichen Umgebung.

Im Gebiet unterwegs

Das Parkhauptquartier in Moose ist ganzjährig offen, das Besucherzentrum in Colter Bay ist von etwa Mitte Mai bis Ende September geöffnet und besitzt ein ausgezeichnetes Museum für indianische Kunst. Mehr noch als im angrenzenden, riesigen Yellowstone-Nationalpark wird im Grand Teton in den Sommermonaten (Juli/August) der Besucherdruck spürbar. Entlang der attraktiven, aber stark befahrenen Parkstraßen wurden deshalb verschiedene Haltepunkte eingerichtet, die gefahrlose Blicke auf die atemberaubende Bergwelt erlauben und zumeist auf Tafeln zusätzliche Informationen bieten. Stops empfehlen sich u. a. bei **Willow Flats** und beim nahegelegenen **Oxbow Bend Turnout** ① (Wasservögel, Elche, Biber u. a.) sowie am **Snake River Overlook** ② (Blick auf die Teton Range). Entlang der **Teton Park Road** ③ sollte man auf Gabelböcke achten. Lohnend sind auch Fahrten zum **Signal Mountain** ④ und auf dem abwechslungsreichen **Jenny Lake Drive** ⑤. Etwas mehr Ruhe findet man auf den über 360 km ausgebauten Wanderwegen, die manchmal allerdings einigen körperlichen Einsatz erfordern. Empfehlenswerte Touren sind z. B.:

Ein Fischadler auf seinem Horst.

Ausgewachsene Elch-Bullen erreichen über 2 m Schulterhöhe.

Stengelloses Leimkraut bildet dichte »kältefeste« Polster.

Männchen der Sternelfe, die kleinste Kolibriart der USA.

Der 4197 m hohe Gipfel des Grand Teton erhebt sich über den herbstlichen Talkessel von Jackson Hole.

Die 30 cm großen »Uinta Ground Squirrels« leben gesellig.

Swan Lake/Hermitage Point ⑥: Ein bei der Colter Bay Marina beginnendes, zunächst etwas verwirrendes Wegenetz führt entlang des Swan Lake und letztlich auf die Landzunge von Hermitage Point (Rundweg, etwa 14 km, Elche, Rothirsche und Wasservögel). Hinter dem Besucherzentrum Colter Bay beginnt auch der nur 2,5 km lange Colter Bay Nature Trail.
Emma Matilda Lake/Two Ocean Lake ⑦: Auf diesem relativ ebenen Weg kann man entweder beide Seen (knapp 23 km) oder nur z. B. den Emma Matilda Lake umrunden (etwa 17 km). Ausgehend von der Jackson Lake Lodge passiert der Pfad auch den kleineren, tierreichen **Christian Pond** (Elche, Trompeterschwäne (S. 40) und andere Wasservögel).

Ein farbenprächtiger Vertreter der Familie der Fleckenfalter.

Die roten Blüten der »Skyrocket Gilia« locken u. a. Kolibris an.

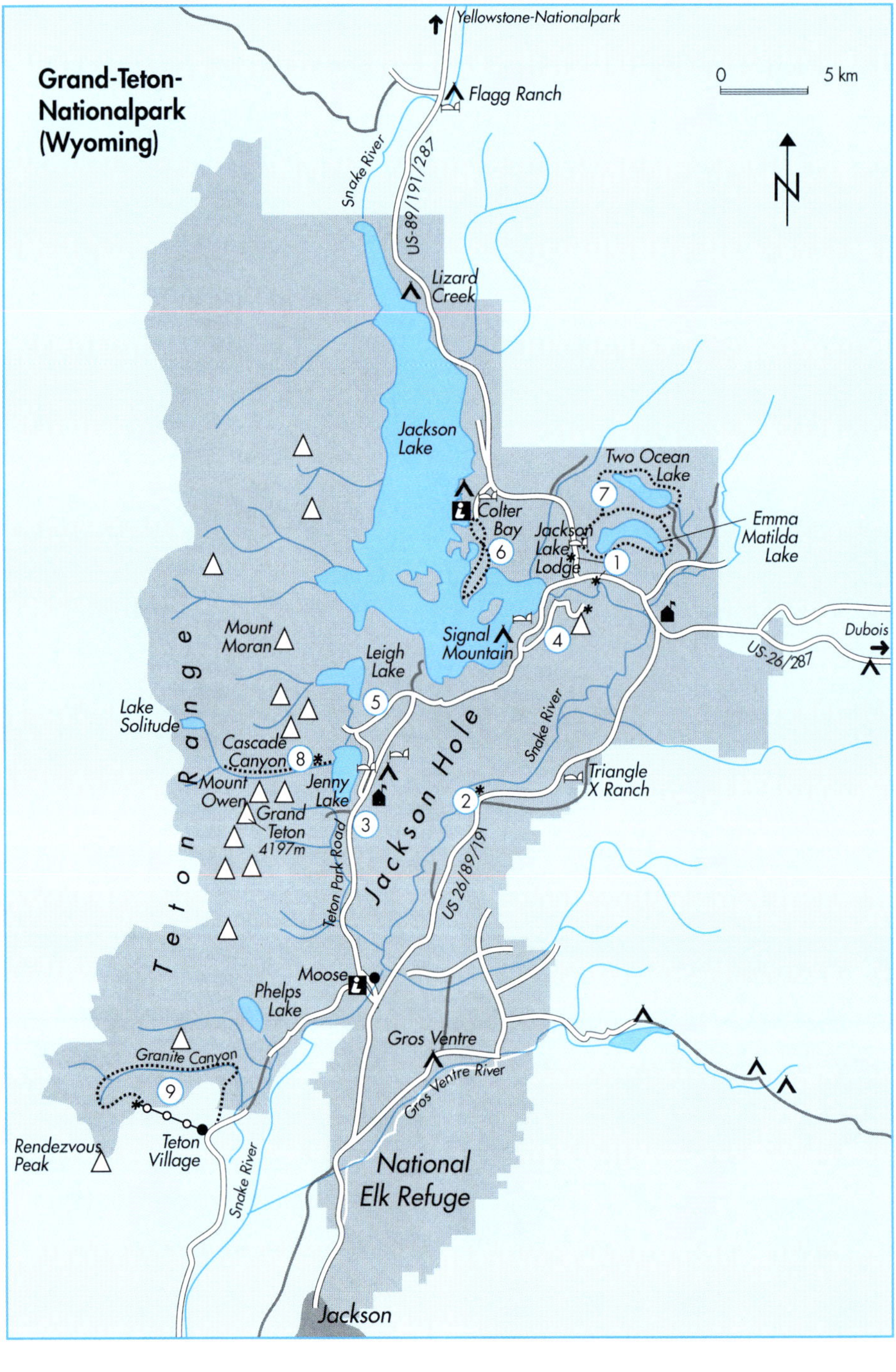
Grand-Teton-Nationalpark (Wyoming)
Yellowstone-Nationalpark
0
5 km
N
Flagg Ranch
Snake River
US-89/191/287
Lizard Creek
Jackson Lake
Two Ocean Lake
Colter Bay
Jackson Lake Lodge
Emma Matilda Lake
Signal Mountain
Mount Moran
Leigh Lake
Dubois
US-26/287
Teton Range
Lake Solitude
Cascade Canyon
Jackson Hole
Snake River
Triangle X Ranch
Mount Owen
Jenny Lake
Grand Teton 4197m
Teton Park Road
US 26/89/191
Moose
Phelps Lake
Gros Ventre
Gros Ventre River
Granite Canyon
Rendezvous Peak
Teton Village
Snake River
National Elk Refuge
Jackson
1
2
3
4
5
6
7
8
9

Hidden Falls/Cascade Canyon ⑧: Der Lehrpfad beginnt am Bootsdock am Westufer des Jenny Lake, das man zu Fuß (3,2 km) und per Schiff erreichen kann. Der Aufstieg zu den Hidden Falls (60 m hoher Wasserfall) ist kurz (800 m einfach), der Weitermarsch über den Inspiration Point (tolle Aussicht, Goldmantelziesel) in den Cascade Canyon etwas anstrengender (6,4 km einfach von Hidden Falls bis zum Canyonende). Längere Touren z. B. zum Lake Solitude lassen sich anschließen.
Rendezvous Peak/Granite Canyon ⑨: Startpunkt ist die Bergstation der Jackson Hole Aerial Tramway (Seilbahn) die von Teton Village auf eine Bergspitze unweit des Rendezvous Peak führt. Man läuft zunächst auf dem gleichnamigen Trail und hält sich dann bei jeder Kreuzung rechts, bis man nach knapp 20 km wieder Teton Village erreicht. Der Weg durchquert mehrere Vegetationszonen und benötigt einen ganzen Tag.
Auch mehrtägige Wanderungen und spezialisierte Klettertouren finden begeisterte Anhänger. Die Anmeldung hierzu muß bei der Jenny-Lake-Rangerstation erfolgen. Eventuell empfehlen sich geführte Bergbesteigungen, wie sie z. B. von den Exum Mountain Guides (Box 56, Moose, WY 83012, Tel. (307) 733–2297) angeboten werden.
Jedermann unbedingt anzuraten sind Schlauchbootfahrten auf dem Snake River. Sie gehen über 8, 16 und 32 Flußkilometer ($1^1/_2$, 3 und etwa 6–7 Stunden) und werden von verschiedenen Veranstaltern angeboten. Für gute Tierbeobachtungen wählt man am besten die frühen Morgen- bzw. späten Nachmittagsstunden. Auch auf dem Jenny und dem Jackson Lake werden Bootsfahrten durchgeführt.

Praktische Tips

Anreise
Vom Yellowstone-Nationalpark auf dem John D. Rockefeller Jr. Memorial Parkway (US-89/191/287); von Dubois auf der US-26/287; von Idaho Falls auf US-26/89 und US-26/89/191. Der Jackson Hole Airport liegt direkt im Nationalpark (Leihwagen!); öffentliche Verkehrsverbindungen (in den Sommermonaten) von Yellowstone wie von Jackson in den Park.

Klima/Reisezeit
Durchschnittliche Tageshöchsttemperaturen im Juli/August bei 26 °C (im Tal), mittlere nächtliche Tiefstwerte 4–5 °C; Hauptniederschläge im Frühjahr und im Winter als Schnee (November bis März). Beste Reisezeit: Mitte Mai bis September.

Unterkunft
Im Park: 5 Campingplätze (geöffnet von Mitte Mai bis Ende September), wobei am Jenny Lake nur Zelte zugelassen sind und Colter Bay Duschen bietet; 2 weitere Campingplätze mit Anschlüssen für Campingfahrzeuge auf der Flagg Ranch und in Colter Bay. Andere Unterkunftsmöglichkeiten: Flagg Ranch, Jackson Lake Lodge, Jenny Lake Lodge, Signal Mountain Lodge, Triangle X Ranch. Unterkünfte auch in Jackson und im Bridger-Teton National Forest (Campingplätze).

Adressen
➩ Grand Teton National Park (Parkhauptquartier/Besucherzentrum), Drawer 170, Moose, WY 83012, Tel (307) 733–2880.

Blick in die Umgebung

Im Süden, zwischen Jackson und dem Park, liegt die 1912 eingerichtete **National Elk Refuge**. Sie dient zahlreichen Rothirschen der Greater Yellowstone Area (s. S. 34) als Ersatz für die durch Besiedlung verlorengegangenen Überwinterungsgebiete. Tausende von Rothirschen werden hier jeden Winter durchgefüttert. Man kann sie von Januar bis März mit Pferdeschlitten besuchen.

5 Glacier-Nationalpark

Gewaltige Bergklötze der Lewis Range aus buntem Sedimentgestein; etwa 50 neuzeitliche Gletscher, über 200 Seen und zahlreiche Wasserfälle; Schneeziegen und Dickhornschafe; Pumas, Wölfe und Bären; Kragenenten, Eistaucher und Weißschwanz-Schneehühner.

Dieser etwa 4100 km² große, faszinierende Nationalpark im Nordwesten des Bundesstaates Montana ist Teil des 1932 ins Leben gerufenen, grenzüberschreitenden Waterton/Glacier International Peace Parks. Der zweite Abschnitt des »Friedensparks«, der Waterton-Lakes-Nationalpark (300 km²), liegt im kanadischen Bundesstaat Alberta. Beide Schutzgebiete bilden ein einheitliches Ökosystem.
Als monumentale, in Nord-Süd-Richtung verlaufende Bergkette beherrscht die Lewis Range die Landschaft. Ihre gletscherbetupften, klotzigen Bergriesen steigen abrupt aus den östlichen Ebenen auf und gelten trotz relativ geringer Höhen (bis 3190 m im Mount Cleveland) als die »Krone des Kontinents«.
Das so eindrucksvolle Relief der Berge wurde von mächtigen, heute abgeschmol-

Das Gebiet von Many Glacier im Nordosten des Parks ist landschaftlich sehr reizvoll. Hier ein Blick über den Swiftcurrent Lake auf den 2550 m hohen Grinnell Point (links im Bild).

zenen Gletschern geformt, die ihre Entstehung den vier großen Eiszeiten der letzten 2–3 Mio. Jahre verdanken. Sie füllten die Täler mit bis zu 1200 m dicken Eisschichten, schmirgelten steilwandige, halbrunde Nischen (Kare) in die Bergflanken, meißelten schmale Grate aus den Felsen und arbeiteten mehrkantige »Hörner« aus den Spitzen z. B. des Triple Divide oder des Reynolds Mountain. Die Eisströme der Hauptgletscher schliffen tiefe, U-förmige Trogtäler aus, in die seitlich von kleineren Gletschern geformte Täler oft weit oberhalb der Talsohle einmünden; man bezeichnet sie deshalb als »Hängetäler«. Einige der Kare des Glacier-Parks sind heute wieder mit neuen, nur wenig hundert Jahre jungen Gletschern besetzt, andere tragen kleine Kar- oder Firnseen. Viele der insgesamt über 200 Seen des Parks wurden durch Moränen aufgestaut.

Die Gletscher schufen all diese Formen aus einem sehr altem Material. Vor 1,6 bis 0,8 Milliarden Jahren am Boden eines archaischen Meeres abgelagerte, zu Stein gepreßte Sedimentschichten wurden vor etwa 75 Mio. Jahren aufgestaucht. Sie zerbrachen dabei in Schollen, die sich allmählich übereinanderschoben, wobei die westliche Scholle schräg auf die östliche auflief (Lewis Overthrust). Die heute exponierten, alten Gesteinsschichten sind äußerst bunt und zeigen deutlich verschiedenen Formationen zuzuordnende Farben, wobei das intensive Rot bzw. Violett der »Grinnell Formation« besonders ins Auge fällt.

Der erste Sichtkontakt mit den »glänzenden Bergen« in den 1780er Jahren wird einem Scout der Hudson-Bay-Pelzhandelsgesellschaft zugeschrieben. Später kamen weitere Pelzhändler, Jagdgesellschaften und Grenzvermesser. Schließlich wurden die östlich der Berge lebenden Blackfoot-Indianer auf ein Reservat zurückgedrängt, und 1892 erreichte die Great Northern Railroad die Westseite der Berge. Mit ihr kamen Öl- und Erzsucher, Siedler und die ersten Touristen.

Ein Weißschwanz-Schneehuhn beim Farbwechsel; im Winter tarnt es sich mit einem reinweißen Federkleid.

Pflanzen und Tiere

Der Park besitzt zwei klimatisch deutlich verschiedene Hälften: Auf der Westseite bewirken die vom Pazifik herangetragenen feuchtwarmen Luftmassen ein eher mildes Klima, auf der Ostseite dagegen macht sich der Regenschatteneffekt bemerkbar. Sie ist trockener und oft sorgen hier arktische Kälteeinbrüche für Extreme. Dies, zusammen mit einem Höhengradienten von über 2200 m, schuf ein buntes Mosaik von Pflanzengesellschaften.

So findet man Westamerikanische Hemlocktannen (s. S. 70) und Riesenlebensbäume nur im westlich der Berge gelegenen McDonald Valley. Nevada-Zirbelkiefern und Amerikanische Zitterpappeln (S. 15) bevorzugen dagegen mehr die östlichen Täler. Engelmannsfichten (S. 71) und Douglasien (S. 71) beherrschen die Bergwälder, und Drehkiefern (S. 90) kommen überall in trockeneren oder von Feuern gelichteten Gebieten vor. In der alpi-

Schneeziegen sind mit Glück beim Logan-Paß zu sehen.

nen Zone bilden windzerzauste Felsengebirgstannen (S. 64) und Weißstämmige Zirbelkiefern (S. 73) die Baumgrenze. Auf den Bergwiesen erscheinen im Frühjahr (Juni) als erste die gelben »Glacier Lilies« (S. 77), im Sommer gefolgt von rotvioletten »Lewis Monkeyflowers« (S. 63) und blauem »Explorer's Gentian«. Überall im Park wächst Bärengras. Die Blütenstände dieses Liliengewächses werden bis 90 cm hoch.
Wohl jeder Besucher möchte einige der hier zahlreichen Schneeziegen sehen. Diese weißbefellten Kletterkünstler sind mit den Gemsen verwandt und harren sogar im Winter in den höchsten Bergregionen aus. Sie besitzen speziell geformte Hufe, die ihnen auch in den unzugänglichsten Steilhängen eine unglaubliche Trittsicherheit geben. In etwas weniger abenteuerlichem Gelände bewegen sich Dickhornschafe (S. 94); auch Pikas (S. 160) und Columbia-Ziesel teilen diesen Lebensraum. In den tieferen Lagen leben Elche (S. 45), Rot- (S. 36) und Großohrhirsche (S. 165). Fichtenmarder gehen in den Wäldern auf die Jagd nach Rothörnchen, während Nordluchse dort ihre Lieblingsbeute, die Schneeschuhhasen, verfolgen. Pumas (S. 18), Braun- und Schwarzbären durchstreifen alle Zonen. Auch ein kleines Rudel Wölfe hat sich seit 1986 wieder im Nordwesten des Glacier-Parks angesiedelt. Noch bis 1957, 47 Jahre nach der Gründung des Nationalparks, waren sie hier bejagt und so gut wie ausgerottet worden. Seit 1973 stehen Wölfe in ganz USA unter Naturschutz.
Zu den gern beobachteten Sommervögeln des Parks zählen die attraktiven Kragenenten und die eleganten Eistaucher (S. 209). Stockenten, Gänsesäger (S. 207) und die unscheinbaren Grauwasseramseln

Die Teilnahme an einer der von Rangern geführten Gletschertouren ist ein beeindruckendes Erlebnis.

Bär und Tourist – ein schwieriges Miteinander

Sei es der kleinere, nur bis 150 kg schwere und beileibe nicht immer dunkel gefärbte Schwarzbär oder der mindestens doppelt so große Braunbär (»Grizzly«) – Meister Petz übt eine unwiderstehliche Anziehungskraft auf jeden Touristen aus. Seine Kletterfähigkeiten wie seine Schnelligkeit (bis über 50 km/h im Sprint) werden dabei immer wieder unterschätzt. Gleiches gilt für den ausgeprägten Geruchssinn eines Bären und seine enorme Kraft.
Nicht umsonst bemühen sich die Nationalparkbehörden immer wieder um Aufklärung und bestehen auf der Einhaltung der für ein friedliches Miteinander vor allem für den Bären lebensnotwendigen Vorschriften: Denn nicht der Tourist muß bei wiederholtem Fehlverhalten deportiert oder sogar erschossen werden, sondern der Bär! Bei einem Aufenthalt als Gast im Bärenland gelten deshalb folgende Regeln:

☐ **Die Bären nicht füttern!** Fremdspeisen bekommen ihrem Organismus nicht, außerdem werden sie unselbständig, verlieren die Scheu vor dem Menschen und dringen in Zeltplätze ein. Für einen Bären bedeutet Fütterung letztlich den Tod, für den Menschen unter Umständen ebenfalls.

☐ Gerüche ziehen Bären an, deshalb **Nicht direkt beim Zelt kochen** und **Essen, Geschirr und Abfälle sicher unterbringen:** In den entsprechenden Abfall-/Essensbehältern, falls vom Park zur Verfügung gestellt, im Kofferraum des Autos oder aufgehängt zwischen 2 Bäumen in weiter Entfernung vom Zelt (mindestens 3 m vom Boden und 1,5 m weg von den Stämmen).

☐ Bei Wanderungen nicht allein gehen, auf Bärenspuren achten und genug **Geräusche machen**, um die eigene Anwesenheit anzuzeigen (vor allem in unübersichtlichem Gelände). Bei unvermuteten Zusammentreffen zunächst **ruhig stehenbleiben**, dann **sich langsam zurückziehen.**

(S. 79), die in den klaren Bergbächen nach Insektenlarven tauchen, sieht man auch noch in den kälteren Monaten. Ganzjährig vertreten sind z. B. auch Steinadler (S. 74), Fichtenkreuzschnäbel, das Tannenhuhn (S. 62), das häufig entlang der Waldwege angetroffen wird, und das Weißschwanz-Schneehuhn, das sich im Winter mit einem weißen Federkleid tarnt. Wie Kiefernhäher (S. 74) und Wasserpieper lebt es an bzw. über der Baumgrenze.

Im Gebiet unterwegs

Der Nationalpark besitzt drei, in den Sommermonaten geöffnete Besucherzentren, einige Rangerstationen und über 1100 km Wanderwege. Eine seiner Straßen, die Going-to-the-Sun Road ① erlangte Weltberühmtheit. Sie wurde 1933 nach 16jähriger Bauzeit eröffnet und führt über 80 km quer durch den Park. Unterwegs eröffnen sich dem Autofahrer zahllose

Begegnungen mit Braunbären sind im Park nicht selten.

Blicke in die sagenhafte Bergwelt. Die höchste Teilstrecke über den Logan Pass (2036 m) ist von etwa Juni bis Mitte Oktober geöffnet, wobei im Juli/August nur Fahrzeuge bis zu einer Länge von 9 m und einer Breite von 2,40 m zugelassen sind. Entlang der gesamten Going-to-the-Sun Road stößt man auf kleine »Geology«-Täfelchen. Den entsprechenden, auch allgemein interessanten Führer dazu gibt es in den Besucherzentren. Verschiedene Stops bieten sich an:

Apgar ②: Von hier aus kann man Bootstouren auf dem McDonald-See unternehmen (Wasservögel!), Ausflüge ins Camas Valley und nach Polebridge machen (eventuell

Wölfe kommen nur noch an wenigen Stellen der nördlichen USA vor.

Elche) oder z. B. auf dem **McDonald Creek Trail** (2 km) wandern. Dieser Pfad war früher für seine Weißkopf-Seeadler-Ansammlungen (S. 207) zur herbstlichen Laichzeit der Blaurückenlachse berühmt. Eine in den letzten Jahren im Fluß ausgebrachte kleine Krebsart (»Myces Shrimp«) brachte diese Seeadler-Futterquelle nun fast zum Erlöschen. Ursprünglich als Fischfutter gedacht, drehten die Krebschen den Spieß um und stürzten sich auf die Lachseier.

Trail of the Cedars ③: Kurzer Naturlehrpfad durch dichten Hemlocktannen-Riesenlebensbaum-Wald (600 m). Hier beginnt auch der der Aufstieg zum vogelreichen **Avalanche Lake** (3,3 km einfach, 160 m Höhengewinn).

Logan Pass ④: Vom Besucherzentrum führt der **Hanging Gardens Nature Trail**, ein 4,8 km langer Naturlehrpfad, durch alpine Wiesen zu einem Aussichtspunkt mit Blick auf den Hidden Lake. Der 12,2 km (einfach) lange, relativ ebene **Highline Trail** folgt der Wasserscheide nach Norden (Schneeziegen, Dickhornschafe). Beide Pfade sind stark begangen.

ACHTUNG: Die Vegetation ist sehr empfindlich, deshalb unbedingt auf dem Weg bleiben!

Going-to-the-Sun Point ⑤: Wunderschöner Blick über den St. Mary Lake. Hier beginnt auch der gleichnamige Naturlehrpfad, der entlang des Ufers zu den **Barring Falls** führt. Der Weg läßt sich bequem zu weiteren Wasserfällen fortsetzen. Auch eine Bootsfahrt auf dem St. Mary Lake ist sehr beeindruckend (Bootsdock beim Campingplatz Rising Sun).

Abseits der Going-to-the-Sun Road führen Stichstraßen zu zwei weiteren Punkten im Osten des Parks:

Many Glacier ⑥: Im Swiftcurrent Valley, einem der landschaftlich schönsten Gebiete (Bären, Dickhornschafe, eventuell Vielfraß); Wanderwege führen u. a. um den **Swiftcurrent Lake** (Naturlehrpfad, 4 km), zum Josephine und Grinnell Lake und zum **Grinnell Glacier** (Tagestour,

Der Blütenstand des Bärengrases (Familie Liliengewächse) setzt sich aus Hunderten von Einzelblüten zusammen.

480 m Höhengewinn). Auf Swiftcurrent- und Josephine-See verkehren auch Boote. Two Medicine ⑦: Ein kurzer Naturlehrpfad zu den **Running Eagle Falls** (500 m) und eine Bootsfahrt über den Two Medicine Lake mit anschließender Wanderung zum **Upper Two Medicine Lake** (9 km) sind zwei mögliche Unternehmungen.
Die US-2 schließlich führt südlich um den Park. An ihr liegt eine natürliche Salzlecke, der **Walton Goat Lick** ⑧, der gerne von Schneeziegen aufgesucht wird.
Neben den erwähnten Touren bieten sich noch viele andere, auch mehrtägige Ausflüge zu Fuß oder zu Pferd an. Bergsteigen ist wegen des brüchigen Gesteins jedoch nicht anzuraten.
TIP: Für Freunde von Wildwasser-Floßfahrten gibt es Möglichkeiten auf dem Flathead River (Middle Fork). Verschiedene Veranstalter in West Glacier bieten Touren von $^1/_2$ bis 3 Tagen Dauer an.

Praktische Tips

Anreise
Von Kalispell bzw. Shelby auf der US-2; von Kanada auf der US-89 über Cardston/Alberta. Bahnstationen in West Glacier und East Glacier Park. Busstation und Flughafen in Kalispell. Im Park selbst verkehren die »Roten Busse« der Glacier Park Inc.

Klima /Reisezeit:
Jährliche Niederschläge zwischen 500 mm und 2250 mm (Ostseite; auf der Westseite um etwa 250 mm höher); Durchschnittstemperaturen im Januar um – 6 °C, im Juli um 18 °C in den tieferen Lagen. Beste Reisezeit: Juni bis September.

Unterkunft
Im Park: 13 Campingplätze, zumeist geöffnet von Juni bis September; zahlreiche Hotels, Motels; zu buchen über die Glacier Park Inc., East Glacier Park, MT

Männchen der Kragenente mit prächtigem Brutgefieder.

59434, Tel. (406) 226–5551 (Mai-Sept.), oder: Greyhound Tower, Station 1210, Phoenix, AZ 85077, Tel. (602) 248–6000 (Okt.-Mai). Weitere Unterkünfte in den Ortschaften der Umgebung.

Adressen

➪ Glacier National Park (Parkhauptquartier), West Glacier, MT 59936, Tel. (406) 888–5441.

Blick in die Umgebung

Über den Chief Mountain International Highway erreicht man den kanadischen **Waterton-Lakes-Nationalpark** im Norden. Hier empfehlen sich u. a. Ausflüge zum Cameron Lake und in den Red Rock Canyon. Bootsfahrten auf dem Waterton Lake beginnen in Waterton Townsite und bieten ein überwältigendes Panorama.

6 Olympic-Nationalpark

Sattgrüne, von Nadelhölzern dominierte Regenwälder der nebelverhangenen, westexponierten Täler; Bergwälder, subalpine Wiesen und gletscherverkleidete Gipfel; Stummelschwanzhörnchen, Roosevelt- und Großohrhirsche; Tierreichtum der rauhen pazifischen Küste.

Der rund 3700 km^2 große Nationalpark umfaßt weite Teile der Olympic Peninsula im Bundesstaat Washington. Zu ihm gehören ein etwa 90 km langer Streifen an der Pazifikküste im Westen, und vor allem die Wälder, Fels- und Schneeregionen der zentralen Olympic Mountains, deren höchster Gipfel, der Mount Olympus, rund 2400 m erreicht. Der 1938 gegründete Nationalpark zählt zu den vielfältigsten Schutzgebieten der USA und wurde deshalb 1981 von der UNESCO zum Erbe der Menschheit erklärt.
Die Entstehung der Olympischen Berge begann vor etwa 50 Mio. Jahren mit dem Aufbau großer basaltischer Lavadome inmitten der vor der Küste Washingtons abgelagerten Sedimentschichten. Diese Unterwasserberge wurden mit der Bewegung der ozeanischen Juan-de-Fuca-Platte (s. auch S. 65) vor rund 30 Mio. Jahren allmählich in Richtung Festland transportiert. Beim Zusammentreffen mit der kontinentalen Nordamerikanischen Platte erwiesen sie sich dann als zu groß für eine Subduktion (Untertauchung und Aufschmelzung) und blieben an deren Rand hängen. Die unterliegende Juan-de-Fuca-Platte aber wanderte weiter in Richtung Nordosten und es kam zu einem »Stau«: Nachfolgende Sedimentschichten türmten sich hinter dem hängengebliebenen Block auf und erhoben sich schließlich vor etwa 12 Mio. Jahren als Bergmassiv der Olympics aus dem Meer.
Eine weitere wichtige Phase in der Ausformung der Olympischen Halbinsel begann während der großen Eiszeiten der letzten 2–3 Mio. Jahre. Eiszungen schoben sich von Norden her gegen die Olympics, teilten sich an den Bergen und hobelten die Juan-de-Fuca-Straße im Norden sowie den Puget Sound im Osten aus. Nach dem Ende der Eiszeiten füllten sich diese Gletscherfurchen mit Wasser und isolierten die Olympics damit soweit vom Festland, daß

Eine Trottellumme im Sommergefieder; die schwarzweißen, etwa 40 cm großen Seevögel besiedeln vorgelagerte Küstenfelsen.

Die vom Pazifik heranwallenden Nebel tauchen die Küste (hier bei Rialto Beach) oft in ein gespenstiges Licht.

sich dort sogar einige endemische Tier- und Pflanzenarten entwickeln konnten. Im Inneren des Bergmassivs arbeiteten außerdem riesige alpine Gletscher an der Ausformung von Karen, schmalen Graten und Trogtälern. Sie werden heute durch etwa 60 kleine, jüngere Gletscher ersetzt. Entdeckt wurde die Olympische Halbinsel bereits vor 12 000 Jahren von halbnomadischen Indianern, die hier noch die letzten Mastodons jagten. Spätere Besiedlungsnachweise fand man u. a. in Form von Relikten der 2000 Jahre alten Makah-Kultur, die heute in einem Museum in Neah Bay zu bewundern sind. Weiße erreichten das Gebiet möglicherweise bereits 1592 (Juan de Fuca), sicher aber erst am Ende des 18. Jh., als Seeleute die Gewässer um die Halbinsel befuhren.

Eine Knospe der »Western Pasque Flower« (Familie Hahnenfußgewächse) durchbricht die winterliche Schneedecke.

Blick in den dichten gemäßigten Regenwald des Hoh-Tales im Westen des Parks.

Pflanzen und Tiere

Die Hauptattraktion dieses Nationalparks sind die gemäßigten Regenwälder der nach Westen auslaufenden Täler des Hoh-, Queets- und Quinault-Flusses. Ein ganzjährig mildes Klima, hohe Niederschläge und die vom Pazifik heraufziehenden Nebel schufen hier die idealen Bedingungen für diese einmalige, von Nadelhölzern dominierte Formation.
Charakterbaum des olympischen Regenwaldes ist die Sitkafichte (s. S. 70), die in ihrer Verbreitung überwiegend auf einen schmalen Küstenstreifen zwischen Alaska und Oregon beschränkt ist. Mit ihr zusammen wachsen Westamerikanische Hemlocktannen (s. S. 70), Douglasien (S. 71) und Riesenlebensbäume, von denen eini-

»Pearly Everlastings« und »Bluebells« beleben die subalpinen Wiesen bei Hurrican Ridge.

Bei Wanderungen entlang der Pazifikküste der Olympischen Halbinsel kann man gelegentlich Seehunde beobachten.

ge zu den größten ihrer Art zählen. Fällt ein solcher Baumriese, wird er zur Nährmutter neuer Bäume (»nurse log«), die leichter auf ihm als auf dem dicht bewachsenen Waldboden Fuß fassen können. Nach seiner Verrottung stehen sie dann in Reih und Glied und zeichnen seine ehemalige Lage nach. Einige Keimlinge nutzen auch die alten Stümpfe und senden Wurzeln von diesem luftigen Sitz zum Boden, auf denen sie später wie auf Stelzen stehen.
Typisch und oft besonders dicht mit den unzähligen Moosen, Flechten und Farnen des gemäßigten Regenwaldes bewachsen

Das Grundmuster des schwarz-grau-weißen Gefieders der kleinen Junkos kann lokal stark variieren.

ist der Großblättrige Ahorn. Vor allem Moosfarne aus der Gruppe der Bärlappgewächse hängen in dichten Vorhängen von seinen Ästen. Den Unterwuchs bilden Schwertfarne und Schachtelhalme in Gemeinschaft mit einigen Blütenpflanzen, darunter die kleine »Beadruby« aus der Familie der Liliengewächse mit ihren typisch herzförmigen Blättern.
Im trockeneren Tieflandwald des Westens übernehmen Große Küstentannen die führende Rolle der Sitkafichten. Die Formation geht dann ab 600–900 m in Bergwald über, dessen unterschiedliche Artenzusammensetzung von Niederschlagsmenge, Exposition und Höhe bestimmt wird. Den Übergang zu den subalpinen Bergwiesen bilden Inseln von Felsengebirgstannen, die durch Auswurzeln ihrer unteren Zweige oft von »Reifröcken« junger Bäume umgeben sind.
Der Hauptgrund für die Errichtung des Parks waren aber zunächst nicht die Wälder, sondern der Roosevelt-Hirsch, eine Unterart des Rothirsches (S. 36). Er ist mit einigen Tausend Individuen vertreten, wird aber allgemein seltener gesehen als der kleinere Großohrhirsch (S. 165), der hier ebenfalls in einer besonderen Unterart vorkommt. Daneben besitzen die Olympics mit dem Olympischen Murmeltier zumindest eine endemische Säugetierart.
Ein anderes, aus der eiszeitlichen Isolation der Halbinsel resultierendes Charakteristikum ist das Fehlen einiger typischer Bewohner der nahegelegenen Festlandsgebirge wie Pika (S. 160) und Goldmantelziesel (S. 76). Interessante Säugetiere der Olympics sind auch die Stummelschwanzhörnchen. Diese bis über 40 cm langen, murmeltierähnlichen Waldbewohner leben in unterirdischen Tunnelsystemen und ernähren sich vor allem von Farnen und Baumrinde.
Die Vogelwelt ist ebenfalls reichlich vertreten: Felsengebirgshühner (S. 93) und Rosenbauch-Schneegimpel besiedeln die

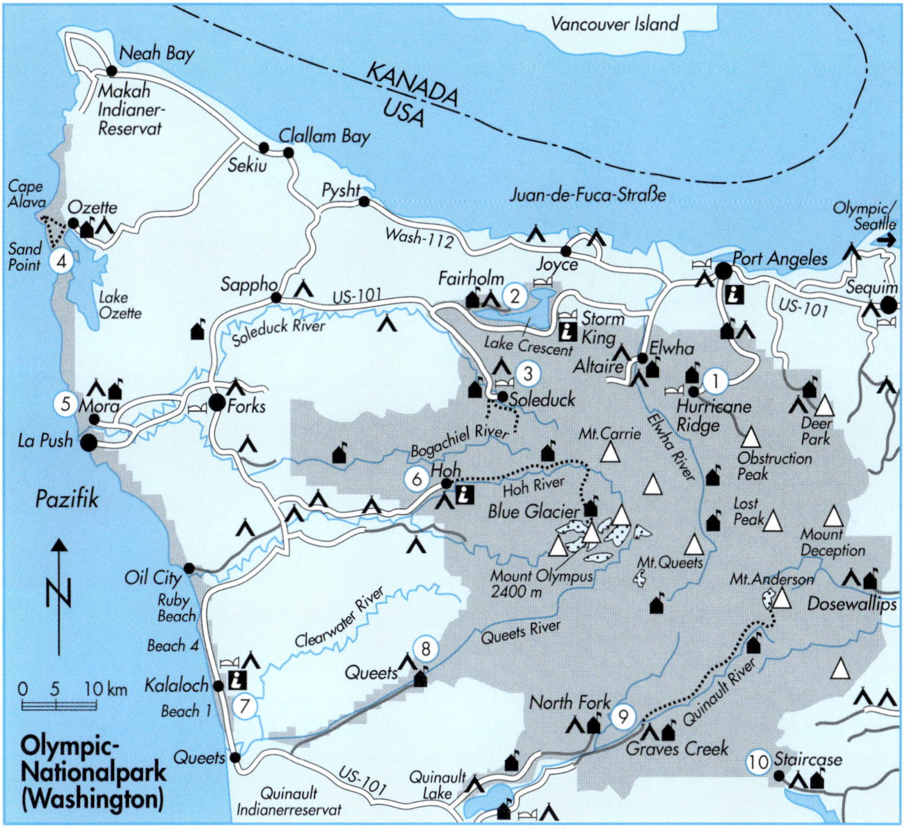

Olympic-Nationalpark (Washington)

(sub-)alpinen Zonen, Junkos und Halsbanddrosseln huschen durchs Gebüsch, und Grauwasseramseln (S. 79) bevölkern die Bäche, in deren Nähe Zimtkolibris auf Nektarsuche gehen.
Die Pazifikküste bildet eine Welt für sich: Unzählige Kleinlebewesen besiedeln die Gezeitentümpel, Felsen und Strände, an denen Beringmöwen und Dutzende weiterer See- und Watvogelarten nach Nahrung suchen. Vor allem auf den vorgelagerten Felspfeilern kann man ganzjährig Meerscharben sowie Trottellummen, Nashornalken und Taubenteiste aus der Familie der Alken beobachten. Alle diese Arten nisten auch hier. Daneben besuchen Seehunde, Stellers Seelöwen und andere Flossenfüßer die Küste, Seeotter wurden 1969 wieder angesiedelt, und von exponierten Punkten läßt sich im Herbst (November/Dezember) und Frühjahr (März/April) die Wanderung der Grauwale beobachten.

Im Gebiet unterwegs

Der Park besitzt mehrere Informationszentren bzw. Rangerstationen und fast 1000 km Wanderwege. Von der US-101, der sehr idyllischen »Ringstraße« der Olympischen Halbinsel, führen Stichstraßen in die verschiedenen Regionen. Von Nordosten nach Südwesten sind dies vor allem:
<u>Hurrican Ridge</u> ① (1570 m): Abzweigung in Port Angeles, dort auch großes Besucher-

Weibliche Roosevelt-Hirsche äsen an den Ufern des Hamma-Hamma-Flusses im Norden der Olympischen Halbinsel.

zentrum an der Straße; Bergwälder, fantastische Ausblicke und subalpine Blumenwiesen; Olympische Murmeltiere und Felsengebirgshühner; Spaziergänge auf den **Meadow Loop Trails** nahe des Informationszentrums Hurrican Ridge und Wanderung auf dem **Hurrican Hill Trail** (4,5 km, Startpunkt am Ende der Stichstraße); schöne

Weiblichen wie jungen Tannenhühnern fehlt der für die Art typische rote Augenkamm.

Piste vom Parkplatz zum **Obstruction Point** (12,5 km einfach).

Lake Crescent ②: Direkt an der US-101; »Schweiz« der Olympics; Wanderung von der Storm-King-Rangerstation zu den **Marymere Falls** durch schönen Wald (3,2 km); **Naturlehrpfad** beim Fairholm-Campingplatz (1,2 km Rundweg).

Soleduck ③: Abzweigung westlich des Lake Crescent; Bademöglichkeit in den heißen Quellen des Sol Duc Resort (Eintritt); Wanderung zu den **Soleduck Falls** vom Parkplatz am Ende der Stichstraße (Naturlehrpfad, 1,6 km einfach), dann entweder auf demgleichen Weg, oder aber auf dem **Lovers Lane Loop** (ca. 8 km) über Resort und Campingplatz zurück zum Parkplatz. Weitere Wege zum **Mink Lake** (ab Resort, 8 km) bzw. zum **Deer Lake** (ab Soleduck Falls, 9,6 km).

Lake Ozette ④: Abzweigung bei Sappho auf die Wash-112 Richtung Neah Bay (Museum!); Tageswanderung (14,5 km) von der Ozette-Rangerstation zum **Cape**

Blick auf die schneebedeckten Gipfel der zentralen Olympic Mountains von Hurrican Ridge aus.

Alava, entlang der Küste Richtung Süden bis **Sand Point** und von dort zurück zur Rangerstation; eventuell Weißkopf-Seeadler (S. 207) und Seehunde.
<u>Mora</u> ⑤: Abzweigung kurz vor Forks, dann rechts zum malerischen Rialto Beach nördlich der Qillayute-Flußmündung; Kiesstrand, Treibholz, See- und Watvögel.
VORSICHT: Bei allen Wanderungen entlang der Küste bitte unbedingt vorher beim Ranger eine Gezeitentafel besorgen! Von Badeversuchen ist wegen des kalten Wassers abzuraten!
<u>Hoh</u> ⑥: Abzweigung südlich von Forks; schöner gemäßigter Regenwald; großes Besucherzentrum, an dem 2 beeindruckende, als Lehrpfade angelegte Rundwege beginnen: **Hall of Mosses** (1,2 km) und **Spruce Nature Trail** (2 km). Ein mehrtägiger Wanderweg führt außerdem hinauf zum Blue Glacier des Mount Olympus (knapp 30 km einfach).
<u>Kalaloch</u> ⑦: Zwischen Ruby Beach und Kalaloch läuft die US-101 unmittelbar parallel zur Küste; viele Aussichtspunkte und Strandzugänge (z. B. Beach 1 und 4), Seevögel vor allem auch auf den vorgelagerten Felsen bei Ruby Beach und Kalaloch; nahe der Straße steht auch der **Big Cedar Tree**, ein Riesenlebensbaum mit etwa 20 m Umfang.

»Lewis Monkeyflowers« besiedeln die feuchten Zonen der Bergwiesen.

In schneereichen Gebieten stabilisieren sich Felsengebirgstannen oft durch Auswurzeln der unteren Äste.

Queets ⑧: Abzweigung (Piste) östlich von Queets; Wanderung auf dem 4,5 km langen Rundweg **Sams River Trail** vom Campingplatz zur Rangerstation und zurück oder auf dem **Queets River Trail** bis zu der weltweit größten Douglasie (8 km).
Quinault ⑨: Abzweigung kurz vor dem Quinault Lake; Nordwestseite des Sees noch im Nationalpark, ansonsten recht stark besiedelt; Auffahrt ins Quinault Valley z. T. über Pisten bis **North Fork** (Irely Lake Trail, 4 km) bzw. **Graves Creek** (Enchanted Valley Trail, 4 km); beide Punkte sind auch Ausgang für längere Wanderungen, z. B. zum Anderson Glacier (26 km einfach von Graves Creek).
Staircase ⑩: Abzweigung in Hoodsport zum Lake Cushman (z. T. Piste); Wanderungen auf dem **Shady Lane Nature Trail** (4,5 km) oder dem **Staircase Rapids Loop Trail** (3,2 km); beide beginnen bei der Staircase-Rangerstation.
Die erwähnten Besuchspunkte und Wege sind nur eine Auswahl; Auskünfte z. B. zu **Altaire, Elwha, Dosewallips, Deer Park** und weiteren Wanderungen im Hinterland in den Besucherzentren.

Praktische Tips

Anreise
Mit der Fähre von Edmonds (nördlich Seattle) über den Puget Sound nach Kingston und weiter auf der Wash-104 bis zur US-101, die fast um die gesamte Halbinsel herumführt; weitere Zufahrten von Olympia oder Aberdeen direkt über die US-101. Busverbindung (Greyhound) nach Port Angeles, von dort weiter mit Clallam Transit, Greyline oder Olympic Van Tours.

Klima/Reisezeit
Mildes, nahezu frostfreies Klima mit Sommertemperaturen bis 27 °C und häufigen Nebelbänken im westlichen Tiefland; Niederschläge hier um 3600 mm/Jahr; ansonsten extremere Berg- und Trockenklimata mit Niederschlägen zwischen 5000mm/Jahr auf dem Mount Olympus und < 450 mm/Jahr bei Sequim im Nordosten (Regenschattengebiet). Beste Reisezeit: Ganzjährig, im Winter jedoch sehr feucht, im Juli/August sehr überfüllt.

Unterkunft
Im Park: 16 Campingplätze (Plätze in den Bergen im Winter z. T. geschlossen) sowie Lodges in Kalaloch, Lake Crescent, Soleduck und Hurrican Ridge (Winter). Weitere Unterkünfte in den umgebenden National Forests (Campingplätze) und den zahlreichen Ortschaften der Halbinsel.

Adressen
- Olympic National Park (Parkhauptquartier), 600 East Park Avenue, Port Angeles, WA 98362, Tel. (206) 452–0330;
- Pioneer-Memorial-Besucherzentrum, Port Angeles, Tel.(206) 452–4501, Ext. 230;
- Hoh-Rain-Forest-Besucherzentrum, Tel. (206) 374–6925.

7 Mount-Rainier-Nationalpark

Höchster Stratovulkan des Kaskadengebirges; fantastische Kulisse des gletscherverkleideten Gipfels; hohe Nadelwälder und blumenreiche Bergwiesen; Eiswürmer, Eisgraue Murmeltiere und Kiefernhäher; Nordamerikanische Waschbären und Nördliche Gleithörnchen.

Die majestätische Silhouette des 4394 m hohen Mount Rainier beherrscht den westlichen Teil des Bundesstaates Washington. Der von zahlreichen Gletschern und Eisfeldern gekrönte Vulkan sitzt dem Kaskadengebirge auf, einer vor 7–12 Mio. Jahren aufgestauchten Bergkette, die sich unmittelbar östlich des Küstengebirges vom Mount Garibaldi in Kanada bis zum kalifornischen Lassen Peak (s. S. 84) erstreckt. Das Kaskadengebirge liegt über der Aufschmelzungszone der kleinen ozeanischen Juan-de-Fuca-Platte, die sich mit einer Geschwindigkeit von rund 2,5 cm/Jahr von Westen her unter die Nordamerikanische Platte schiebt (s. auch S. 11). Die aus dem Subduktionsgebiet aufsteigenden Magmaströme ließen hier über ein Dutzend sogenannter Stratovulkane entstehen, die sich aus meist andesitischen

Der Mount Rainier gilt als das größte eingipfelige Gletschersystem der USA außerhalb Alaskas.

Eisgraue Murmeltiere betrachten gelassen die Wanderer auf den Wegen um Paradise und Sunrise.

Lavadecken im Wechsel mit Schichten vulkanischen Lockermaterials (Aschen, Lavabomben usw.) aufbauen. Sie sind nur schwer berechenbar und hochexplosiv – wie der Mt. Mazama (s. S. 72), der Mt. Tehama (s. S. 84) oder zuletzt der Mount St. Helens (s. S. 211) bewiesen. Das Kaskadengebirge ist damit Teil des großen »Feuerrings«, der sich rund um den gesamten Pazifik zieht.
Auch der 0,5–1 Mio. Jahre junge Mount Rainier hat eine unruhige Geschichte. Vor 5800 Jahren zerriß eine gewaltige Explosion seinen Gipfel, Gletscher und Felsen zerbarsten, und kochende Schlammströme wälzten sich zu Tal. In der entstandenen Caldera bildete sich später ein neuer Kegel aus Lava und Aschen, die Gletscher regenerierten sich, und der Vulkan trat in eine relative Ruhephase ein. Jüngere Messungen zeigen jedoch verstärkte Magmabewegungen in der Tiefe und versprechen neue Überraschungen von diesem riesigen Kegel aus »Feuer und Eis«.
Als der englische Schiffskapitän George Vancouver 1792 erstmals den Schneeberg sichtete, benannte er ihn nach seinem Freund Peter Rainier. Ab 1833 erkundete man das Gebiet auch zu Fuß und 1870 erreichten die ersten Bergsteiger den Gipfel. 1899 wurde dann der Nationalpark erklärt, der heute 953 km^2 groß ist.

Pflanzen und Tiere

Mit Höhenlagen zwischen etwa 560 m und knapp 4400 m umfaßt der Park eine breite Spanne von Lebensräumen. In den tieferen Regionen (600–900 m) beschatten bis zu 1000 Jahre alte Wälder von Westamerikanischen Hemlocktannen, Riesenlebensbäumen und Douglasien (S. 71) die Parkstraßen. Moose, Flechten, Bärlappgewächse und Farne besiedeln ihre Äste, »Vanilla Leafs« und »False Solomon's Seals« aus der Familie der Liliengewächse beleben zusammen mit über 150 Pilzarten den Waldboden. Je höher man steigt, desto mehr treten Westamerikanische Weymouthskiefern, Purpurtannen und Nootka-Scheinzypressen in den Vordergrund, und die Waldstruktur wird insgesamt lockerer. Im Unterwuchs gedeihen hier verschiedene Beerensträucher *(Rubus)* und die pinkfarbene, seltene Norne (S. 81) aus der Familie der Orchideen.
Oberhalb von 1400 m ist der Boden bereits über 8 Monate des Jahres mit Schnee bedeckt, und nur noch kleine Gruppen von Gebirgs-Hemlocktannen (S. 72), Felsengebirgstannen (S. 64) und Weißstämmigen Zirbelkiefern (S. 73) widerstehen den harschen Bedingungen. Rundherum entfalten subalpine Bergwiesen ihre Blütenpracht (im Juli/August): blaue Lupinen, tiefrote »Magenta Paintbrushes« und hellviolette Staudenastern sind nur einige Beispiele. Ab etwa 2000 m aufwärts erstrecken sich dann die arktisch-alpinen Polster- und Kissenpflanzengesellschaften bis an die Grenze des ewigen Schnees in 2700 m Höhe. Darüber überleben nur mehr einige Flechten und Algen, die die Schneefelder stellenweise mit einem rosigen Hauch überziehen. Von ihnen leben die 2,5 cm langen, schwarzen Eiswürmer, die wohl kuriosesten Lebewesen dieser höchsten Stufen. Tagsüber verbergen sich diese gut angepaßten Tiere im Eis – denn bereits bei Temperaturen über 4 °C würden sie an Überhitzung sterben!

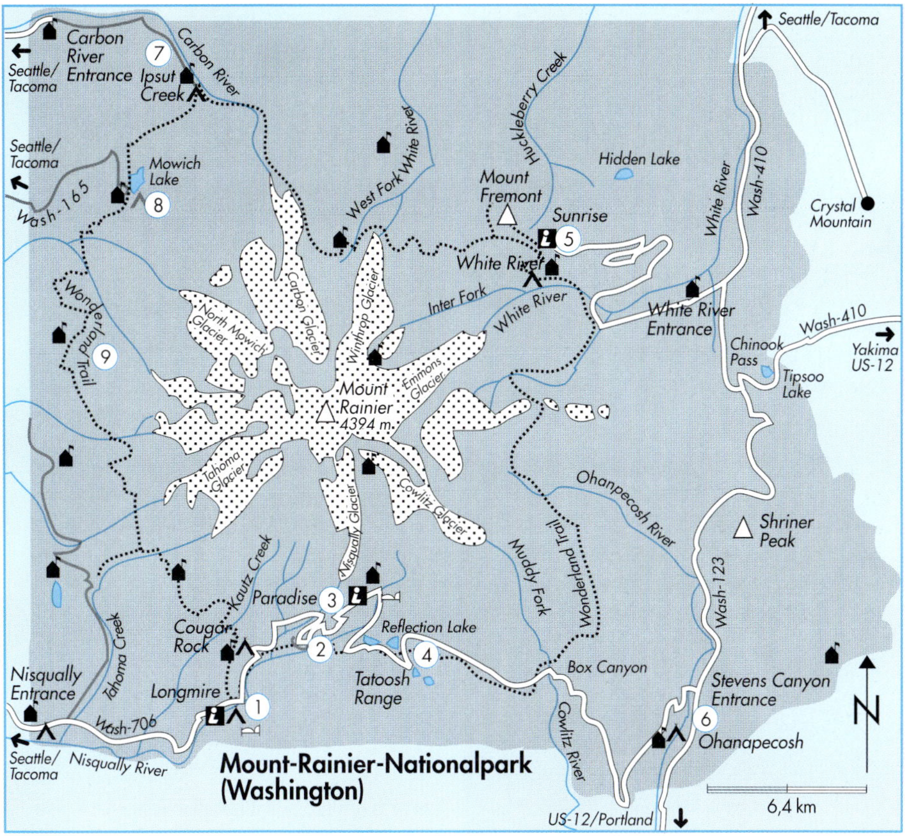

Größere Bewohner der alpinen Stufe sind Schneeziegen (S. 52), die häufig erst auffallen, wenn ein Schneefleck sich plötzlich zu bewegen beginnt. Zwischen den Felsen sammeln Pikas (S. 160) ihre Heuvorräte, und Rosenbauch-Schneegimpel und Kolkraben (S. 98) besiedeln den Luftraum. Eisgraue Murmeltiere und Felsengebirgshühner (S. 93) profitieren von den subalpinen Sommerwiesen; hier findet man auch gelegentlich Großohrhirsche (S. 165). Die Parkplätze werden z. T. von Goldmantelzieseln (S. 76), Kiefern-, Meisen- und Diademhähern (S. 74, 156, 88) umlagert. Nordamerikanische Waschbären durchstreifen die Wälder. Diese nachtaktiven Kleinbären mit charakteristischer schwarzer Augenbinde und schwarz-weißem Ringelschwanz zählen Krebse, Fische oder Frösche zu ihren Lieblingsspeisen. Weitere Waldbewohner sind das Nördliche Gleithörnchen, der seltene Fleckenkauz, Junkos (S. 60), Bandtauben und Feuerkopf-Saftlecker. Wie alle Saftlecker picken letztere kleine Löcher in die Baumrinde und ernähren sich dann von dem austretenden Saft und von den dadurch angelockten Insekten. Am Boden leben bis zu 15 cm lange Nacktschnecken (»Banana Slugs«), die harmlosen, dunklen Nordamerikanischen Sandboas sowie 12 Arten von Amphibien.

Blick von der Straße nach Paradise auf den Nisqually-Gletscher.

Der »Northern Gentian« zählt zu den unauffälligeren Enzianen.

Der Nordamerikanische Waschbär prüft seine Beute vor dem Verzehr; dieses »Waschen« gab ihm den deutschen Namen.

Im Gebiet unterwegs

Der Park besitzt 4 Besucherzentren, von denen Longmire ganzjährig, die übrigen von etwa Juni bis Oktober geöffnet sind. Ähnlich verhält es sich mit den Straßen, die, mit Ausnahme der Wash-706 vom Nisqually-Eingang bis nach Paradise, wegen der schweren Schneefälle (1971/72 fielen 28,5 m Schnee in Paradise!) von November bis manchmal in den Juni geschlossen bleiben müssen. Die höheren Teile der über 480 km Wanderwege sind allgemein von Mitte Juli bis September schneefrei. Der Park kann von 5 Zentren aus erschlossen werden:

Longmire ①: Bereits 1884 wurde hier ein Heilbad eröffnet; heute befindet sich in Longmire ein interessantes kleines Museum sowie ein Naturlehrpfad (**Trail of the Shadows**, 800 m), der rund um eine idyllische Waldlichtung führt. Auf der Weiter-

»Elephant Heads«, ein Läusekraut, bevorzugt feuchte Bergwiesen.

fahrt nach Paradise lohnt sich der Umweg über die Einbahnstraße zu **Ricksecker Point** und den **Narada Falls** ②.

Paradise ③: Das rund 1600 hoch gelegene, von subalpinen Wiesen umgebene Besucherzentrum ist Ausgangspunkt für den als Lehrpfad gestalteten, einfachen **Nisqually Vista Trail** (knapp 2 km), der zu einem Aussichtspunkt auf den Nisqually-Gletscher führt. Andere Ausflüge z. B. auf dem **Skyline** oder dem **Lakes Trail** (jeweils 8,3 km) erfordern steilere Anstiege. Die berühmten Eishöhlen des **Paradise Glacier** (9,6 km) sind verschwunden.

Auf der Strecke nach Sunrise/Ohanapecosh bieten sich ein Zwischenaufenthalt am **Reflection Lake** und ein Abstecher zu den **Snow** und **Bench Lakes** ④ (4 km) in der Tatoosh Range an.

ACHTUNG: Die Vegetation ist überall sehr empfindlich, deshalb unbedingt auf den Pfaden bleiben!

Eine Bergwiese bei Paradise im August mit »American Bistorts« (weiß), blauen Lupinen und »Red Mountainheaths« (rosa).

Staudenastern sind typische Blumen der subalpinen Zone.

Nadelhölzer – alle gleich?

Die zahlreichen Nadelholzarten der westlichen USA sind oft erst auf den zweiten Blick voneinander zu unterscheiden. Sie gehören überwiegend zur Familie der Pinaceae, d. h. zu den Tannen (»Firs«), Fichten (»Spruces«), Kiefern (»Pines«), Douglasien und Hemlocktannen. Wichtige Bestimmungshilfen geben neben Standort und allgemeinem Habitus die Rinde, Anordnung und Aussehen der Nadeln sowie die Zapfen. Im folgenden werden 8 der häufigsten Arten nach diesen Merkmalen verglichen.

Art	Rinde	Nadeln	Zapfen
Grautanne	graubraun, gefurcht	einzeln, blaugrün, 6–7 cm	9–11 cm, aufrecht, grün
Felsengebirgstanne	weich, grau	einzeln, flach, stumpf, 3–4 cm	7–8 cm, aufrecht, lila
Engelmannsfichte	schuppig, rotbraun	einzeln, spitz, 4kantig, 2 cm	3–5 cm, braun, am Zweigende
Sitkafichte	silbrigrot, dünn	einzeln, spitz, flach, 2 cm	7–8 cm, leicht, am Zweigende
Gelbkiefer	orangerot, schuppig	in 3er-Bündeln, 18 cm, weich	9–12 cm, braun, hängend
Drehkiefer	braun, schuppig	in Paaren, um 5 cm, steif	3–5 cm, braun, hängend
Westamerik. Hemlocktanne	grau, gefurcht	einzeln, weich, 1–2 cm, flach	2 cm, braun, am Zweigende
Douglasie	dick, braunrot, gefurcht	einzeln, 3 cm, biegsam, flach	8 cm, zackige Deckschuppen

Sunrise ⑤: 1920 m hoch und im Regenschatten des Mount Rainier, bietet Sunrise fantastische Blicke auf den schneebedeckten Gipfelkrater und den Emmons Glacier, den größten Gletscher des Parks. Der **Sourdough Ridge Trail**, ein kurzer Lehrpfad (800 m), führt vom Besucherzentrum durch die Bergwiesen. Weitere attraktive Wege bringen den Wanderer z. B. zum **Shadow Lake** (5 km, Eisgraue Mumeltiere) oder zum **Mt. Fremont** (9 km, 360 m Höhengewinn).

Ohanapecosh ⑥: Zu den ältesten Baumriesen dieses Gebiets gelangt man auf einem beeindruckenden Lehrpfad, dem 3,2 km langen **Grove of the Patriarchs Trail**. Ein weiterer, der **Life Systems Trail** (800 m), startet direkt beim Besucherzentrum und streift ein kleines Gebiet heißer Quellen. Schön ist auch eine Wanderung durch den alten Wald zu den **Silver Falls** des Ohanapecosh-Flusses (4,8 km).

Carbon River ⑦: Die Zufahrtsstraße/-piste zu diesem niederschlagsreichsten Gebiet des Parks führt z. T. durch epiphytenreichen, dichten Wald, der an die Regenwälder des Olympic-Nationalparks (s. S. 57) erinnert. Eine Einführung gibt ein kurzer Lehrpfad, der **Carbon River Rain Forest Trail** (500 m, Startpunkt nahe dem Parkeingang). Weitere Wege führen vom Ipsut-Creek-Campingplatz über 5,6 km (einfach) zum dunklen **Carbon Glacier** oder zum **Mowich Lake** ⑧. Dieser idyllische See ist auch über eine Piste zu erreichen. Nicht unerwähnt bleiben soll auch der berühmte **Wonderland Trail** ⑨ rund um den Mount Rainier (knapp 150 km, 10–14 Tage); er wurde bereits 1916 angelegt und durchquert alle Lebenszonen.

ANMERKUNG: Plötzliche »Gletscherwasser-Springfluten« oder Schlammlawinen kommen immer wieder vor; deshalb vor längeren Wanderungen in abgelegenen Gebieten den Ranger befragen.

Sichere Programme für Bergsteiger bietet die Rainier Mountaineering Inc., Paradise, WA 98398 (Juni-Sept.); 535 Dock Street, Suite 209, Tacoma, WA 98402 (Okt.-Mai).

Praktische Tips

Anreise

Von Tacoma über die Wash-410 nach Sunrise, über Wash-410 und Wash-165 nach Carbon River bzw. Mowich Lake, über Wash-7 und Wash-706 nach Longmire; von Portland über I-5 und US-12 nach Ohanapecosh; von Yakima über die US-12 nach Ohanapecosh, über US-12 und Wash-410 nach Sunrise. Flughäfen, Autovermietung usw. in Seattle/Tacoma oder Portland; Busse (Gray Line) von Tacoma und Seattle zum Park.

Klima/Reisezeit

Tagestemperaturen in Paradise im Sommer um 15 °C, im Winter um –2 °C; Niederschläge in Paradise bei 2500 mm/Jahr meist als Schnee, im Nordwesten höher, im Nordosten (Regenschatten) deutlich niedriger; plötzliche Wettereinbrüche zu jeder Jahreszeit möglich. Beste Reisezeit: Juni bis September.

Die Engelmannsfichte besitzt hellbraune, hängende Zapfen; sie sitzen ganz an den Zweigenden.

Unterkunft

Im Park: 5 Campingplätze (geöffnet von Juni bis Mitte Oktober, Sunshine Point ganzjährig) und ein Zeltplatz am Mowich Lake; Unterkünfte im Paradise Inn und im National Park Inn/Longmire zu reservieren über Mount Rainier Guest Services, 55106 Kernahan Road East, Ashford, WA 98304, Tel. (206) 569–2275. Weitere Unterkünfte in den Ortschaften der Umgebung.

Adressen

➪ Mount Rainier National Park (Parkhauptquartier), Tahoma Woods, Star Route, Ashford, WA 98304, Tel. (206) 569 2211.

Dreizackige, auffällige Deckschuppen kennzeichnen die hängenden Zapfen der Douglasie.

8 Crater-Lake-Nationalpark

Kreisrunde, wassergefüllte Caldera als tiefster See der USA; vulkanisch geprägtes Umland mit Parasitärkratern, Bimssteinebenen, Nadelwäldern und blühenden Wiesen im Sommer; Streifenhörnchen, Großohrhirsche, Pikas und Gelbbäuchige Murmeltiere; Virginia-Uhus und Rauhhäutige Molche.

Überragt von hohen Felswänden liegt Crater Lake auf 1882 m Höhe im Süden des Staates Oregon inmitten einer Landschaft aus Vulkanbergen, sanften Hügeln und tiefgrünen Wäldern. Während Besucher sich mehr von dem saphirblauen Wasser dieses »Edelsteins des Kaskadengebirges« inspirieren lassen, dient der See Geologen als klassisches Schulbeispiel eines vulkanischen Einsturzkraters (= Caldera).
Anstelle des Crater Lake erhob sich noch vor wenigen Jahrtausenden der Mt. Mazama. Er gehörte zur Kette jener mächtigen Stratovulkane, die das über 1000 km lange Kaskadengebirge prägen (s. S. 65). Durch andauernde Ausbrüche war Mt. Mazama über einen Zeitraum von 500 000 Jahren auf eine Höhe von 3600 m angewachsen, und mehrere Parasitärkegel erhoben sich auf seinen Flanken (heute der Mt. Scott, The Watchman oder Hillman Peak).
Während der letzten Eiszeit war der Berg von teils 300 m mächtigen Gletschern be-

Teilansicht des Crater Lake; im Hintergrund Wizard Island, im Vordergrund einige Gebirgs-Hemlocktannen.

deckt, deren Spuren heute noch am Calderarand erkennbar sind.
Vor etwa 6800 Jahren kam es dann durch Aufsteigen neuer Magmamassen im Inneren des Vulkans zu einer Serie gewaltiger Ausbrüche. Mt. Mazama stieß so unglaubliche Mengen bimssteinhaltiger Materie aus, daß ein Gebiet von mehr als 500000 km^2 davon betroffen wurde. Alle Täler und Canyons in der Nachbarschaft des Vulkans wurden unter dicken Gesteinsschichten begraben, die Wälder zerstört. Durch die schnelle Entleerung der Magmakammer verlor aber der Berg seine Stabilität, so daß der obere Teil in den Hohlraum stürzte. Die so entstandene Caldera (von spanisch: »Kessel«) füllte sich mit Niederschlagswasser zum heute kreisrunden, 9 km durchmessenden und mit 589 m tiefsten See der USA. Späterer, auf den Calderaboden beschränkter Vulkanismus baute die 233 m hohe Wizard-Insel als Tuffkegel auf. Der bizarre Felsen Phantom Ship am südlichen Calderarand ist der erosionsbeständige Überrest von Magma, die in Rissen und Seitenschloten des ehemaligen Vulkans erhärtete.
Lange war Crater Lake den weißen Siedlern verborgen. Die Indianer der Gegend lebten mit dem Vulkanismus und wurden auch Zeugen der Zerstörung des Mt. Mazama. Für sie war der See ein heiliger, geheimgehaltener Platz, dessen Anblick Verderben über den Betrachter bringt. Nach der Entdeckung durch weiße Waldläufer im Jahre 1853 wurde Crater Lake schnell bekannt und dank der jahrzehntelangen Initiative des Privatmannes William Gladstone Steel im Jahre 1902 zum Nationalpark erklärt.

Weißstämmige Zirbelkiefern werden z. T. von Kiefernhähern »ausgesät«, die die Samen im Boden verstecken.

Pflanzen und Tiere

Die Wälder des 740 km^2 großen Parks bestehen fast ausschließlich aus Nadelhölzern, deren Zusammensetzung durch unterschiedliche Niederschlagsmengen beeinflußt wird. Während auf der Westseite viel Steigungsregen für Dauerfeuchtigkeit sorgt, bleibt die im Regenschatten liegende Ostseite trockener. Dies wirkt sich besonders im tiefer liegenden Parkbereich aus. Feuchtigkeitsliebende Douglasien (S. 71) und Felsengebirgstannen (S. 64) wachsen hier vorwiegend auf der Westseite, die an trockenere Verhältnisse angepaßten Gelbkiefern (S. 120) und Grautannen (S. 89) hingegen besiedeln Teile der Osthänge und das Gebiet um den südlichen Parkeingang. Der dominierende Baum im mittleren Bereich ist die Drehkiefer (S. 90). Sie bildet auf den nährstoff- und wasserarmen Bimssteinböden oft reine Bestände. Die häufigsten Baumarten der höheren Regionen sind Gebirgs-

Steinadler sind über den gesamten Westen der USA verbreitet; im Bild ein Jungvogel.

Hemlocktannen und »Shasta Red Firs«, eine Variation der Prachttanne (S. 89). Extremstandorte werden hier außerdem von der Weißstämmigen Zirbelkiefer besiedelt. Man findet diese Überlebenskünstler an den höchsten windgepeitschten Stellen des Parks (Cloudcap, Mt. Scott). Während der nur zweimonatigen Blühperiode erscheint eine erstaunlich bunte Palette von Blumen in den Wäldern. »Glacier«- und »Fawn Lilies« aus der Gattung der Zahnlilien durchbrechen die letzten Schneereste; Lupinen, Gauklerblumen

Wenn nicht von Touristen verdorben, ernähren sich Kiefernhäher von Koniferensamen, kleinen Nagern und Jungvögeln.

(Mimulus) und andere folgen. Auch im Spätsommer sorgen »Common Rabbitbrushes« (S. 164) oder »Scarlet Paintbrushes« noch für Farbtupfer.

Crater Lake beherbergt viele Tierarten, von denen allerdings ein großer Teil hier nur im Sommer zu finden ist; so z. B. Rothirsche (S. 36) oder die meisten der 200 nachgewiesenen Vogelarten. Häufig anzutreffende Säugetiere sind die als »Parkplatzbelagerer« bekannten Goldmantelziesel sowie Pikas (S. 160) und Gelbbäuchige Murmeltiere (S. 158) in den Felsregionen. Großohrhirsche (S. 165) queren oft die Straße (Vorsicht!) des Parks und auch die Beobachtung von Rotfüchsen ist keine Seltenheit. Verbreitet, aber nur hie und da zu sehen sind dagegen Schwarzbären (s. S. 53) und Streifenskunks (S. 203).

Bei den Vögeln dominieren die Rabenvögel: An den Park-, Camping- und Picknickplätzen sind regelmäßig Kiefern-, Diadem- (S. 88) und Meisenhäher (S. 156) auf Nahrungssuche. Den Aufwind des Kraterrandes nutzen Kolkraben (S. 98), Rotschwanzbussarde und (gelegentlich) Steinadler. Auf dem See sind nur selten Vögel anzutreffen, da das Wasser sehr nährstoffarm ist. Ohrenscharben und Weißkopf-Seeadler (S. 207) wurden aber schon beim Fischen nach eingeführten Blaurückenlachsen, Regenbogenforellen und Europäischen Forellen beobachtet. Die Wälder gestatten vielen anderen Vogelarten Unterschlupf und Brut; so z. B. den Virginia-Uhus oder den kleinen Junkos (S. 60) und Gambelmeisen.

Crater Lake ist kein Ort für Reptilien; es sind nur wenige Arten bekannt. Amphibien sind dagegen häufiger. Unter ihnen finden sich z. B. auch 2 Unterarten des Rauhhäutigen Molches. Eine, der »Crater Lake Rough-skinned Newt«, kommt nur innerhalb der Caldera vor. Die andere Unterart, der »Northern Rough-skinned Newt« besiedelt dagegen den feuchten westlichen Teil des Parks. Beide Unterarten vermischen sich nicht.

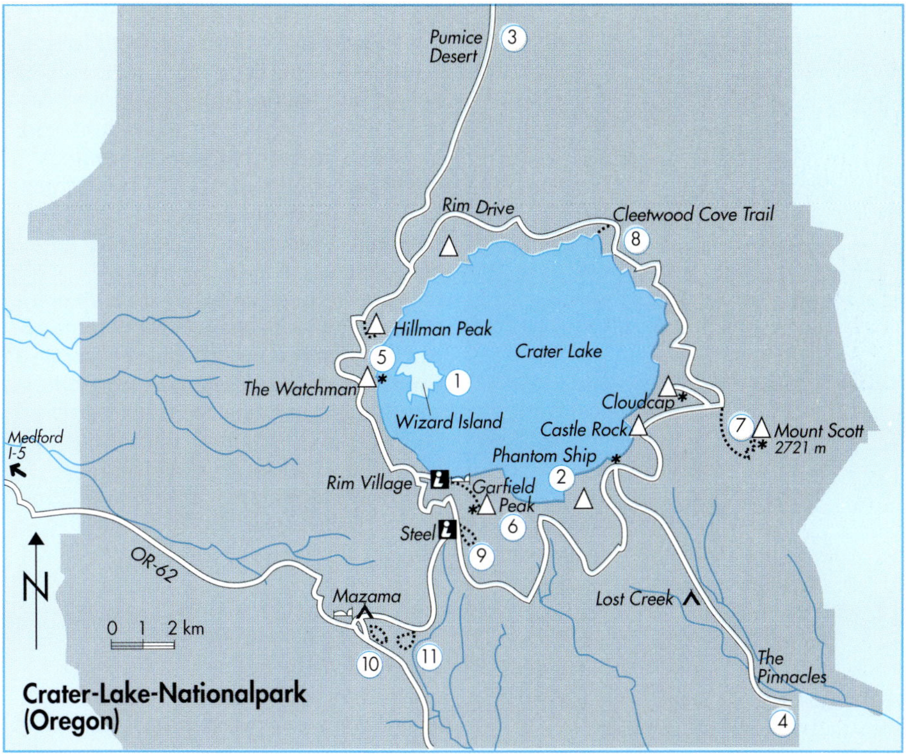

Im Gebiet unterwegs

Eine bereits 1918 fertiggestellte Panoramastraße **(Rim Drive)** umrundet die Caldera auf 53 km. Auf ihr hat man von eigens dafür eingerichteten Parkplätzen phantastische Ausblicke auf den Kratersee, auf **Wizard Island** ①, **Phantom Ship** ② und die **Pumice Desert** (Bimssteinwüste) im Norden ③. Für Fotografen lohnt es sich durchaus, die Straße bei wechselnden Lichtverhältnissen (z. B. am Vor- und am Nachmittag) zu fahren. Vom Rim Drive zweigt beim Aussichtspunkt Kerr Notch die 10 km lange Zufahrt zu den **Pinnacles** ④ im Südosten des Parks ab. Diese aus vulkanischer Asche gebackenen, kuriosen Spitztürme entstanden um die Austrittskanäle früherer Fumarolen und wurden durch Erosion freigelegt.

Auch auf einigen Wanderungen kann das überwältigende Landschaftspanorama genossen werden, z. B. während des 1,3 km (einfach) langen Weges zum Gipfel des 2446 m hohen **Watchman** ⑤, von dem man Wizard Island überblicken kann. Besonders lohnend sind die Aufstiege zum **Garfield Peak** ⑥ oder **Mount Scott** ⑦, dem höchsten Gipfel des Parks. Wildblumen säumen im Juni/Juli den Weg, knorrige Weißstämmige Zirbelkiefern beleben besonders im Mt.-Scott-Gebiet die Landschaftskulisse. Schöne Ausblicke, Pikas, Gelbbäuchige Murmeltiere und Großohrhirsche sind zu erwarten. **Garfield Peak:** 2457 m Höhe, 2,7 km einfach, 300 m Höhendifferenz; Start an der Crater Lake Lodge. **Mt. Scott:** 2721 m Höhe, 4 km einfach, Höhendifferenz knapp 600 m; Start am Parkplatz nahe der Cloudcap Junction.

Die Pinnacles im Südosten des Parks zeichnen die Austrittskanäle ehemaliger Fumarolen nach.

Die oft sehr zutraulichen Goldmantelziesel müssen sich im Spätsommer viel Fett für den Winterschlaf anfressen.

Ganz andere Perspektiven gewinnt man »im Inneren des Vulkans«. Hierzu werden von Juli bis Mitte September mehrmals täglich kommentierte, 2-stündige Bootsfahrten mit Stop an Wizard Island angeboten. Sie beginnen am Cleetwood Cove Boatdeck, zu dem man vom Parkplatz auf dem Kraterrand über den 1,7 km (einfach) langen, steilen **Cleetwood Cove Trail** ⑧ gelangt (Pikas!)

Drei kurze, durch Broschüren illustrierte Wege liegen am südlichen Calderahang. Auf dem **Castle Crest Wildflower Trail** ⑨ kann man Wildblumen und einige typische Bäume kennenlernen; geologische Formationen (Pinnacles) und die Auswirkungen des Mt.-Mazama-Vulkanausbruchs vor 6800 Jahren werden auf dem **Annie Creek Canyon Trail** ⑩ bzw. dem **Godfrey Glen Trail** Qq erklärt.

Praktische Tips

Anreise

Ganzjährig auf der OR-62 von Klammath Falls (Süden) oder Medford (Westen). Die nördliche, von der OR-138 abzweigende Zufahrt sowie der Rim Drive sind je nach Schneelage von Mitte Oktober bis Mitte Juni geschlossen.

Klima/Reisezeit

Rauhes Gebirgsklima mit langen, kalten Wintern; milde, sonnige Sommer mit Tageshöchsttemperaturen bis 25°C, aber kalte Nächte. Jahresniederschlag 1750 mm auf der Westseite, 3/4 davon zwischen Oktober und Mai als Schnee. Beste Reisezeit: Juni bis September.

Unterkunft

Crater Lake Lodge am Calderarand und Mazama Village Motor Inn in Mazama Village; Reservierung bei Crater Lake Lodge Inc, Crater Lake, OR 97604, Tel. (503) 594–2511, Ende Mai bis Oktober; zwei Campingplätze in Mazama und Lost Creek (Juni bis Ende September). Weitere

Vor allem Drehkiefern besiedeln die sanft abfallenden, bimssteinreichen Nord- bzw. Osthänge der Crater-Lake-Caldera.

Unterkünfte in den umgebenden Orten (Fort Klammath, Union Creek, Diamond Lake, Medford, Klammath Falls).

Adressen

➭ Parkhauptquartier mit Steel-Besucherzentrum: Crater Lake National Park, P.O. Box 7, Crater Lake, OR 97604, Tel. (503) 594–2211.

Blick in die Umgebung

Trockene Landschaft, Schlackenkegel, Lavafelder, vor allem aber über 200 Lavahöhlen zeichnen das **Lava Beds National Monument** aus, das auf halbem Weg zwischen dem Crater Lake und dem Lassen-Volcanic-Nationalpark (s. S. 84) liegt. Die Höhlen können frei begangen werden (einige von ihnen sind im Inneren vereist!); Taschenlampen und Informationen erhält man im Besucherzentrum.
Insgesamt 6 Schutzgebiete liegen im Umkreis der Stadt Klammath Falls, zusammengefaßt zu den **Klammath Basin National Wildlife Refuges**. Sie sind vorwiegend Reste ehemaligen Sumpf- und Seenlandes, die wichtige Brut- und Überwinterungsräume für Vögel darstellen. 250 Arten wurden gezählt und zur Zugzeit im März/April und Oktober/November geht die Individuenzahl in die Zehntausende. Ein Besucherzentrum bei Tulelake gibt nähere Informationen.

Die Knospen der »Glacier Lilies« erscheinen im Frühjahr als erste Farbtupfer auf den Wiesen der (sub-)alpinen Zone.

9 Redwood National and State Parks

Höchste Bäume der Erde in den nebelverhangenen Tälern des pazifischen Küstengebirges; dichte Bodenvegetation mit vielen Wirbellosen und Amphibien; Roosevelt- und Großohrhirsche; Fleckenkauz und Marmelalk; Kalifornische Seelöwen, Braunpelikane und andere Seevögel.

Das aus dem Redwood-Nationalpark und 3 State Parks bestehende Schutzgebiet liegt etwa 530 km nördlich von San Francisco. Hier findet man die letzten Reste eines auf der Welt einmaligen gemäßigten Regenwaldes. Seine herausragenden Bäume, die Küstensequoien oder Redwoods, sind Überreste einer vor Jahrmillionen weitverbreiteten Baumgattung der Nordhalbkugel (s. S. 106) und gehören zu den höchsten Bäumen der Welt.
Angewiesen auf das milde Klima und die durch die häufigen Nebel garantierte Dauerfeuchtigkeit bedeckten dichte Redwood-Wälder noch bis ins 19. Jh. hinein einen rund 700 km langen und 50 km breiten Streifen entlang der Küste von Süd-Oregon bis in die Gegend von Monterrey. Von den früher in den Wäldern ansässigen Indianerstämmen wurden sie nur schonend genutzt (z. B. zum Kanubau). Dann aber, nach der Entdeckung des harten, beständi-

Schwertfarne sind ein typischer Bestandteil des Unterwuchses im Küstensequoien-Wald.

gen Holzes der Küstensequoien durch weiße Siedler, Goldsucher und Holzfirmen, ging es sehr rasch: Ab 1850 fraßen sich Äxte und Sägen in die Stille der Wälder und vernichteten in nur 120 Jahren fast 90 % der ehemals 8000 km^2 umfassenden Waldflächen. Die Folgen dieses Raubbaus sind Bodenerosion und Änderung der natürlichen Wasserläufe – Schäden, die heute unter Einsatz von Millionenbeträgen wieder korrigiert werden sollen.
Ab Anfang des 20. Jh. versuchten Privatleute und Institutionen (darunter die 1918 gegründete Save-the-Redwoods League) die verbliebenen Baumriesen zu retten. Durch Käufe gelang es, genügend große Waldareale zu erwerben, die schließlich den Grundstein zum 1968 errichteten, heute knapp 450 km^2 umfassenden Nationalpark legten. 1980 wurde dieser von der UNESCO zum Erbe der Menschheit erklärt. Außerhalb der Parkgrenzen werden aber weiterhin Küstensequoien gefällt (ein Sägewerk liegt nördlich von Orick) und es mutet seltsam an, die mit den schweren Stämmen beladenen Lastwagen beim Durchqueren des Nationalparks zu sehen, in dem schon das Abbrechen eines Zweiges strafbar ist.

Grauwasseramseln tauchen in klaren Bächen nach Insektenlarven.

Pflanzen und Tiere

Jeder Besucher wird zunächst staunend vor den Küstensequoien stehen. Durch ihre immense Höhe stellen diese Bäume buchstäblich alle anderen Begleitpflanzen in den Schatten. Sie wachsen bevorzugt in Form lockerer Haine (engl.: »Groves«) in windgeschützten, feuchten Becken mit gut durchlüftetem Boden. Dort erreichen sie Höhen von über 100 m; der höchste Baum der Welt wurde 1963 in der Tall Tree Grove mit 112,1 m gemessen – bei einem Alter von »nur« 600 Jahren.
Überragt von den Giganten lebt eine reichhaltige Pflanzengemeinschaft, deren Zusammensetzung je nach Lichteinfall und Wasserverfügbarkeit variiert. Als schattentolerante Bäume dominieren Westamerikanische Hemlocktannen (s. S. 70) und »Tanoaks« in den küstennahen Redwood-Wäldern; die lichtliebenden Douglasien (S. 71) dagegen bevorzugen die trockeneren Inlandwälder, Lichtungen oder durch Feuer geöffnete Flächen. Den Waldboden bedeckt ein teils schwer zu durchdringendes Dickicht von Alpenrosenarten, »Salmonberries« und Schwertfarnen, die, zusammen mit Moosen und anderen feuchtigkeitsliebenden Pflanzen, auch auf den umgestürzten vermodernden Baumstämmen wurzeln. Dazwischen entfalten viele Blumen ihre Pracht, so z. B. Teppiche des »Redwood Sorrels« (einer Sauerkleeart), »Redwood Violets« oder der zu den Aronstabgewächsen gehörende, unangenehm riechende »Yellow Skunk Cabbage«.
Wegen ihres beschränkten Nahrungsangebotes sind Redwood-Wälder arm an Säugetieren. Die im Park häufig zu beobachtenden Roosevelt-Hirsche (eine Unterart des Rothirsches, S. 36) und Großohrhirsche (S. 165) sowie die ebenfalls nicht seltenen Schwarzbären (s. S. 53) findet man vorzugsweise an Waldrändern, auf Lichtungen, im offenen Grasland der höheren

Die farbenprächtige Norne aus der Familie der Orchideen ▶
bevorzugt versteckte Standorte in dichten Wäldern.

Regionen oder auf ehemaligen Abholzungsgebieten. Auch Kleinnager wie die lautstarken Chickarees sowie deren Jäger Rotluchs (S. 136) und Langschwanzwiesel konzentrieren sich hier.
Ständige Feuchtigkeit und verrottende Vegetation bieten aber einer reichen Amphibien- und Wirbellosenwelt Lebensraum. Neben zahllosen Insekten, Spinnen und Tausendfüßern bewohnen allein 15 Arten von Schwanzlurchen den Boden; darunter der bis 30 cm große, dunkel gefärbte Pazifische Riesen-Querzahnmolch. Er geht in der Nacht auf Jagd nach kleinen Fröschen, Fischen und Kerbtieren und gilt als gefährdet.
Typische Vögel des Redwood-Waldes sind u. a. der Zaunkönig, Wander- (S. 202) und Halsbanddrossel, Einsiedel-Waldsänger, Diademhäher (S. 88) oder der Fleckenkauz. Letzterer ist ein selten gewordener Nachtvogel, dessen Ruf dem Bellen eines Hundes gleicht. Kolkraben (S. 98) und Fischadler (S. 45) nutzen die Baumkronen als Ansitz oder Brutplatz, suchen ihre Nahrung aber außerhalb des Waldes. Dasselbe gilt für die Marmelalke. Im Gegensatz zu ihren meist auf Felsen brütenden Verwandten bevorzugen diese nur 25 cm kleinen, schwarzweiß gezeichneten Seevögel Bäume als Nistplätze und können oft weit im Inland beobachtet werden.
Die zum Nationalpark gehörenden Küstenfelsen, Strände und Lagunen werden von zahlreichen gefiederten Sommer- bzw. Wintergästen besucht, darunter verschiedene Möwen, Gänse, Enten, Regenpfeifer und Braunpelikane. Zu den auffälligeren standorttreuen Arten zählen Ohrenscharben und Kanadareiher (S. 209).

Der Blütenkolben des »Yellow Skunk Cabbage« wird von ▶
einem leuchtend gelben Hochblatt eingehüllt.

◀ Mächtige, hoch aufragende Küstensequoien lassen ein Auto wie ein Kinderspielzeug erscheinen.

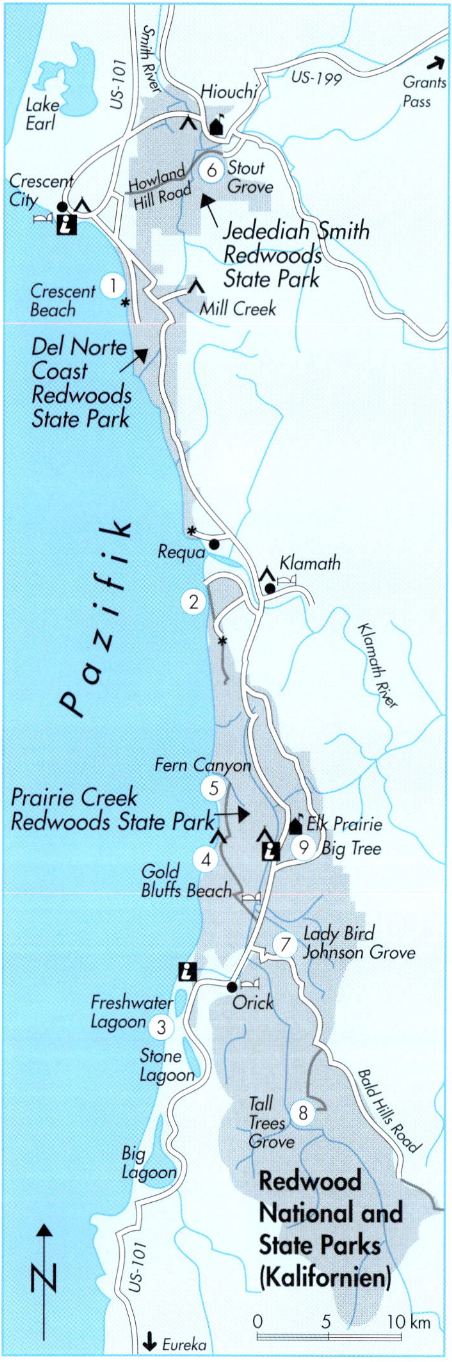

Im Gebiet unterwegs

Im heutigen Nationalpark sind die 3 vom Bundesstaat Kalifornien verwalteten State Parks Jedidiah Smith, Del Norte Coast und Prairie Creek zusammengefaßt. Von ihrer Verbindungsachse aus, der US-101, lassen sich viele Besuchpunkte erreichen:

☐ Zur Beobachtung von Seevögeln, durchziehenden Grauwalen (im November/Dezember bzw. März/April) und Kalifornischen Seelöwen eignen sich der **Crescent Beach Overlook** ① (Abzweigung südlich Crescent City), der 13 km lange **Coastal Drive** ② im Mündungsgebiet des Klammath Rivers und die **Freshwater Lagoon** ③ südlich von Orick.

☐ Im Prairie Creek Redwoods State Park (Eintrittsgebühr!) erreicht man auf der von der US-101 abzweigenden Davison Road den **Gold Bluffs Beach** ④. Dieses Strandgebiet ist neben dem Campingplatz bei der Elk Prairie (s. Karte) der beste Ort, Roosevelt-Hirsche aus der Nähe zu sehen. Am Ende der Piste liegt schließlich der **Fern Canyon** ⑤, eine etwa 20 m tiefe Schlucht, deren Wände mit Farnen regelrecht tapeziert sind. Häufigste der 8 Arten ist der »Five-finger Fern«. Mit Glück ist hier auch der Pazifische Riesen-Querzahnmolch zu beobachten. Wer auf gute Ausleuchtung Wert legt, geht den kurzen Pfad in den Canyon am besten um die Mittagszeit. Eindrucksvolle Bestände von Küstensequoien können an mehreren Stellen besucht werden, darunter:

☐ **Stout Grove** und **Boy Scout Tree Trail** ⑥ im nördlich gelegenen Jedidah Smith Redwoods State Park. Beide Orte werden über die malerische Howland Hill Road (enge Piste !) angefahren. Die Riesenbäume der Stout Grove hat man in kurzer Zeit vom Parkplatz aus erreicht; der Pfad zum Boy Scout Tree erfordert etwa 4 km (einfach) Wandern durch farnreichen Wald.

☐ Im Prairie Creek Redwoods State Park im Süden sind Wanderungen in **Lady Bird Johnson Grove** ⑦ und **Tall Trees Grove** ⑧

besonders lohnend. Beide Punkte erreicht man über die Bald Hill Road. Durch die Lady Bird Johnson Grove mit 600-jährigen, bis 100 m hohen Küstensequoien führt ein 1,5 km langer, leicht zu begehender Naturlehrpfad. Zum Ausgangspunkt des Tall Trees Grove Trails verkehrt von Juni bis September 3mal täglich ein Sammelbus vom Besucherzentrum bei Orick aus. Die Fahrt ist auch mit dem Privatwagen möglich (etwa 25 km), die Anzahl der zugelassenen Autos aber auf 35 pro Tag beschränkt (Fahrtgenehmigung und Wegeführer im Besucherzentrum, früh erscheinen !). Vom Parkplatz bei der Tall Trees Grove schlängelt sich dann der Fußweg (2,5 km einfach) hinunter zum Redwood Creek, wo der Welt höchste Bäume stehen. Es lohnt, die Baumkronen nach Fischadlern abzusuchen.
ACHTUNG: Den direkt an der US-101 in der Nähe des Prairie-Creek-Campingplatzes gelegenen **Big Tree** ⑨ nicht vergessen (angefütterte Diademhäher!).

Praktische Tips

Anreise

Vom Norden auf der Küstenstraße US-101 über Crescent City (5 km nordwestlich des Parks), vom Süden auf derselben Straße über Eureka/Arcata. Von Oregon aus kommend auf der US-199 über Grants Pass und US-101. Zwischen den genannten Städten gibt es mehrmals täglich Busverbindungen auf der US-101.

Klima/Reisezeit

Kühle Sommer (bis 20°C) und milde Winter (4–5°C) an der Küste, im Inland im Sommer wärmer (über 30°C); Jahresniederschläge bei 3000–4000 mm (hauptsächlich Oktober bis April). Von Juni bis August liegt meist bis zum späten Vormittag eine dichte Nebelbank über der Küste. Beste Reisezeit: Mai bis September, wobei Frühjahr und Herbst die meisten Sonnentage aufweisen.

Unterkunft

Die 4 in den State Parks gelegenen Campingplätze (Duschen!) sind im Sommer stark besucht; deshalb ist zwischen Juni und August eine Reservierung unbedingt anzuraten. Diese erfolgt durch MISTIX (Tel. s. S. 227) oder auch unter der Tel.-Nr. 1–800 444–7275. Viele private Unterkünfte entlang der US-101, bei Orick, Klamath und Crescent City.

Adressen

- Parkhauptquartier/Besucherzentrum: Redwood Nationalpark, 1111 Second St., Crescent City, CA 95531, Tel. (707) 464–6101;
- Besucherzentrum bei Orick (am Südeingang des Parks): Tel. (707) 488–3461.

Blick in die Umgebung

Den größten zusammenhängenden Bestand an Küstensequoien findet man im **Humbolt Redwoods State Park** etwa 70 km südlich des Redwood-Nationalparks. Entlang der Avenue of the Giants (einer 50 km langen Parallelstraße zur US-101) sind die Bäume aufgereiht. Schautafeln, ein Informationsheft und ein Besucherzentrum geben Erklärungen. Interessante Wege wie der Founders Grove Nature Trail laden zum Wandern ein. Noch weiter südlich, an der Einmündung der Küstenstraße 1 in die US-101 bei Leggett, steht im gleichnamigen Park der **Chandelier Drive-Thru Tree**, ein vielfotografierter, 2400 Jahre alter Redwood, dessen ausgehöhlte Basis von Autos durchfahren werden kann.
Auf der anderen Seite des Nationalparks können etwa 120 km nordöstlich von Crescent City (abseits der US-199) in einer imposanten Höhle des **Oregon Caves National Monuments** Tropfsteine aller Größen und Formen besichtigt werden (tägliche Führungen).

10 Lassen-Volcanic-Nationalpark

Höchster Lavadom der Welt mit weitreichender Aussicht vom Gipfel; Vulkanlandschaft mit Lavaströmen, Schlackenkegeln, Aschenfeldern und aktiven Thermalgebieten; malerische Flüsse, Seen und Wälder; Wildblumenblüte; Großohrhirsche, Pikas, Diademhäher und Berghüttensänger.

Der 3187 m hohe Lassen Peak liegt im Nordosten des Bundesstaates Kalifornien. Er ist der südlichste der das Kaskadengebirge (s. S. 65) krönenden, vulkanisch aktiven Gipfel und wurde 1916 in den 430 km^2 großen Lassen-Volcanic-Nationalpark einbezogen. In Anbetracht des bereits seit Millionen von Jahren andauernden Vulkanismus in dieser Region ist seine Geschichte nur kurz, aber bewegt: Im Südwesten des heutigen Nationalparks erhob sich noch vor 300 000 Jahren der mächtige, 3500 m hohe Stratovulkan Mt. Tehama. Sein Zentrum lag beim heutigen Thermalgebiet Sulphur Works. Nach dem Abklingen der Aktivität brach die Spitze des Berges zu einer Caldera zusammen (wie beim Mt. Mazama, s. S. 72), die, der Verwitterung durch Eis, Wasser und Wind ausgesetzt, fast ganz verschwand. Nur einige Gipfel zeichnen heute noch den ehemaligen Kraterrand nach (z. B. Brokeoff Mountain, Mt. Diller). Lassen Peak bildete sich vor etwa 11 000 Jahren an Mt. Tehamas Nordflanke. In relativ kurzer Zeit wurde ein riesiger Pfropf aus zäher Dactitlava an die Oberfläche gepreßt und erstarrte dort zu einem 610 m hohen Dom. Unter den auf diese Weise gebildeten Staukuppen bzw. Lavadomen gilt Lassen Peak als der höchste.

Die letzte Aktivitätsphase des Lassen lag zwischen 1914 und 1921. In dieser Zeitspanne wurden fast 400 Ausbrüche registriert, darunter der zerstörerische vom Mai 1915: Ähnlich dem Mt. St. Helens 1980 (s. S. 211) warf Lassen Riesenmengen von heißer Asche aus, die, mit Schmelzwasser vermischt, als Schlammlawinen zu Tal rasten und alles Leben auslöschten. Davon zeugt heute noch die Devastated Area (= Verwüstungszone) nordöstlich des Lavadoms. Im Moment beschränkt sich die vulkanische Aktivität auf einige Thermalgebiete, so z. B. bei Bumpass Hell und im Warner Valley.

Eine abwechslungsreiche Landschaft dehnt sich im Osten des Nationalparks.

Die Gruppe der Götterblumen (»Shooting Stars«) ist in den USA mit mehreren sehr ähnlichen Arten vertreten.

Spiegelung des Lassen Peak im Manzanita-See; der Gipfel wird oft als der höchste Lavadom der Welt bezeichnet. ▶

Die Riemenlippe aus der Familie der Orchideen bevorzugt feuchte Standorte; sie blüht zwischen Juni und September.

Auf einem vulkanischen Plateau setzen erloschene kleinere Schlackenkegel (wie Fairfield Peak, Hat Mountain, Crater Butte und Cinder Cone) markante Akzente. Erstarrte Lavaflüsse und vegetationslose Geröllhalden stehen im Kontrast zu den Flüssen und vielen Seen, die versteckt inmitten von Nadelwäldern oder blumenreichen Wiesen gelegen sind.

Pflanzen und Tiere

Nadelwälder bedecken weite Teile des Parks, wobei unterhalb 2000 m hochwüchsige Gelbkiefern (S. 120), Jeffrey-Kiefern und Grautannen dominieren. Die rotstämmige »Greenleaf Manzanita«, eine Bärentraubenart, bildet bisweilen dichten mannshohen Unterwuchs. In warmen Ecken halten sich auch kleinere Bestände von Rauchzedern und Zuckerkiefern. Diese »Könige der Kiefern« können eine Höhe von über 70 m und einen Stammdurchmesser von über 3 m erreichen und sind am besten anhand ihrer riesigen, bis 50 cm langen Zapfen zu identifizieren.
Prachttannen, Drehkiefern und Gebirgs-Hemlocktannen (S. 72) bilden die Wälder zwischen 2000 und 2400 m. Drehkiefern treten aber auch in tieferen Zonen als Erstbesiedler auf frischem Vulkangestein auf, so z. B. in den Chaos Jumbles. Eine andere, nur kniehoch wachsende Bärentraubenart, die »Pinemat Manzanita« bedeckt hier mitunter weite Flächen. Auf zerstreut liegenden Feuchtwiesen (z. B. den Dersch Meadows beim Summit Lake oder den Wiesen am Kings Creek) findet man attraktive Blumen wie »Alpine Shooting Stars«, »Marsh Marigolds« oder Riemenlippen.
In der windgepeitschten subalpinen Stufe des Nationalparks sind bis zur Baumgrenze in 2700 m Höhe in Gruppen stehende, zerzauste Gebirgs-Hemlocktannen und verkrüppelt wachsende Weißstämmige Zirbelkiefern (S. 73) anzutreffen, oft umringt von noch spät im Jahr blühenden »Silverleaf Lupines«. Darüber liegt die alpine Stufe, in der nur noch dem Boden angeschmiegte Matten- und Kissenpflanzen überleben.
Die Tierwelt der unteren und mittleren Lagen besteht aus der für die westamerikanischen Nadelwälder üblichen Artengemeinschaft. Gelbe Fichten-Chipmunks, Goldmantelziesel (S. 76) und Chickarees sind vielerorts (besonders auch auf Campingplätzen) anzutreffen. Wiesen und Lichtungen werden von Großohrhirschen (S. 165) und gelegentlich Schwarzbären (s. S. 53) besucht. An Seeufern kann man Bisamratten und im alpinen Bereich Pikas (S. 160) finden.
Von den 200 Vogelarten des Parks sind Diademhäher und Purpurstärlinge als unvermeidliche Mitesser fast schon an den

Campingplätzen zu Hause. Neben einigen Fliegenschnäppern, Kleibern oder den geselligen Junkos (S. 60) besiedeln 9 Arten von Spechten die Wälder, darunter Feuerkopf-Saftlecker und Nonnenspecht. Die prächtigen Berghüttensänger (S. 96) bevorzugen dagegen offeneres Gelände und insektenreiche Wiesen. Wasservögel nutzen die Seen als Brutplatz oder Durchzugsstation; hier kann man Indianerbläßhühner, Kanadagänse (S. 40) sowie Enten- und Regenpfeiferarten beobachten.

Nahe den Seen sind auch einige der wenigen Reptilien- und Amphibienarten des Parks heimisch; z. B. die zu den Sumpfschildkröten gehörenden »Western Pond Turtles« oder die bis 3000 m Höhe vorkommenden Pazifischen Laubfrösche. Letztere sind für ihre markanten Balzrufe bekannt, die, von mehreren Männchen simultan dargeboten, sich zu regelrechten »Chorgesängen« steigern können. Oft singen dann verschiedene Chöre gegeneinander an.

Im Gebiet unterwegs

Die gut ausgebaute **Lassen Park Road** (die CA-89) durchquert den Westteil des Nationalparks auf 55 km, führt zu vielen Sehenswürdigkeiten und ist Ausgangspunkt verschiedener Wanderwege. Der »Lassen Park Roadguide«, ein vom Nationalpark publiziertes Heft, informiert ausführlich zu numerierten Stops. Wer gut zu Fuß ist, kann sich aus 250 Kilometern nicht überlaufener Wanderwege seine Strecken auswählen. Hierbei helfen u. a. das Informationsheft »Lassen Trails« und folgende Vorschläge:

☐ Geruhsamer 1- bis 2-stündiger Spaziergang um die malerisch beim gleichnamigen Campingplatz gelegenen **Manzanita-** bzw. **Reflection-Seen** ① am späten Abend oder morgens. In den Seen spiegelt sich Lassen Peak, Wasser- und Landvögel sind zu beobachten, und oft kommen Großohrhirsche nahe ans Seeufer. **Lily Pond**, ein in der Nähe liegender, mit gelbblühenden

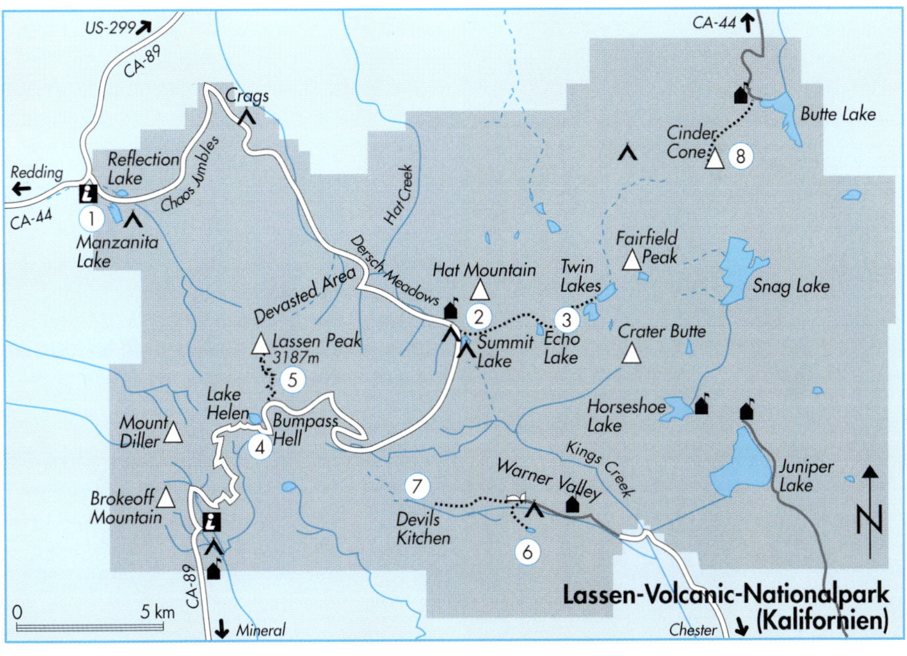

Typische Vulkanlandschaft des Lassen-Nationalparks auf etwa 2300 m Höhe.

Teichrosen bewachsener Tümpel, läßt sich auf einem einfachen, 1,5 km langen Pfad erreichen, auf dem man viel über die verschiedenen Bäume lernt. Auch die Ausläufer der Chaos Jumbles, einer vor 300 Jahren niedergegangenen gewaltigen Steinlawine, werden passiert.

☐ Der von Prachttannen eingerahmte, auf 2066 m Höhe gelegene **Summit Lake** ② ist Ausgangspunkt einer reizvollen Wanderung zum **Echo Lake** (3 km einfach) und weiter zu den **Twin Lakes** ③ (6 km einfach). Der schöne Nadelwald ist reich an Blumen und Vögeln. Insgesamt ist man etwa 6 Stunden unterwegs.

☐ Im Thermalgebiet **Bumpass Hell** ④, einem »Mini-Yellowstone« treten, von tiefliegender Magma erhitzt, Gas und Wasser in Form von Fumarolen, heißen Quellen und Schlammkesseln an die Oberfläche. Subalpine Vegetation, Felsengebirgshüh-

Diademhäher gehören zu den Campingplatz-Besuchern.

Grautannen gelten als sehr wärmetolerant; im Vordergrund die »Greenleaf Manzanita«, ein Heidekrautgewächs.

Prachttannen sind hochwachsende Bäume mit rotbrauner Rinde; sie sind z. B. beim Summit Lake zu sehen.

ner (S. 93), Pikas (S. 160) und die Aussicht auf den alten Calderarand sind weitere Attraktionen. Ausgangspunkt der 4,5 km langen Wanderung ist der Parkplatz bei der Markierung Nr. 17 gegenüber Lake Helen.

☐ **Lassen Peak** ⑤: Dies ist ein anstrengender, aber lohnender Aufstieg zum Gipfel des Lavadoms. Außer Kiefernhähern (S. 74), die den Wanderer bis zur Baumgrenze begleiten, sind fast immer Pikas zu sehen oder ihre Pfeiflaute zu hören. Oben angekommen entschädigt ein grandioser Rundblick für jede Mühe. Bei klarem Wetter ist im Nordwesten sogar der schneebedeckte Kegel des Mt. Shasta, eines weiteren Vulkans der Kaskadenkette zu sehen. Startpunkt ist der Parkplatz bei Markierung Nr. 22 (8 km Gesamtstrecke, 600 m Höhendifferenz). ACHTUNG: Früh starten, Kopf- und Windschutz sowie Wasser mitnehmen!

☐ Besucher ohne Zeitdruck kommen auch im schönen **Warner Valley** im Süden

Polsterpflanze der Gattung *Eriogonum* auf dem Lassen Peak.

»Western Pond Turtles« leben an den Seen des Parks.

Drehkiefern bewachsen die Chaos Jumbles, eine ehemalige Geröllawine.

des Parks auf ihre Kosten. **Boiling Springs Lake** ⑥ und **Devil's Kitchen** ⑦ sind kleine, übersichtliche Thermalgebiete, malerisch inmitten typischer Vegetation gelegen. Entlang der Waldwege findet man viele Informationen zu Geologie und Biologie (4–5 km pro Weg). Ausgangspunkt für beide Wege: der Parkplatz westlich des Warner-Valley-Campingplatzes.

☐ Weitere Möglichkeiten, längere Wanderungen und Ruhe zu genießen, finden sich im Gebiet des **Juniper** bzw. **Butte Lake** im östlichen Parkbereich. Besonders geologisch Interessierten ist der Ausflug zum **Cinder Cone** ⑧ unbedingt anzuraten. Dieser schön geformte Schlackenkegel liegt etwa 3 km (einfach) westlich des Butte-Lake-Campingplatzes inmitten einer von farbigen Dünen und Lava geprägten Vulkanlandschaft.

Praktische Tips

Anreise

Von Redding an der I-5 im Westen über die CA-44, von Redbluff an der I-5 im Südwesten bzw. von Susanville im Osten über CA-36 und CA-89; zum Juniper Lake und ins Warner Valley von Chester im Südosten (z. T. Pisten); nach Butte Lake von der CA-44 über eine Piste. Busse verkehren zu den genannten Städten.

Klima/Reisezeit

Tagestemperaturen im Sommer bis 27 °C, Nächte aber oft empfindlich kalt (alle Campingplätze des Parks liegen über 1700 m hoch). Im Winter ist die den Park durchquerende Straße geschlossen, nur der Zugang zu Manzanita Lake und dem Skigebiet im Südwesten wird offengehalten. Beste Reisezeit: Juni bis September.

Unterkunft

Im Park: 7 Campingplätze (geöffnet Juni bis Oktober, Duschen in Manzanita Lake) und Drakesbad Guest Ranch im Warner Valley mit Reservierung über California Guest Services, 2150 Main St., Suite 7, Red Bluff, CA 96080 oder Tel. (916) 529–1512 (in der Saison). Weitere Unterkünfte nördlich und südlich des Parks an der CA-89 bzw. der CA-36.

Adressen

- Lassen Volcanic National Park (Parkhauptquartier), P.O.Box 100, Mineral, CA 96063–0100, Tel. (916) 595–4444;
- Besucherzentrum Manzanita Lake: Tel. (916) 335–7575.

11 Yosemite-Nationalpark

Mächtige Felsendome und -klippen der Sierra Nevada; Yosemite Valley als gletschergeformtes Trogtal mit 1000 m hohen Wänden; höchster Wasserfall der USA; Mammutbäume, Nadel- und Mischwälder mit großem Tierreichtum; ausgedehnte alpine Stufe mit kristallklaren Seen.

Der Yosemite-Nationalpark gehört mit 3080 km^2 Fläche zu den großen Naturlandschaften der USA. Unweit des Sequoia-/Kings-Canyon-Nationalparks (s. S. 100) liegt er in der Bergkette der Sierra Nevada, die sich über 500 km Länge und über 100 km Breite durch den Osten des Bundesstaates Kalifornien zieht. Zu den Superlativen dieses Gebirges leistet die grandiose Landschaft Yosemites einen wesentlichen Beitrag.
Die Sierra Nevada verdankt ihre Entstehung tiefenvulkanischen Aktivitäten, ausgelöst durch den seit 180 Mio. Jahren andauernde Subduktionsvorgang (s. S. 11) am Rande des nordamerikanischen Kontinents. Dabei aufgeschmolzene Gesteinsmassen drangen weit in die oberen, aus marinen Sedimenten bestehenden Schichten ein und erstarrten als mächtiger Tiefengesteinskörper (Batholith) zu Granit. Die starken Hebungen, die das westliche Nordamerika vor etwa 20 Mio. Jahren erfaßten, brachten diese Granitblöcke an die Oberfläche, wo sie durch Erosion des umgebenden Sedimentgesteins vollends exponiert wurden. Sie bilden die heutige zackige, an der Ostseite besonders steil abfallende Gebirgskette; gleichzeitig fraßen die nach Westen abfließenden Flüsse tiefe Täler in das Gestein. In den letzten Eiszeiten wurde die Landschaft schließlich erneut durch Gletscher modelliert, die Täler geweitet und vertieft, Moränen abgelagert.
Das Yosemite-Tal ist ein eindrucksvolles Beispiel dieser Glazialerosion. Bis zu 700 m mächtige Eisströme formten hier ein gewaltiges Trogtal mit U-förmigem Querschnitt, das von 1000 m senkrecht ansteigenden Felswänden überragt wird; bekannte Formationen sind hier z. B. der El Capitan (2307 m) und der Half Dome (2695 m). Nebentäler des Yosemite Valleys wurden wegen der geringeren Erosionskraft ihrer kleineren Gletscher zu sog. Hängetälern, über die sich heute malerische Wasserfälle Hunderte von Metern zu Tal stürzen (Upper und Lower Yosemite Falls: zusammen 739 m; Bridalveil Fall: 189 m). Durch lange Trockenzeiten verursachter Wassermangel, wie z. B. Ende der 1980er Jahre, läßt diese allerdings oft versiegen und bewirkt verheerende Buschfeuer (wie z. B. im Sommer 1990).

Die bis 11 kg schweren Silberdachse sind kräftige Gräber; zu ihren Lieblingsspeisen zählen Hörnchen und andere Nagetiere.

Yosemite ist einer der beliebtesten Nationalparks der USA. Entdeckt um 1850, wurde das von den ersten Besuchern als »unvergleichlich« beschriebene Yosemite-Tal bereits 1864 unter staatlichen Schutz gestellt. Naturforscher wie John Muir trugen dazu bei, daß das Gebiet 1890 Nationalparkstatus bekam; Maler und Fotografen wie der berühmte Ansel Adams machten es in der Welt bekannt. Wegen der guten Verkehrsanbindung und der Nähe zu Großstädten (z. B. San Francisco) muß das Yosemite-Tal allerdings über 4 Mio. Besucher pro Jahr verkraften!

Pflanzen und Tiere

Bedingt durch die Höhendifferenz (670 m bis fast 4000 m) lassen sich im Park unterschiedliche Vegetationszonen abgrenzen. Besonders auffallend ist der Wechsel zwischen dem von relativ mildem Klima gekennzeichneten, nur 1200–1400 m hoch gelegenen Yosemite-Tal und dem meist von Eis und Schnee beherrschten Hochgebirge. Im Tal bilden Gelbkiefern (S. 120) und Jeffrey-Kiefern, Rauchzedern, Kalifornische Schwarzeichen und Großblättriger Ahorn einen oft von der Hartriegelart »Pacific

Romantischer Blick vom Tunnel-View-Aussichtspunkt über das Yosemite Valley am frühen Morgen.

Dogwood« aufgelockerten Mischwald. Im Rest des Parks bestimmen Koniferen – einschließlich kleinerer Bestände von Mammutbäumen (s. S. 106) – das Vegetationsbild. Wälder aus Prachttannen (S. 89), Drehkiefern (S. 90) und den hoch wachsenden Westamerikanischen Weymouthskiefern dominieren bis etwa 2500 m; darüber bilden Gebirgs-Hemlocktannen (S. 72) und Weißstämmige Zirbelkiefern (S. 73) den von blumenreichen subalpinen Feuchtwiesen unterbrochenen Bewuchs bis zur Baumgrenze in 3100 m Höhe. Zwergwuchs und Polsterformen bestimmen die Vegetation in der sich anschließenden rauhen alpinen Stufe.

Größe und unterschiedliche Lebensräume des Nationalparks bieten einer Vielzahl von Tieren Unterschlupf und Nahrung. 80 Säugetier- und fast 250 Vogelarten sind bekannt. Großohrhirsche (S. 165) und die unvermeidlichen Hörnchen (z. B. Kalifornische Ziesel, s. S. 137) haben sich an die Nähe des Menschen gewöhnt, aber auch Nordamerikanische Waschbären (S. 68) und Streifenskunks (S. 203) kommen nachts gerne in die Campingplätze. Schwarzbären (s. S. 53) sind nicht selten; etwa 300 leben in den tieferen Zonen. Auch Kojoten (S. 143), Fichtenmarder und Silberdachse (S. 91) sind heimische, allerdings selten anzutreffende Säuger. In der Alpinstufe kommen neben den typischen Gelbbäuchigen Murmeltieren (S. 158), Pikas (S. 160) und Gebirgs-Chipmunks auch Dickhornschafe vor; sie wurden 1986 wieder im Park eingebürgert.

Diademhäher (S. 88) und Kiefernhäher (S. 74) gehören zu den unübersehbaren Vögeln. Typisch für die Nadelwälder sind auch kleinere Vogelarten wie Gambelmei-

Das Männchen des Felsengebirgshuhns verstärkt seine Balzrufe durch Aufblasen der roten, federlosen »Halstaschen«.

Dickhornschaf-Widder tragen ein massives Gehörn; es wird bei den Brunftkämpfen als Rammbock eingesetzt.

sen und Einsiedelwaldsänger. Durch ihre leuchtend blaue Gefiederfarbe verraten sich Berghüttensänger und Lazulifink. Mit 12 Arten sind die Spechte vertreten; einer der häufigsten ist der von den Eicheln der Kalifornischen Schwarzeiche lebende Eichelspecht (S. 105). Felsengebirgshühner besiedeln die oberen Parkregionen, und um die Felsen sieht man gelegentlich Wanderfalken oder Steinadler kreisen.

Im Gebiet unterwegs

Aus westlicher oder südlicher Richtung kommend, gelangt man als erstes fast zwangsläufig ins Yosemite Valley, in dem sich die meisten Aktivitäten konzentrieren. Um die Autoschlangen etwas zu verkürzen, steht den Besuchern dort ein Sammelbus-Dienst zur Verfügung, der rund um die Uhr die wichtigsten Punkte anfährt. Auch Fahrradwege wurden angelegt. Das Valley-Besucherzentrum, ein Museum über Indianerkultur und eine Bildergalerie informieren über jeden Aspekt zu Natur und Geschichte des Parks.

Es stehen mehrere Wandertouren zur Auswahl, z. B. zu den verschiedenen Wasserfällen: Die **Lower Yosemite Falls** ① und **Bridal Veil Falls** ② sind auf bequemen, kurzen Wegen von der Bushaltestelle bzw. vom Bridal-Veil-Falls-Parkplatz aus zu erreichen; zu den **Upper Yosemite Falls** ③ ist eine etwa 5 km (einfach) lange Klettertour vom Sunnyside Campingplatz nötig, für die aber ein herrlicher Talblick entschädigt. Im Osten des Tals liegen die **Vernal Falls** ④ und **Nevada Falls** ⑤. Sie erfordern 2,5 bzw. 5 km (einfach) Wandern über teils steiles Terrain entlang des Merced River vom Happy Islands Nature Center aus. Zum **Mirror Lake** ⑥ sind es 1,5 km (einfach), die auch per Fahrrad zurückgelegt werden können. Für eine Ruhepause eignen sich die **El Capitan Meadows** ⑦, von wo aus die Kulisse der Cathedral Rocks und die Steilwand des El Capitan bewundert werden können.
Wer der Enge und dem Besucherandrang im Tal entfliehen will, kann Besuchspunkte entlang der verschiedenen Parkstraßen anfahren sowie unter 1200 Kilometern Wanderwegen im Hinterland wählen. Sehr gute Informationen dazu liefern der »Yosemite Road Guide« und die Broschüre »Hiking from Yosemite Valley«.
Einige Vorschläge:

- ☐ An der **Big Oak Flat Road** im Nordwesten liegen **Tuolumne Grove** ⑧ und **Merced Grove** ⑨, zwei Mammutbaum-Haine, die vom Parkplatz aus zu Fuß erreichbar sind.
- ☐ Über die **Wawona Road** (den klassischen Talblick vor dem Tunnel nicht vergessen!) gelangt man zur **Mariposa Grove** ⑩ nahe der südlichen Parkgrenze. Hier ist der größte Bestand von Mammutbäumen im Park zu finden (etwa 500). Besuchermagnet ist der Grizzly Giant, ein 2700 Jahre alter Mammutbaum, sowie der 1969 umgestürzte Wawona Tunnel Tree.

Ein Wegenetz macht die interessantesten Bäume zugänglich; außerdem gibt es Sammelbus-Rundfahrten.

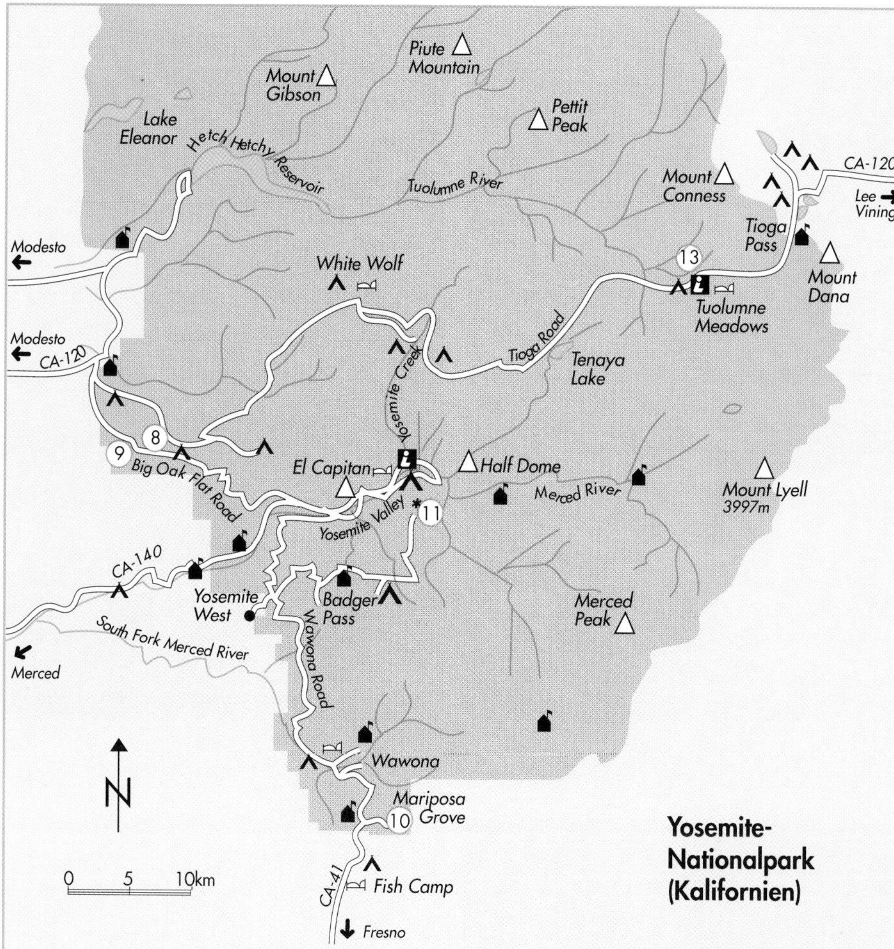
Piute Mountain
Mount Gibson
Pettit Peak
Lake Eleanor
Hetch Hetchy Reservoir
Tuolumne River
CA-120
Mount Conness
Lee Vining
Tioga Pass
Modesto
White Wolf
13
Tuolumne Meadows
Mount Dana
Modesto
CA-120
Yosemite Creek
Tioga Road
Tenaya Lake
8
9
Big Oak Flat Road
El Capitan
Half Dome
Merced River
Mount Lyell
3997m
Yosemite Valley
11
CA-140
Yosemite West
Badger Pass
Merced Peak
South Fork Merced River
Merced
Wawona Road
Wawona
Mariposa Grove
10
0 5 10km
Fish Camp
CA-41
Fresno
Yosemite-Nationalpark (Kalifornien)

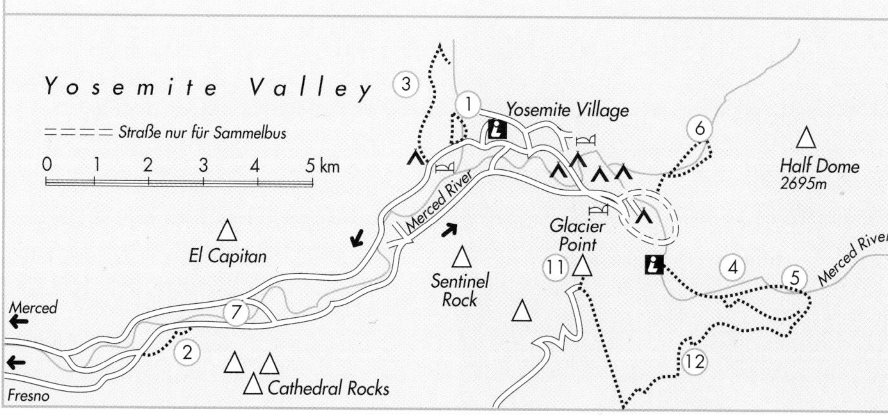
Yosemite Valley
3
1
Yosemite Village
Straße nur für Sammelbus
0 1 2 3 4 5 km
6
Half Dome
2695m
Merced River
El Capitan
Glacier Point
11
Sentinel Rock
4
5
Merced River
Merced
7
2
12
Cathedral Rocks
Fresno

Wie bei allen Wasserfällen des Parks schwankt auch die Mächtigkeit der Vernal Falls mit den Niederschlägen.

Weidenröschen besiedeln als lichtliebende Pionierpflanzen abgebrannte Waldflächen und andere offene Gebiete.

☐ Der über die **Glacier Point Road** erreichbare **Glacier Point** Qq imponiert mit einem fantastischen Panorama. Im Norden breitet sich die Hochgebirgslandschaft aus, im Osten ragt die markante Felskuppel des Half Dome empor, und zu Füßen erstreckt sich das 1000 m tiefer gelegene Yosemite-Tal. Sehr schön ist von hier aus der Abstieg über den **Panorama Trail** Qw. Der Pfad erreicht das Tal in der Nähe der Nevada Falls nach etwa 7 km.
Zu den erwähnten Besuchspunkten werden auch organisierte Bustouren angeboten. Sie gehen von verschiedenen Stellen im Yosemite-Tal aus und können dort gebucht werden.

Die attraktiven, etwa drosselgroßen Berghüttensänger sind geschickte Insektenjäger.

Abendstimmung über den El Capitan Meadows; im Hintergrund ragen die Cathedral Rocks auf.

Alpines Panorama bei den Tuolumne Meadows im Licht der untergehenden Sonne.

Bizarre Kalksteingebilde schmücken den Mono Lake östlich des Yosemite-Nationalparks.

Zur West-Ost-Durchquerung des Parks nimmt man die **Tioga Road**. Sie führt in die eigentliche Hochgebirgslandschaft, vorbei an vielen Aussichtspunkten, Granitdomen, versteckten Seen, Wäldern und Wiesen. Nahe dem Besucherzentrum **Tuolumne Meadows** ⑬ laden von hohen Gipfeln umrahmte alpine Matten zu reizvollen Wanderungen ein. Auf ihnen konkurrieren während der kurzen Vegetationsperiode die Blüten der »Alpine Laurels« (ein Verwandter des Berglorbeers, S. 189), »Elephant Heads«, einer Läusekrautart (S. 69), und »Scarlet Paintbrushes« um das intensivste Rot. Weiter in Richtung Osten verläßt man den Park (und damit fast schon die Sierra Nevada) über den 3031 m hohen Tioga Pass, um nach steiler Abfahrt die Ortschaft Lee Vining am Fuße des malerischen Mono Lake zu erreichen.

Die 60–70 cm großen, tiefschwarzen Kolkraben besitzen einen kräftigen Schnabel und eine laute, krächzende Stimme.

Praktische Tips

Anreise

Vom Westen (Modesto) auf der CA-108/120 bzw. von Merced auf der CA-140. Vom Osten (Lee Vining) auf der CA-120 über den Tioga Pass (im Winter geschlossen); vom Süden (Fresno) auf der CA-41. Bahnstationen in Fresno und Merced; Busse (Greyhound) verkehren regelmäßig zwischen Merced und Yosemite Valley; auch von Lee Vining besteht tägliche Busverbindung in der Hauptsaison.

Klima/Reisezeit

Warme, bis auf kurze Gewitter trockene Sommer mit Tagestemperaturen bis über 30°C im Tal; Nächte dort zwischen 4°C und 10°C. In höheren Lagen sind besonders die Nächte viel kühler. Kalte, meist schneereiche Winter. Beste Reisezeit: Mai bis Oktober.
ACHTUNG: Yosemite wird besonders an den Hochsommerwochenenden von Besuchern regelrecht überschwemmt und

muß dann z. T. sogar vorübergehend gesperrt werden. Deshalb Besuche besser für Frühjahr oder Herbst einplanen.

Unterkunft

Im Park: 15 Campingplätze, 7 Lodges. Reservierungen für alle Unterkünfte über Yosemite Reservations, Tel. (209) 252-4848; für 8 der insgesamt 15 Campingplätze über MISTIX (s. S. 227). Weitere Unterkünfte in den Ortschaften der Umgebung (Lee Vining, El Portal, Fish Camp, Oakhurst, Mariposa).

Adressen

- Hauptquartier und Valley-Besucherzentrum: P.O. Box 577, Yosemite National Park, CA 95389, Tel. (209) 372–0200;
- Tuolumne-Meadows-Besucherzentrum: Tel. (209) 372–0263.

Blick in die Umgebung

Östlich des Yosemite-Nationalparks bieten sich, über die CA-395 zu erreichen, einige lohnenswerte Abstecher an:

☐ Im **Mono Lake** (bei der Ortschaft Lee Vining) fallen aus dem Wasser ragende, mehrere Meter hohe säulen- und pyramidenförmige Gebilde auf. Sie bestehen aus Kalkstein, der beim Kontakt des Seewassers mit kalziumhaltigem, aufsteigendem Quellwasser ausgefällt wurde. Der See ist ein wichtiger Ort für durchziehende und brütende Wasservögel. Sie leben von den hier in Massen vorkommenden »Brine Flies« und den »Mono's Shrimps«, kleinen Krebschen aus der altertümlichen Gruppe der Kiemenfüßer. Der Wasserspiegel des Sees ist in den letzten Jahrzehnten stark gefallen, da einige der Zuflüsse für die Wasserversorgung der Stadt Los Angeles umgeleitet wurden. Erst 1994 gelang es, dies zu stoppen und die endgültige Zerstörung des Sees zu verhindern.

☐ Etwa 45 km nördlich von Lee Vining liegt die Geisterstadt **Bodie**. Als Goldgräbersiedlung gegründet, hatte sie um 1880 65 Saloons und 10000 Einwohner! Seit den 1930er Jahren ist Bodie verlassen, aber noch viele der Gebäude samt Inneneinrichtung blieben erhalten.

☐ Im **Devils Postpile National Monument** (nahe dem Ferienort Mammoth Lake) können neben einem Wasserfall bis 20 m hohe, sechseckige Basaltsäulen besichtigt werden, die sich beim Erkalten eines Lavastroms vor etwa 100000 Jahren bildeten. Während der Eiszeiten schliffen Gletscher die Oberfläche der Säulen ab. Das Gebiet ist dicht bewaldet und über eine schöne, aber kurvenreiche Straße zu erreichen.

☐ Von der Stadt Big Pine führt eine kurvige Straße zum Schutzgebiet **Ancient Bristlecone Pine Forest** in den White Mountains. Auf 3000 m Höhe findet man hier eine botanische Kostbarkeit: die Great-Basin-Borstenkiefern (S. 132). Mit dem unvorstellbaren Alter von über 4700 Jahren krallen sich diese Methusalems in das Gestein. Sie gelten als die ältesten Bäume der Welt. Vom Informationszentrum beginnen Fußwege zu den Borstenkiefern des Schulman Grove. Der Patriarch Grove, der höchste anfahrbare Punkt des Gebirges, liegt am Ende einer holprigen Piste; auch dort wachsen einige knorrige Bristlecones.

Mit 2695 m ist der Half Dome der höchste der das Yosemite-Tal überragenden Felsgipfel.

12 Sequoia-/Kings-Canyon-Nationalpark

Gebirge der Sierra Nevada mit einigen der höchsten Berge der USA; gewaltiger Canyon des Kings River; Frühjahrsblüte und Tierreichtum der Vorgebirge; Koniferenwälder der Westhänge mit Mammutbäumen als mächtigsten Bäumen der Erde; Chickarees und Großohrhirsche; Blumenwiesen der (sub-)alpinen Stufe.

Die den Osten des Bundesstaates Kalifornien durchziehende Sierra Nevada hat viele Gesichter. Durch tiefenvulkanische Kräfte geformt (s. S. 91) gilt sie als echtes Hochgebirge. In ihrem südlichen Bereich liegen die zwei aneinandergrenzenden Nationalparks Sequoia und Kings Canyon, die sich rühmen, neben dem höchsten Berg der USA außerhalb Alaskas (Mt. Whitney, 4418 m) auch spektakuläre Schluchten und die voluminösesten Bäume der Welt zu beherbergen.

Die riesigen Mammutbäume, deretwegen wohl die meisten Besucher anreisen, sind eng verwandt mit den Küstensequoien (s. S. 106) und waren wie diese der rigorosen Abholzung seit Mitte des 19. Jh. ausgesetzt. Da aber ihr Holz von geringerer Qualität ist, und sich früh starker Widerstand formierte, kam bereits 1890 ein großer Teil der Bäume unter den Schutz des **Sequoia- Nationalparks,** der damit (nach dem Yellowstone und zusammen mit dem Yosemite) der zweitälteste Nationalpark der USA ist. Ihm folgte der Grant-Nationalpark, der dann 1940 im neugegründeten **Kings-Canyon-Nationalpark** aufging. Beide Schutzgebiete zusammen – Sequoia und Kings Canyon – bedecken heute eine

Auffällige Felsformation an der Straße zum Kings-Canyon-Nationalpark.

Fläche von knapp 3500 km^2 und erhalten mehr als 2 Mio. Besucher pro Jahr. Verglichen mit den Mammutbäumen des Sequoia wird dem Kings Canyon weit weniger Aufmerksamkeit geschenkt, obwohl er einer der tiefsten Canyons Nordamerikas ist. Der »Rivale von Yosemite«, wie das Kings-Canyon-Gebiet von dem amerikanischen Naturforscher John Muir genannt wurde, bietet außerdem sehenswerte Klippen, Gipfel, Wasserfälle und gletschergeformte Täler – und dies alles (noch) ohne die für Yosemite typischen Besuchermassen!

Pflanzen und Tiere

Die Nationalpark-Zwillinge beeindrucken durch ihr Vertikalprofil. Im Sequoia-Nationalpark z. B. reicht die Spanne der Höhenmeter von 500 m beim Foothills-Besucherzentrum bis 4418 m auf dem Gipfel des Mount Whitney. Verschiedene Klima- und Vegetationszonen sind die Folge. Trockene, heiße Sommer begrenzen die Vegetation der niedrigeren **Vorgebirge** (500-1400 m) auf eine trockenresistente Buschgemeinschaft (Chaparral) bzw. auf lockeren, von mittelhohen Eichen bestimmten Wald. Auffallend sind hier die blau schimmernden Blaueichen. Weiße Blütenstände bzw. birnenförmige, an blattlosen Zweigen hängende Fruchtstände verraten die Kalifornischen Roßkastanien. Weitverbreitet sind auch rotstämmige Bärentrauben und die Yucca-Art »Our Lord's Candle«. Die üppigen Winterregen verändern allerdings schnell die Landschaft. Graubraune Hänge überziehen sich plötzlich mit frischem Grün und den Farben der Frühjahrsblüten: dem Orange des Kalifornischen Goldmohns, dem Dunkelrot der »Western Redbuds« oder dem zarten Blau der »Baby Blue Eyes«.

Mammutbaum-Riesen wurden mit Namen aus der amerikanischen Geschichte belegt; hier der General Sherman Tree im Giant Forest (Sequoia-Nationalpark).

Die von einem Vier-Jahreszeiten-Zyklus geprägte **montane Stufe** (1400–2500 m) bekommt an den Westhängen Steigungsregen. Dies ist das Reich der Mammutbäume, die in 75 Hainen (engl.: »Groves«) über die mittlere und südliche Sierra Nevada verteilt sind (30 davon liegen in den Nationalparks). Mit ihnen vergesellschaftet sind Grautannen (S. 89), Zuckerkiefern, Gelbkiefern (S. 120) und Rauchzedern. In der Strauchschicht findet man »Pacific Dogwood«, einen weißblühenden Hartriegel, auf dem Waldboden bunte Blumen. Als eine der ersten blüht die »Snow Plant« in brilliantem Rot. Auch die weitverbreiteten Gelben Gauklerblumen sind früh im Jahr zu sehen, die Pantherlilien allerdings erst im Juli/August.

Die **subalpine** und **alpine Stufe** (ab 2500 m aufwärts) sind am ausgedehntesten; sie umfassen die Hälfte des Sequoia- und rund 3/4 des Kings-Canyon-Nationalparks! Die Sommer bedeuten hier allerdings nur eine kurze, 2- bis 3-monatige Unterbrechung des Winters. Während die Wälder im unteren Bereich hauptsächlich aus Prachttannen (S. 89), Drehkiefern (S. 90) und Fuchsschwanzkiefern bestehen, geht die Vegetation ab 3300 m in alpine Matten über.

Nicht minder interessant ist die Tierwelt. In den **Vorgebirgen** profitieren besonders Reptilien von dem ganzjährig warmen Klima. Viele unter ihnen – wie die Prärieklapperschlange – sind nachtaktiv. Dies gilt auch für die größeren Säuger Graufuchs (S. 18), Kojote (S. 143) und Rotluchs (S. 136). An Vögeln kann man oft die geselligen Eichelspechte, Buschhäher (S. 143) und Schopfwachteln beobachten.

Von den Säugetieren der **montanen Stufe** sind Großohrhirsche (S. 165) häufig; Schwarzbären (s. S. 53) und andere dagegen nur mit viel Glück zu sehen. Goldmantelziesel (S. 76) und insbesondere die als »Sequoiapflanzer« bekannten Chickarees besuchen auch die Campingplätze. Diademhäher (S. 88), Kanadakleiber und die farbenprächtigen Kieferntangaren gehören zu den auffälligen Vögeln.

Einige Tiere haben sich auch dem fast arktischen Klima des **Hochgebirges** angepaßt, z. B. Gelbbäuchige Murmeltiere (S. 158) und Pikas (S. 160). Im Sommer wandern Vögel ein, darunter Kiefernhäher (S. 74). Sogar Amphibien können hier überleben: Bis 3600 m Höhe findet man an sonnigen Wasserstellen den »Mountain Yellow-legged Frog«. Die bräunlichen Tiere besitzen einen auffällig gelborangen Bauch.

Im Gebiet unterwegs

Die große Mehrheit der Besucher beschränkt sich auf die leicht per Auto zu erreichenden Gebiete Giant Forest (Sequoia-Nationalpark) sowie Grant Grove und Cedar Grove (Kings-Canyon-Nationalpark). Hier liegen die Hauptsehenswürdigkeiten, verbunden durch ein Netz von interessanten Wanderwegen, zu denen ausführliche Literatur und Karten in den jeweiligen Besucherzentren bereitliegen.

Giant Forest ①: Hier konzentrieren sich einige der mächtigsten Mammutbäume, die auf gut angelegten Wegen besichtigt werden können. Der 1,5 km lange, einfache **Hazelwood Nature Trail** gibt erste Eindrücke und Erklärungen zum Wald. Er beginnt gegenüber der Giant Forest Lodge. Nahe der Straße steht der **General Sherman Tree**, der mächtigste Baum der Welt mit über 11 m Durchmesser an der Basis. Er ist zugleich Ausgangspunkt des etwa 3 km langen **Congress Trail**, auf dem einige der fotogensten Baumriesen zu sehen sind (Präsident, McKinley, die »Senatsgruppe«, das »Haus«). Der Congress Trail kann ausgedehnt werden auf den **Trail of the Sequoias/ Circle Meadow Loop** (10 km). Dieser Rundweg passiert außer den Riesenbäumen blumenreiche Wiesen und die Hütte des ersten weißen Siedlers Hale Tharp, integriert in den Stamm eines gefallenen Mammutbaumes (Tharp's Log).

Als weiterer Besuchspunkt im Giant Forest ist **Moro Rock** zu empfehlen. Den kuppelförmigen 2050 m hohen Granitmonolithen erreicht man über die Crescent Meadow Road (Abzweigung bei Giant Forest Village). Nach 400 Metern Aufstieg zum Felsen öffnet sich ein 360°-Rundblick.

Crystal Cave ②: Diese schöne Tropfsteinhöhle, deren Eingang man über einen 15-minütigen steilen Abstieg vom Parkplatz aus erreicht, liegt 20 km westlich des Giant Forest. Im Sommer finden stündlich von Rangern geleitete Führungen statt.

Grant Grove ③: Hier bieten sich 3 einfache Spaziergänge vom Parkplatz unterhalb des Campingplatzes an: Der **General Grant Tree Trail** (800 m) führt zu mehreren äußerst imposanten Mammutbäumen, darunter der bekannte General Grant Tree. Der **North Grove Loop Trail** (2,5 km) und der **Dead Giant Loop Trail** (3,5 km) durchqueren typischen, von Mammutbäumen überragten Wald (der Dead Giant Loop Trail zum großen Teil entlang einer alten Straße). Beide können zu einem 4,5-km-Rundweg kombiniert werden. Etwas län-

Pantherlilien wachsen in der Nähe von Waldbächen oder Quellen; sie sind über weite Teile Kaliforniens verbreitet.

Die 20–60 cm hohe »Snow Plant« (Familie Wintergrüngewächse) blüht kurz nach der Schneeschmelze.

ger (7,5 km) ist der **Park Ridge Trail** (Start am Parkplatz des Panoramic Point etwa 2 km östlich des Besucherzentrums). Von ihm überblickt man den Kings-Canyon-Nationalpark bis hin zu den höchsten Bergen im Osten. Eindrucksvoll ist auch eine Wanderung auf dem **Big Stump Trail** (1,5 km) durch ein ehemaliges Abholzungsgebiet aus den 1880er Jahren.

Converse Basin ④: Auch in diesem Gebiet – 5 km nördlich der Grants Grove an der CA-180 – liegt eine Zeugnis der Total-Abholzung, die **Big Stump Meadow.**

Cedar Grove ⑤: Die Zufahrtsstraße (CA-180) folgt dem tiefen Canyon des South Fork Kings River und bietet einige schöne Aussichtspunkte **(Canyon Viewpoint, Grand Sentinel Viewpoint).** Parallel zu ihr läuft in der Cedar Grove eine 4 km lange Piste, die als Lehrstraße **(Motor Nature Trail)** angelegt wurde. Cedar Grove selbst ist außerdem Ausgangspunkt ein- bis mehrtägiger

Im Vergleich zum Menschen werden die wahrhaft majestätischen Ausmaße der Mammutbäume deutlich; hier im Grant Grove/Kings-Canyon-Nationalpark.

Wanderungen in das rauhe »Sierra Backcountry« (Information beim Besucherzentrum).
Einige kürzere Wege: 2,5 km wandert man durch die blumenreichen **Zumwalt Meadows**, auch als »Garten auf dem Talgrund« bezeichnet; 8 km lang ist der **Hotel Creek Trail** (Chaparral-Vegetation, z. T. sehr steil, aber schöne Aussicht). Die **Roaring River Falls** liegen nahe der Straße; für einen Besuch der **Mist Falls** hingegen müssen 13 km inklusive kleinerer Kletterpartien zurückgelegt werden.
Mineral-King-Gebiet ⑥: Auch im Süden des Sequoia-Nationalparks bieten sich dem ausgerüsteten Wanderer vorzügliche Wege zu Wiesen, Seen und den Bergen der alpinen Region, wobei die meisten einen oder mehrere Tage in Anspruch nehmen. Etwas kürzer ist der **Eagle Lake Trail**, der den malerischen Bergsee nach 5,5 km erreicht. Die Zufahrt zu dem ehemals für den Bergbau genutzten Tal erfolgt über eine schmale, rauhe Piste von der CA-198 aus (für große Wohnmobile ungeeignet!).

Praktische Tips

Anreise

Zufahrt nur vom Westen von der CA-99 aus: Zum Sequoia-Nationalpark (Giant Forest) über Visalia auf der CA-198 (keine Fahrzeuge über 7 m Länge empfohlen), zum Kings-Canyon-Nationalpark (Grant Grove, Cedar Grove) über Fresno auf der CA-180. Der Generals Highway verbindet die beiden Zufahrten. Öffentliche Busse verkehren zwischen Fresno und Grant Grove im Sommer.

Klima/Reisezeit

Chaparral-Zone: Tageshöchstemperaturen im Sommer über 37°C, knapp 700 mm Jahresniederschlag, zu 3/4 als Winterregen. Sequoia-Gürtel: Warme Sommer mit klaren Tagen und Höchsttemperaturen bis 27°C, über 1000 mm/Jahr Niederschlag, hauptsächlich in den Übergangsmonaten

Die stimmfreudigen Eichelspechte leben in Kolonien; im Bild ein Männchen mit weißer Stirn.

Die zarten »Baby Blue Eyes« sind bekannte Frühlingsboten.

Kalifornischer Goldmohn wird auch oft in Gärten angepflanzt.

Küstensequoien und Mammutbäume – die Giganten Kaliforniens

Die in Kalifornien vorkommenden Küstensequoien und Mammutbäume (die mit den Sumpfzypressen, S. 222, des südöstlichen Nordamerikas zur alten Pflanzenfamilie der Taxodiaceae gehören) sprengen mit ihren Ausmaßen die Vorstellungskraft. Küstensequoien halten mit 112,1 m den momentanen Baum-Höhenrekord, Mammutbäume beeindrucken durch ihre Massigkeit. Der »nur« 84 m hohe General Sherman Tree (ein Mammutbaum im Sequoia-/Kings-Canyon-Nationalpark wies bei der letzten Messung (1975) einen Umfang von 31,3 m an der Basis auf! Dabei sind diese Riesen noch lange nicht am Ende ihres Wachstums angelangt. Die höchste Küstensequoie ist mit 600 Jahren noch im Jugendalter; der General Sherman Tree wird auf 2300 bis 2700 Jahre geschätzt, läßt aber immer noch ein jährliches Dickenwachstum von 1 mm erkennen!
Interessant sind die verschiedenen Fortpflanzungsstrategien der Riesenbäume. Küstensequoien können sich sowohl sexuell (durch Samen) als auch vegetativ (durch Ableger aus der Stammbasis) vermehren. Letzteres ist wesentlich wirksamer und schneller. Die Vermehrung mit Hilfe der in den kleinen Zapfen produzierten Samenplättchen ist dagegen risikoreich. Sie enthalten kaum Nahrungsreserven (etwa 250 000 ergeben 1 kg!) und können nur beim Zusammentreffen günstiger Faktoren keimen, wobei die Öffnung des Waldes durch Feuer eine ausschlaggebende Rolle spielt.
Feuer ist auch das tragende Element bei der Fortpflanzung der Mammutbäume. Ihre Zapfen platzen erst unter Hitzeeinwirkung auf und geben kleine, haferflockenähnliche Samen frei. Im ausgebrannten und gedüngten Boden erhält der ausgekeimte Baumschößling genügend Sonne und wird nicht gleich vom Unterwuchs erstickt. In Erkenntnis dieser wichtigen Rolle des Feuers führt das moderne Parkmanagement heute kontrollierte Brandlegung durch.
Die großen Bäume selbst überstehen Feuer mit Hilfe einer harzfreien, bis 60 cm dicken Rinde. Da zudem der Befall mit Pilzen oder Schadinsekten durch den hohen Gehalt an Rindentannin verhindert wird, sterben die meisten durch Umfallen, wenn ihnen ihr flaches Wurzelsystem den weiteren Halt versagt.

und als Schnee im Winter. Alpine Stufe: Arktisches Klima (vergleichbar mit Nordalaska) mit Sommerhöchsttemperaturen bei 15°C. Beste Reisezeit: Juni bis Oktober (starker Besucherandrang im Juli/August).

Unterkunft

Insgesamt 14 Campingplätze in beiden Nationalparks. Die meisten sind von Mai bis November (je nach Wetter), einige ganzjährig geöffnet. Nur für Lodgepole (Giant Forest) wird Reservierung über MISTIX (Adresse s. S. 227) verlangt.
4 Lodges können vorgebucht werden bei: Sequoia and Kings Canyon Guest Services, Sequoia National Park, Tel. (209) 561–3314. Weitere Unterkünfte: Montecito Sequoia Lodge, Tel. 1-800 227-9900; Kings Canyon Lodge, Tel. (209) 335-2405; Silver City, Tel. (209) 561-3223; außerdem in Three Rivers, Visalia, Fresno.

Adressen

- Sequoia and Kings Canyon National Parks (Parkhauptquartier), Three Rivers, CA 93271, Tel. (209) 565 3341.

13 Saguaro-Nationalpark und Organ Pipe Cactus National Monument

Charakteristische Vegetation der Sonora mit Mezquite-Sträuchern, Parkinsonien, Saguaros und anderen Kakteen; Blumenteppiche im Trockenbusch nach Regenfällen; Mischwälder der Berghänge; Halsbandpekaris, Südamerikanische Nasenbären, Erdkuckucke, Gilaspechte, Gila-Krustenechsen und Taranteln.

Die Sonora, die wohl bekannteste der vier großen nordamerikanischen Trockengebiete, erstreckt sich über 310000 km^2 zu beiden Seiten des Kalifornischen Golfes. In den USA gehören der Süden der Bundesstaaten Arizona und Kalifornien in ihren Bereich, der größere mexikanische Teil umschließt die Niederkalifornische Halbinsel sowie das Gebiet des mexikanischen Bundesstaates Sonora.

Die Sonora zeigt einige Besonderheiten: Weit im Süden und recht tief gelegen ist ihr Klima von hohen Temperaturen bestimmt, die auch im Winter den Gefrierpunkt nur selten unterschreiten. Zwei Regenzeiten verteilen die Niederschläge gleichmäßig auf das Jahr: zwischen Dezember und März als Winterregen, zwischen Juli und August als Gewitterschauer. Die Topographie der Landschaft beeinflußt allerdings die Niederschlagsmenge: Während auf die tieferen Gebiete der westlichen Sonora kaum 300 mm Regen fallen, erhalten einzelne, vorwiegend im Osten aufragende Gebirge (wie die über 2000 m hohen Rincon Mountains bei Tucson) bis 700 mm im Jahr. Die Folge ist ein weitgespanntes Spektrum an Lebensräumen für Pflanzen und Tiere, das die Sonora zur artenreichsten aller nordamerikanischen »Wüsten« macht.

Die seit den 1930er Jahren bestehenden Schutzgebiete **Saguaro-Nationalpark** (bis 1994 als National Monument) und **Organ Pipe Cactus National Monument** zeigen Ausschnitte dieser Lebensräume. Der 338 km^2 große Saguaro-Nationalpark liegt am östlichen Rande der Sonora am Fuße der Rincon Mountains. Das an der mexikanischen Grenze gelegene Organ Pipe Cactus National Monument gilt als Übergangszone zwischen dem feuchteren Osten und dem trockenen Colorado-Becken im Westen. Es wurde von den Vereinten Nationen zur »International Biosphere Reserve« erklärt.

Im Gegensatz zu dem rotgesichtigen Truthahngeier (S. 149) hat der Rabengeier einen silbergrauen Kopf. Er ist im gesamten Südosten und Süden der USA verbreitet.

Ein Gilaspecht besucht einen abgestorbenem Saguaro-Stamm.

Die kleinen Helmwachteln bewohnen viele Trockengebiete des Südwestens; im Bild ein Paar auf der Futtersuche.

Typische Landschaft mit weißlich leuchtenden »Teddybear Chollas«

Pflanzen und Tiere

Der weitaus größte Teil der Sonora besteht aus Trockenbusch. Mezquite-Sträucher, Parkinsonien und extrem hartes »Ironwood« sind die vorherrschenden, meist entlang der ausgetrockneten Flußläufe wachsenden Gehölze. Oft gesellen sich dazu »Catclaw Acacias«, die wegen ihrer nadelscharfen Dornen in äußerst schlech-

Die intensiv roten Blüten eines Faßkaktus animieren u. a. auch Kolibris zum Besuch.

und Orgelpfeifenkakteen.

Kettenfrüchte der »Chainfruit Cholla«, einer Opuntienart.

Allen Mezquite-Straucharten gemeinsam sind feine Fiederblättchen und große Schoten.

tem Ruf stehen. Andere kleinwüchsige Buscharten sind der überaus häufige Kreosotbusch (S. 172), der »White Brittlebush« und der seltsame Ocotillo (S. 168).
Die auffallendsten Pflanzen der Sonora sind jedoch Kakteen. Neben den alles überragenden Saguaros fallen die massigen Faßkakteen sowie die zu den Opuntien gehörenden »Chainfruit Chollas«, »Teddybear Chollas« und »Engelmann's

Parkinsonien fallen durch ihre hellgrüne Rinde auf; sie enthält Chlorophyll.

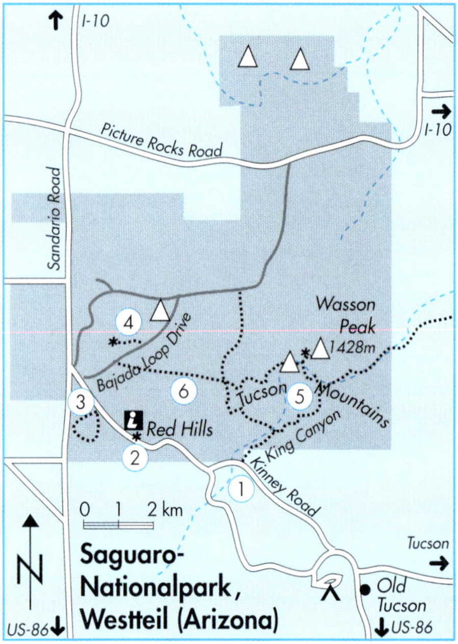

Pricklypears« (S. 120) ins Auge. Die in der südlichen Sonora häufigen Orgelpfeifen- und »Senita«-Kakteen sind in den USA nur im Gebiet des Organ Pipe Cactus National Monument zu finden.
Die Winterregen wecken im Februar/März Wüstenblumen zu neuem Leben. Manche treiben aus tiefliegenden Zwiebeln aus, andere keimen aus Samen. Waren die Regenfälle ergiebig, ist die Landschaft nicht wiederzuerkennen, und man steht staunend vor Teppichen aus orangefarbenem Mexikanischem Goldmohn, tiefroten »Owlclovers« und blauen Lupinen.
An Berghängen zieht sich der Trockenbusch bis auf etwa 1000 m Höhe. Nach einer von Gräsern dominierten Übergangszone folgt ab 1400 m ein von Eichen (z. B. »Mexican Blue Oaks«), Mexikanischen Nußkiefern und »Alligator Juniper« geprägter Mischwald. Ab 1800 m Höhe übernehmen Gelbkiefern (S. 120) und »Gambel Oaks« die Vorherrschaft. Ausschließlich an den kühlen Nordhängen halten sich Douglasien (S. 71) und Grautannen (S. 89), zusammen mit Amerikanischen Zitterpappeln (S. 15).
Ein reiches Tierleben erwartet den Besucher der Sonora. Halsbandpekaris (S. 174) besiedeln den Trockenbusch, zusammen mit Rundschwanzzieseln, Antilopenhasen der »Cactus Mouse«, 4 Arten von Känguruhratten (S. 164) und den mit den Nordamerikanischen Waschbären (S. 68) verwandten Südamerikanischen Nasenbären. In den Bergwäldern kommen Großohrhirsche (S. 165) und – seltener – Weißwedelhirsche (S. 197) vor. Kojoten (S. 143), Pumas (S. 18) und sogar Schwarzbären (s. S. 53) teilen diesen Lebensraum.
Neben den in und auf den Saguaros lebenden Vögeln (s. S. 115) bewohnen noch viele andere Vogelarten den Trockenbusch, darunter Trupps der geselligen Helmwachteln oder die stimmfreudigen Kaktuszaunkönige. Unüberhörbar sind die Pfeiflaute der Krummschnabel-Spottdrosseln (S. 168). Häufiger stößt man auch auf Erdkuckucke (S. 172), Louisianawürger (S. 162), Truthahn- (S. 149) oder Rabengeier.
Im Gegensatz zu kleineren Echsenarten (z. B. den flinken Gitterschwanzleguanen) ist die größte Echse der USA – die Gila-Krustenechse (s. S. 183) – recht selten. Ebenfalls nur gelegentlich begegnet man Wüstenschildkröten und Schlangen, die sich während der Tageshitze meist versteckt halten. Vorsicht gilt, sollte man einmal auf die grellbunt gebänderte, hochgiftige Arizona-Korallenschlange oder eine der 6 dort vorkommenden Klapperschlangenarten (s. S. 183) stoßen!
Schließlich tragen auch die Wirbellosen zum Tierreichtum der Sonora bei. Viele Schmetterlinge zeigen ihre Pracht besonders zur Blütezeit wie z. B. der Monarch (S. 173). Häufig anzutreffende Spinnen sind die handtellergroßen Taranteln (S. 162). Zu Unrecht als aggressive Monster verschrien, sind sie in Wahrheit friedfertig und ungefährlicher als die Schwarze Witwe, die ihr Männchen nach der Paarung gelegentlich auffrißt.

Im Gebiet unterwegs

Saguaro-Nationalpark

Dieses Schutzgebiet wird durch die Stadt Tucson in 2 Teilgebiete getrennt, die etwa 40 km auseinanderliegen: Saguaro-West (Tucson Mountain Section) und das größere Saguaro-Ost (Rincon Mountain Section). Saguaro-West zeichnet sich durch außerordentlich schöne, teils dicht stehende Saguaro-Kakteen an den unteren Hängen der Tucson Mountains aus, in Saguaro-Ost liegt ein Teil der Rincon Mountains. Hier bietet sich ein Querschnitt durch die Vegetation vom Trockenbusch bis zum feuchteren Nadelwald des 2641 m hohen Mica Mountain.

<u>Saguaro-West:</u> Von Tucson kommend, bieten sich folgende Besuchspunkte an:

☐ Das **Arizona Sonora Desert Museum** ① kurz vor dem Eingang zum Monument ist spezialisiert auf Wüstenökologie und zeigt neben den typischen Pflanzen über 200 Tiere der Sonora in naturbelassenen Gehegen (z. B. Puma, Ozelot, Schlangen).

☐ Die 2 kurzen Lehrpfade **Cactus Garden** ② beim Red-Hills-Besucherzentrum und **Desert Discovery Nature Trail** ③ an der Kinney Road nördlich davon geben Einsicht in die Pflanzengemeinschaften der Sonora.

☐ Mit dem Auto kann der **Bajada Loop Drive** ④ befahren werden, eine 10 km lange Piste durch schöne »Kakteenwälder«. TIP: Der Spätnachmittag und Sonnenuntergang machen die Fahrt zum unvergeßlichen Erlebnis!

☐ Für etwas längere Wanderungen zwischen den Kakteen eignen sich der **King Canyon Trail** ⑤ (Startpunkt beim Arizona Sonora Desert Museum, 5,5 km einfach) sowie der **Hugh Norris Trail** ⑥ (Startpunkt am Bajada Loop Trail, knapp 8 km einfach). Beide haben als Endziel den Wasson Peak, den mit 1428 m höchsten Gipfel der Tucson Mountains.

<u>Saguaro-Ost:</u> Direkt beim Besucherzentrum beginnt und endet der als Einbahnstraße angelegte **Cactus Forest Drive** ⑦.

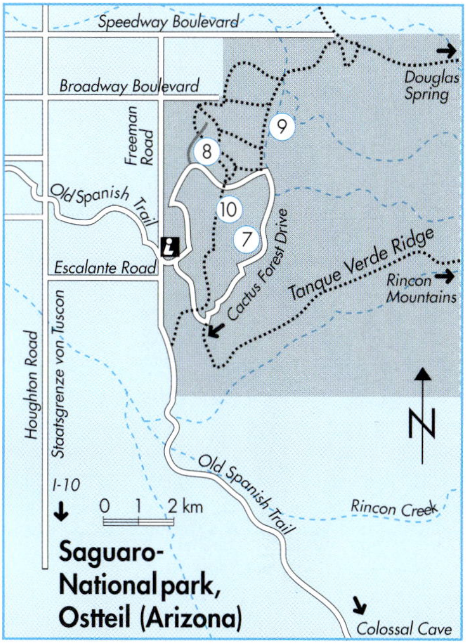

Saguaro-Nationalpark, Ostteil (Arizona)

Während der 13 km Fahrt kann man die faszinierende Landschaft vor der malerischen Kulisse der Rincon Mountains genießen, Gilaspechte an den Saguaro-Kakteen oder Taranteln am Straßenrand beobachten. Numerierte Stops weisen auf Besonderheiten hin. Weitere Details zur Sonora und Pflanzen »zum Anfassen« erfährt man auf dem etwa 400 m langen **Desert Ecology Trail** ⑧, einem Rundweg, der direkt von der Straße abzweigt.

Nördlich des Cactus Forest Drive liegt ein Netz von Pfaden, die zu beliebig langen Wanderungen kombiniert werden können. Empfehlenswert ist u. a. der 3 km (einfach) lange **Loma Verde Trail** ⑨. Er führt entlang einem Trockenflußbett mit schönen Mezquite-Sträuchern und der Chance von Tierbeobachtungen (Halsbandpekaris!). Ergänzend können beliebig lange Distanzen auf dem **Cactus Forest Trail** ⑩ zurückgelegt werden, der sich über 8 km zwischen den den Park begrenzenden Autostraßen Broadway Boulevard und Old Spanish

Saguaro-Kakteen werden bis 15 m hoch; sie bieten Unterschlupf und Nahrung für viele Tiere (s. S. 115). Hier eine Aufnahme aus dem Ostteil des Saguaro-Nationalparks.

Trail erstreckt. Wanderungen in die Rincon Mountains erfordern dagegen mehrere Tage und eine entsprechende Ausrüstung.

Organ Pipe Cactus National Monument
Einen weitreichenden Einblick in die faszinierende Wüstenlebewelt gewinnt man auf den zwei vom Besucherzentrum ausgehenden Rundpisten: dem 85 km langen, teils der Grenze zu Mexiko folgenden **Puerto Blanco Drive** ⑪ und dem über 34 km zum Fuß der Ajo Mountains führenden **Ajo Mountain Drive** ⑫. Als Einbahnstraßen angelegt, durchqueren sie den für das Schutzgebiet typischen Trockenbusch, zu dessen Pflanzenarten Informationshefte des Besucherzentrums wertvolle Details geben. Vom Puerto Blanco Drive sollte ein Abstecher zum **Senita Basin** ⑬ nicht versäumt werden, wo die in den USA nur hier vorkommenden »Senita«-Kakteen und »Elephant Trees« wachsen. Letztere gehören zu den Balsambäumen und enthalten stark duftende Aromastoffe in der inneren Rinde.
BITTE BEACHTEN: Mit überlangen Campingfahrzeugen ist die Fahrt auf den schmalen, kurvenreichen Pisten nicht anzuraten! Außerdem: Langsam fahren, um die Straße querende Echsen, Taranteln u. a. nicht zu übersehen!
Für längere Wanderungen wirkt meist die Hitze nicht motivierend, aber schon in der **Umgebung des Campingplatzes** ⑭ lassen sich typische Vögel auf morgen- oder abendlichen Spaziergängen beobachten, und auf dem **Desert Nature Trail** (2 km) werden verschiedene Pflanzen der Sonora

Die Gila-Krustenechse kommt nur in der Sonora vor. Sie wird bis zu 60 cm lang und ernährt sich vor allem von Jungvögeln und kleinen Nagetieren. Obwohl allgemein friedlich, kann ihr Biß auch für den Menschen gefährlich werden (s. S. 183).

Orgelpfeifenkakteen haben im Organ Pipe Cactus National Monument ihr nördlichstes Verbreitungsgebiet. Als frostempfindliche Pflanzen wachsen sie vor allem auf den warmen Südhängen. Im Vordergrund ein großer Faßkaktus.

Wüsten-Stachelleguane kommen in mehreren, farblich leicht differierenden Unterarten vor; alle werden 20–30 cm lang.

Die seltenen Wüstenschildkröten des äußersten Südwestens stehen in den USA unter Naturschutz.

und ihre Anwendung im Leben und in der Medizin der Indianer ausführlich erklärt. Campingplatz und Besucherzentrum verbindet außerdem der leicht zu begehende **Paloverde Trail** (2 km einfach). Beim Besucherzentrum informiert der kurze **Visitor Centre Nature Trail** über einige Aspekte im Leben der Sonora-Pflanzen.

Die relativ großen, bräunlichen Kaktuszaunkönige (20 cm) bauen ihre tunnelförmigen Nester mit Vorliebe in Opuntien.

Praktische Tips

Anreise

Saguaro-Nationalpark: Von Tucson zum Ostteil über den Old Spanish Trail, zum Westteil über die Kinney Road oder nördlich der Stadt von der I-10 aus. Tucson hat Autoverleihfirmen, Busstationen und einen Flughafen.
Organ Pipe Cactus National Monument: Vom Norden (Phoenix) auf der AZ-85 über Gila Bend und Ajo, vom Osten (Tucson) auf der AZ-86. Zufahrt von Süden (Mexiko) über Hwy-2 bzw. Hwy-8 zur Grenzstadt Sonoyta.

Klima/Reisezeit

Die Höchsttemperaturen erreichen im Sommer oft 45°C; zwischen November und April etwa 20–27°C. Die Luftfeuchtigkeit liegt bei 10%, der Niederschlag im Mittel unter 300 mm/Jahr. Beste Reisezeit: Für Wandertouren Oktober bis Mai.

Unterkunft

Saguaro-Nationalpark: Keine Unterkünfte innerhalb des Schutzgebietes (Ausnahme: einfache Zeltplätze im Hinterland von Saguaro-Ost). 1 einfacher Campingplatz (Gilbert Ray) südlich von Saguaro-West; weitere Campingplätze sowie Hotels/Motels in Tucson und Umgebung.
Organ Pipe Cactus National Monument: 1 Campingplatz nahe dem Besucherzentrum. Weitere Unterkünfte in Lukeville, Why, Ajo oder in Sonoyta (Mexiko).

Adressen

- Saguaro Ost (Hauptquartier/Besucherzentrum): Saguaro National Park, 3693 South Old Spanish Trail, Tucson, AZ 85730–5699, Tel. (602) 296–8516;
- Saguaro West (Besucherzentrum): Tel. (602) 883–6366;
- Organ Pipe Cactus National Monument: Route 1, P.O.Box 100, Ajo, AZ 85321, Tel. (602) 387–6849.

Saguaros – die Monarchen der Sonora

Als Markenzeichen der Sonora-Wüste lenken Saguaros zwangsweise den Blick auf sich. Mit ihren eigenwilligen, individuellen Formen überragen diese Riesenkakteen die umgebende Vegetation und stellen äußerst wichtige Glieder in ihrem Lebensraum dar: Gilaspecht) und Goldspecht (S. 158) z. B. hämmern jeden Frühling Nisthöhlen in die Kakteenstämme, die später von Elfenkauz, Kreischeule, Kaktuszaunkönig, Arkansastyrann, Rotbürzel-Waldsänger, Purpurschwalbe und neuerdings immer häufiger vom importierten europäischen Star genutzt werden. Andere Vogelarten nisten in den Astgabeln. Dazu gehören Weißflügeltaube, Rotschwanzbussard, Wüstenbussard und Virginia-Uhu. Sogar umgefallene Kakteen dienen noch als Wohnraum für ein darauf spezialisiertes Säugetier: die »Cactus Mouse«.
Auch den Ureinwohnern der Sonora waren die Saguaros willkommen. Aus dem saftigen Fruchtfleisch bereiteten die Papago-Indianer Marmelade, Sirup und eine Art Zeremonialwein; Samen waren Futter für ihre Hühner, und die verholzten Stützrippen wurden zum Bau von Hütten und Zäunen verwendet. Zur Fortpflanzung bilden die Kakteen große, wachsartige, weiße Blüten im April/Mai aus (s. Foto), die sich nur für eine Nacht öffnen. Sie werden dann von Insekten, Fledermäusen und Vögeln bestäubt. Eine Frucht enthält etwa 2000 winzige Samen, eingebettet in rotem Fruchtfleisch, das von Säugetieren, Vögeln und Ameisen gerne gegessen wird. Nur wenige der Millionen von Samen, die ein Saguaro zeit seines Lebens produziert, kommen deshalb zum Keimen.
Junge Kakteen sind zudem sehr empfindlich gegenüber extremer Hitze, Wind und vor allem Frost. Sie brauchen andere Pflanzen (z. B. Parkinsonien oder Mezquite-Sträucher) als Schutz. Unter diesen »Ammenbäumen« wachsen sie langsam heran (in den ersten 25 Jahren nur 50–60 cm), treiben erste Blüten und Seitenarme ab etwa 50 Jahren und werden vermutlich über 200 Jahren alt, wenn sie nicht vorher durch Frost, Windbruch, Blitzschlag oder an Krankheiten sterben. Ausgewachsene Exemplare erreichen bis 15 m Höhe und 8 Tonnen Gewicht.

Blick in die Umgebung

Das südlich des Arizona Sonora Desert Museums gelegene **Old Tucson** wurde 1939 originalgetreu als Filmstadt aufgebaut. Zahlreiche Western-Filme und Werbespots wurden hier gedreht. Es ist täglich von 9 Uhr bis 17 Uhr geöffnet.

In Phoenix liegt der **Desert Botanical Garden**. In natürlicher Umgebung werden hier über 2500 Pflanzen aus der Sonora und anderen Trockenzonen der Welt gezeigt, ihre Besonderheiten und ihre Bedeutung im Leben der Wüstenbewohner erklärt. Im Frühjahr ist die Blütenpracht überwältigend.

14 Grand-Canyon-Nationalpark

Tiefste Schlucht des Colorado River inmitten einer monumentalen Canyonlandschaft; Herbstfarben der Mischwälder des Nordrandes; Trockenwälder des Südrandes; Wüstenvegetation im Canyon; Pinselohr-Hörnchen, Nordamerikanische Katzenfrette und Chuckwallas.

Nur wenige andere Naturwunder der Welt schlagen Besucher so in ihren Bann wie der Grand Canyon – ein Abgrund von 1600 m Tiefe, der sich mit nur durchschnittlich 16 km Breite über 450 km in Ost-West-Richtung durch das Colorado-Plateau Nord-Arizonas zieht. Heute in einem knapp 5000 km^2 großen Nationalpark geschützt, wurde der Grand Canyon zu **dem** Besuchermagneten des an Superlativen allgemein reichen Südwestens der USA.

In den Wänden der Schlucht kann – dank der Erosionsarbeit des Colorado und seiner Nebenflüsse – die lückenlose Folge von zwölf seit dem Erdaltertum abgelagerten Gesteinsformationen abgelesen werden: Die Skala reicht von in verschiedenen Farben leuchtenden Sand-, Kalk- und Vulkangesteinen bis hin zum 2 Milliarden Jahre alten Granit und dem sog. Vishnu-Schiefer am Boden des Canyons. Verschiedene Schichten enthalten fossile Pflanzen und Tiere, die von ehemaligen Urmeeren und heute ausgestorbenen Lebensgemeinschaften zeugen. Ein Abstieg in den Canyon wird somit zu einer Reise in die Vergangenheit der Erde.

Nur wenige Mio. Jahre brauchte der Colorado für sein Werk. Hebungen, die sowohl die Rocky Mountains (sein Ursprungsgebiet, s. S. 11) als auch das Colorado-Plateau betrafen, verliehen dem Fluß ein steiles Gefälle. Verbunden mit größeren Wassermengen besonders nach den Eiszeiten wurde er damit zu einem mächtigen Förderband für den von der Verwitterung aufbereiteten Gesteinsschutt. Die dabei

Atemberaubender Blick über den Grand Canyon vom Südrand; links ist der Colorado-Fluß zu erkennen.

abtransportierten Gesteinsmengen übersteigen die Vorstellungskraft. Vor dem Bau des Hoover- und Glen-Canyon-Staudamms im Oberlauf beförderte der Colorado pro Tag durchschnittlich 500000 Tonnen Sand und Geröll im Bereich des Grand Canyons. Bei einem Hochwasser 1927 aber wurden sogar unglaubliche 27,6 Mio. Tonnen an einem einzigen Tag gemessen! All dies Material wirkte im Fluß als Hobel und half mit, den Canyon alle 1000 Jahre um durchschnittlich 16 bis 17 cm zu vertiefen.
Da das Colorado-Plateau nach Süden gekippt ist, liegt der Nordrand des Grand Canyon mit durchschnittlich 2400 m um etwa 350 m höher als der Südrand. Die Folge sind höhere Niederschläge, die den Nordrand und das angrenzende Kaibab-Plateau zu einer kühlen, grünen Oase machen. Sie steht in starkem Kontrast zu dem nur wenige Kilometer (Luftlinie) entfernten trockenen Südrand.
Die Indianer besuchten das Canyongebiet schon seit mehreren tausend Jahren und hinterließen Werkzeuge und Felsmalereien. Der Stamm der Havasupai lebt heute noch in einem südlichen Nebencanyon.

Stachelmohn beitzt weiße Blüten und bläuliche, tief gebuchtete Blätter; er wächst oft an Wegrändern.

Erst 1869 jedoch wagte sich der erste Weiße, der bekannte Major und Geologe John Wesley Powell, per Boot in den Canyon. Ab 1900 versuchten dann Erzschürfer und Staudammbauer hier ihre Projekte durchzusetzen, mußten aber gegen großen Widerstand ankämpfen und wurden schließlich mit der Errichtung des Nationalparks im Jahre 1919 verdrängt.

Pflanzen und Tiere

Von etwa 2700 m bis 500 m reicht das Höhenprofil im Grand-Canyon-Nationalpark. Der in Richtung Canyonboden stetig abnehmende Niederschlag bzw. die zunehmenden Temperaturen haben eine ausgeprägte Vegetationzonierung entstehen lassen:
Über 2400 m Höhe – und damit ausschließlich am Nordrand – herrscht von Wiesen aufgelockerter Nadelwald aus Grautannen (S. 89) und Douglasien (S. 71) vor. Eingestreut finden sich Gruppen von Amerikanischen Zitterpappeln (S. 15), die mit ihrer prachtvollen Herbstfärbung vor allem Fotografen zu Besuchen verleiten. Darunter (bis 2000 m und damit auch auf dem Südrand) treten Gelbkiefern vergesellschaftet mit »Gambel Oaks« in den Vordergrund. Diese Wälder gehen bei starker Bodenentwässerung schnell in einen Trockenwald aus Nußkiefern (S. 145) und Utah-Wacholder (S. 144) über, der sich vom Rand bis 1200 m Höhe in den Canyon hineinzieht. »Cliffroses« und »Apache Plumes« (S. 171) sind hier neben »Common Rabbitbrushes« (S. 164) und Wermutsträuchern (S. 17) die häufigsten Buscharten.
Auf etwa 1000 m Höhe findet man z. B. auf der Tonto-Plattform Trockenvegetation mit Beständen von »Blackbrush«, durchsetzt von Schachtelhalmsträuchern (S. 151), Utah-Agaven und verschiedenen Kakteen.
An den tiefsten, trockensten Stellen des Grand Canyon (der »Inner Gorge«) kommen mit Kreosotbüschen (S. 172), dornigen »Catclaw Acacias« und Mezquite-Sträuchern (S. 109) typische Pflanzen der südwestlichen Trockengebiete hinzu.
Knapp 70 Säugetier- und rund 300 Vogelarten sind vom Grand-Canyon-Nationalpark bekannt:
Im Nadelwald der oberen Parkzonen gehören Großohrhirsche (S. 165), Rothörnchen, Nordamerikanische Baumstachler (S. 44) und Rotluchse (S. 136) zu den häufigeren Säugern; bei den Vögeln fallen Einsiedlerdrosseln durch ihren melodiösen Gesang, Diademhäher (S. 88) und Blaukehl-Hüttensänger durch ihr leuchtendes Blau auf. Die Gelbkieferwälder auf beiden Seiten des Canyons sind der Lebensraum zweier eng verwandter Hörnchen, des Pinselohr-Hörnchens auf dem Canyon-Südrand, und seiner Unterart, des Kaibab-Pinselohr-Hörnchens auf dem Canyon-Nordrand bzw. dem Kaibab-Plateau. Man nimmt an, daß die Population der gemeinsamen Vorfahren beider Hörnchen bei der Bildung des Canyons in »zwei Hälften« geteilt wurde. Die unüberwindliche Barriere förderte dann ihre eigenständige Entwicklung.

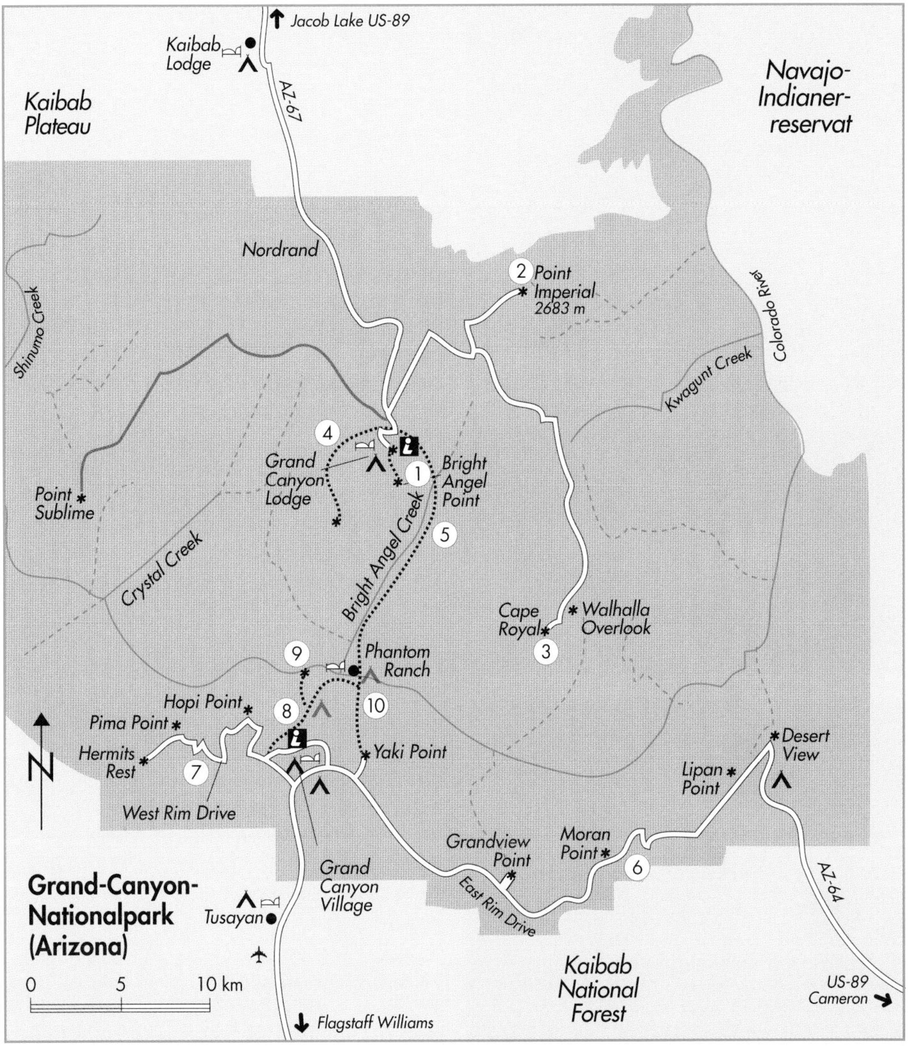

In den unteren heißen Zonen des Canyons leben Säugetiere meist versteckt oder nachtaktiv, so z. B. Audubonkaninchen verschiedene Neuweltmäuse, Nordamerikanische Katzenfrette und Westliche Fleckenskunks. Tagsüber sind Felsenziesel und »Cliff Chipmunks« Begleiter an den Wegen ebenso wie Nacktschnabelhäher, Schluchtenzaunkönige, Truthahngeier (S. 149) und seltener einmal ein Präriefalke.

Auch Reptilien fühlen sich im Canyon wohl, so z. B. die farbigen Halsbandleguane (S. 142), Wüsten-Stachelleguane (S. 113) sowie die über 40 cm Länge erreichende Chuckwallas. Bei Gefahr flüchten sich diese Leguane in eine Felsspalte und verankern sich darin durch Aufblasen.

Gelbkiefern gedeihen am besten auf den hohen, trockenen Plateaus des Südwestens – wie hier am Südrand des Grand Canyons. Ihr Wurzelsystem reicht bis in 10 m Tiefe.

Im Gebiet Unterwegs

Der Nationalpark besteht aus 2 Hälften: Der Südrand ist das ganze Jahr über geöffnet, der Nordrand je nach Wetterverhältnissen von Mai bis November. Beide Canyonränder verfügen über je ein Besucherzentrum. Diese liegen zwar nur 16 km Luftlinie, aber über 340 Straßenkilometer voneinander entfernt. Es existiert eine tägliche Busverbindung.
BITTE UNBEDINGT BEACHTEN: Rund 4 Mio. Touristen besuchen den Grand Canyon jedes Jahr. Viele der angebotenen Aktivitäten (insbesondere die Maultierritte) und Unterkünfte sind z. T. Monate im Voraus ausgebucht; s. auch »Praktische Tips«.

Nordrand
Naturfreunde, die neben dem Canyon Ruhe und schattige Wälder suchen, sind hier gut aufgehoben, denn nur etwa 10 % der Besucher kommen auch zum Nordrand. Die Zufahrtsstraße durch den Kaibab National Forest endet an der Grand Canyon Lodge direkt am Abgrund. Hier, wie von dem nur 400 m entfernten **Bright Angel Point** ①, erhält man einen ersten Eindruck von der gewaltigen Schlucht. Unvergleichliche Ausblicke bieten sich auch am **Point Imperial** ② und **Cape Royal** ③, 18 bzw. 37 km von der Grand Canyon Lodge entfernt. In 2683 m Höhe gelegen ist Point Imperial von Grautannen und Gelbkiefern umgeben; Cape Royal liegt tiefer (2397 m) und ist durch Nußkiefer-/Utah-Wacholder-Vegetation gekennzeichnet (Lehrpfad). Zu beiden Aussichtspunkten werden von der Grand Canyon Lodge Bustouren angeboten.

Auf dem Tonto-Plateau im Inneren des Grand Canyon herrscht Trockenvegetation vor. Eine hier häufig vorkommende Opuntienart ist die »Engelmann's Pricklypear«.

Blick vom Point Imperial auf dem Nordrand des Grand Canyon auf den Mt. Hayden.

Dreifarbenkolibris bewohnen im Sommer den gebirgigen Westen der USA.

Der Präriefalke ist die häufigste große Falkenart des Westens; er jagt kleine Vögel, Hörnchen und andere Nager.

Die »Cliffrose« wurde von den Indianern u. a. zur Herstellung von Sandalen, Matten, Seilen (Rinde) und Pfeilen (Holz) genutzt.

Ein Naturerlebnis besonderer Art ist der **Widforss Trail** ④. Er windet sich entlang eines Seitencanyons bis zum Rand des Grand Canyon. Neben einem Querschnitt durch die Vegetation sind faszinierende Ausblicke, Großohrhirsche, Kaibab-Pinselohr-Hörnchen, Rotschwanzbussarde und andere Tiere zu erwarten (16 km). In den Canyon führt der **North Kaibab Trail** ⑤ (s. auch Südrand). Er kann in beliebiger Länge begangen werden; 6–7 Stunden sollten allerdings für die 15 km bis zum Roaring-Springs-Wasserfall und zurück kalkuliert werden. Der Höhenunterschied beträgt 930 m!

Südrand

Zur Geologie und Natur geben das Besucherzentrum und das direkt am Canyonrand liegende Yavapai Museum ausgezeichnete Informationen. Per Auto können die Aussichtspunkte entlang des südlichen Canyonrandes von Desert View bis zum Grand Canyon Village angefahren werden **(East Rim Drive)** ⑥. Auf dem stark besuchten **West Rim Drive** ⑦ wurde ein obligatorischer, kostenloser Busdienst während der Sommermonate eingerichtet. Die in 15-minütigem Abstand verkehrenden Busse können an jedem Haltepunkt bestiegen werden und lassen sich so mit Spaziergängen entlang des 13 km langen, dem Canyonrand folgenden Fußweges kombinieren. Sehr beliebt ist der Blick auf den Canyon bei Sonnenuntergang; zu diesem Zeitpunkt füllt sich besonders **Hopi Point** mit Fotografen.

Die Krönung eines Grand-Canyon-Aufenthaltes ist aber sicher der Abstieg in die Schlucht. Im Rahmen eines Tagesausfluges ist dies am besten auf dem **Bright Angel Trail** möglich ⑧ (Startpunkt bei der Bright Angel Lodge). Auf Serpentinen gelangt man durch die Nußkiefer-/Utah-Wacholder-Zone nach 7,5 km zum Campingplatz Indian Gardens (hier Schatten, Wasser und Toiletten; zwischen Mai und September auch Wasser am Weg!). Nach weiteren 2,5 km durch Trockenvegetation auf dem Tonto-Plateau wird **Plateau Point** erreicht ⑨. 400 m tiefer schäumt der Colorado zwischen den Felsen. Für die Gesamtstrecke von 20 km sind 8–10 Stunden zu kalkulieren!

ACHTUNG: Der Ausflug sollte – falls nicht auf einem Maultierrücken zurückgelegt – nur bei guter körperlicher Verfassung eingeplant werden. Die Höhendifferenz beträgt knapp 1000 m und im Juli/August herrscht mörderische Hitze im Canyon! Auf jeden Fall früh starten und den langen Rückweg nicht vergessen! Ausreichend Wasser mitnehmen und die Regeln auf S. 227 beachten!

Auch auf dem **South Kaibab Trail** ⑩ kann in die Schlucht abgestiegen werden. Er ist jedoch steiler, hat kein Wasser, nur wenig Schatten und wird eher als Ausgangspunkt zur Durchquerung des Canyons genutzt. Für die 33 km bis zum Nordrand sind 3–4 Tage erforderlich; wegen begrenzter Kapazität der Campingplätze im Canyon müssen diese lange im Voraus beim Back-

Typisch für die pflanzenessenden Chuckwallas sind die losen Hautfalten; man sieht die Tiere oft beim Sonnenbaden.

country Reservations Office des Nationalparks (Adresse unten) gebucht werden. Ausführliche Informationen hierzu und zu anderen Wanderungen sind in Broschüren (z. B. »Hiking the Inner Canyon«) beschrieben.
Für Freunde mehrtägiger Wildwasserfahrten auf dem Colorado stehen zahlreiche Veranstalter bereit; lange Wartelisten erfordern jedoch auch hier die Reservierung Monate im Voraus. Flüge über den Canyon können vor Ort in den Hotels gebucht werden.

Praktische Tips

Anreise

Zum Nordrand auf der AZ-67 (Abzweigung von der US-89 bei Jacob Lake); zum Südrand von Flagstaff über die US-180 und die AZ-64 oder die US-89 und die AZ-64 (Abzweigung bei Cameron). Tägliche Busverbindung von Flagstaff oder Williams, von Williams auch Zugverbindung (Dampflok). Mehrere Gesellschaften bieten Flüge zum Grand Canyon Airport an; dort auch Autovermietung.

Klima/Reisezeit

Höchsttemperaturen im Sommer bei 24°C auf dem Nordrand, bei 30 °C auf dem Südrand, bei 45°C im Inneren des Canyons! Im Winter herrscht Frost. Der Jahresniederschlag von 650 mm (Nordrand), 400 mm (Südrand) und unter 200 mm (im Canyon) fällt vorwiegend während Sommergewittern und als Schnee. Beste Reisezeit: Frühjahr und Herbst für Canyontouren, sonst auch im Sommer.

Unterkunft

Nordrand: 1 Campingplatz (Duschen) mit Reservierung über MISTIX (Adresse s. S. 227) und die rustikale Grand Canyon Lodge (Buchungen über TW Recreational Services, Adresse s. S. 136). Außerhalb des Parks kann in der Kaibab Lodge, Tel. (602) 638-2389, in Jacob's Lake, Fredonia und Kanab übernachtet werden.
Südrand: 3 Campingplätze: für Mather (Duschen) ist MISTIX zuständig, Desert View (nur im Sommer geöffnet) ist ohne Reservierungszwang, Trailer Village besitzt Anschlüsse für Campingfahrzeuge und ist

Utah-Agave mit ausgereiftem Fruchtstand; wie alle Agaven blüht sie nur einmal und stirbt dann ab.

wie alle sonstigen Unterkünfte auf dem Südrand bzw. im Canyon (Phantom Ranch) zu buchen über: Grand Canyon National Park Lodges, P.O.Box 699, Grand Canyon, AZ 86023, Tel. (801) 638–2401. Weitere Unterkünfte in Tusayan an der AZ-64, in Cameron, Williams und Flagstaff.

Adressen

- Grand Canyon National Park (Hauptquartier), P.O.Box 129, Grand Canyon, AZ 86023, Tel. (602) 638–7888.

Blick in die Umgebung

20 km nördlich von Flagstaff liegt inmitten einer reizvollen Vulkanlandschaft der **Sunset Crater** an der US-89. Der über 300 m hohe rotbraune Schlackenkegel ist Teil der vulkanischen San Francisco Mountains. Auf einer Straße und dem Lava Flow Trail läßt sich dieses als National Monument ausgewiesene Gebiet erkunden.

Die Straße führt weiter zum **Wupatki National Monument.** Hier bewegt man sich auf auf den Spuren ehemaliger Indianerdörfer aus dem 13. Jh. Eindrucksvolle Ruinen wie das 100 Räume umfassende Wupatki-Haus oder die Wukoki-Ruinen können besichtigt werden.

Als größte natürliche Brücke der Welt spannt sich die **Rainbow Bridge** bis zu 90 m Höhe in einem Seitenarm des Glen Canyon (nordöstlich des Grand Canyons), der heute allerdings im aufgestauten Lake Powell begraben ist. Man erreicht das als National Monument deklarierte Steingebilde am einfachsten per Boot auf dem Lake Powell. Veranstalter in Page bieten solche Fahrten an.

Das etwa mardergroße Nordamerikanische Katzenfrett gehört wie Waschbär und Nasenbär zur Familie der Kleinbären. Es geht nachts auf Jagd nach Kleinsäugern, Reptilien und Vögeln.

15 Zion-Nationalpark

Massive Sandsteintürme, -kuppeln und -bögen; versteinerte Dünen und schachbrettartige Erosionsmuster; senkrecht abfallende Wände im Zion Canyon; Flußoase des North Fork Virgin Rivers; »Hängende Gärten« aus Moosen, Farnen und bunten Blumen; Pumas, Großohrhirsche und Erdkuckucke.

Die Landschaft des fast 600 km^2 großen Zion-Nationalparks im Südwesten Utahs läßt keinen Besucher unbeeindruckt. Schon als die Mormonen dort um 1860 nach Siedlungmöglichkeiten suchten, sahen sie sich von den ehrfurchtgebietenden Felsendomen an die Schöpfungsgeschichte erinnert und benannten das Tal des Virgin Rivers nach dem Tempelberg in Jerusalem (»Zion«). Als 1919 der Nationalpark entstand, erschienen auch die meisten der mächtigen Felskuppeln mit biblischen Namen wie Watchman, West Temple, Great White Throne oder Three Patriarchs auf der Landkarte.

Zions Landschaft wurde zum großen Teil aus der bis 700 m mächtigen Navajo-Sandsteinschicht des Colorado-Plateaus herausgewittert. Dieser je nach Eisengehalt hellgelb bis dunkelrot gefärbte Sandstein formte sich aus dem quarzreichen Sand großer Dünen, die vor etwa 150–180 Mio. Jahren das Land bedeckten. Durch wechselnde Winde kreuz und quer aufgeschichtet (»cross-bedding«) wurden sie durch den Druck aufgelagerter jüngerer Sedimente verfestigt und schließlich durch Erosion freigelegt.

Als Hauptskulpteur der Landschaft im Südosten des Zion-Nationalparks wirkte der Nordarm des Virgin Rivers (North Fork Virgin River). Ihm, der in Trockenzeiten als ruhiger Bach dahinfließt, ist die Einkerbung Hunderte Meter tiefer Schluchten wie die der Narrows oder die Schaffung des von den kolossalen Bergkuppen überragten Zion Valleys kaum zuzutrauen. Erst wenn während der Schneeschmelze oder heftiger Sommergewitter Dutzende von Wasserfällen über die Klippen stürzen und der Fluß zum reißenden Strom wird, kann man seine Erosionskraft ermessen. Im Jahr trägt er durchschnittlich 3 Mio. Tonnen Feinsediment und Geröll zu Tal!

Vor allem im Südostteil des Parks hat die Verwitterung aus versteinerten Dünen und gegenläufig abgelagerten Schichten des Navajo-Sandsteins ein äußerst formenrei-

Ungewöhnliche Verwitterungsform der Checkerboard Mesa im Südosten des Zion-Nationalparks.

Nachtkerzen schließen ihre Blüten bei großer Hitze; im Bild eine gelbblühende Art.

ches Relief geschaffen. Senkrecht laufende Bruchlinien ließen oft schachbrettartige Erosionsmuster entstehen, die besonders schön an dem Tafelberg der Checkerboard Mesa zu sehen sind.
Im Nordwesten des Parks erhebt sich das Kolob-Plateau mit seiner urtümlichen Landschaft. Zuflüsse des Taylor und des La Verkin Creeks haben dort die steilen Kolob Canyons in den Sandstein geschnitten. Hier steht auch der Kolob Arch, der mit über 90 m Spannweite als einer der größten freistehenden Bögen der Welt angesehen wird.

Pflanzen und Tiere

Der Zion-Nationalpark weist das für Utahs hochgelegene Trockengebiete typische Vegetationsmuster auf (s. auch S. 139): Die Pflanzengemeinschaft aus Nußkiefern (S. 145) und Utah-Wacholder (S. 144) weicht ab etwa 2000 m Höhe Wäldern von Gelbkiefern (S. 120) und diese dann den Grautannen (S. 89), Douglasien (S. 71) und Amerikanischen Zitterpappeln (S. 15) der höchsten Parkzonen.
Sehr ausgeprägt ist die Vegetation an Wasserläufen. Entlang des North Fork Virgin Rivers bilden »Fremont-Cottonwoods«, verschiedene Weiden, Samtesche und Eschenahorn teils dichte Bestände, die im Herbst in goldgelben Farben erstrahlen. Zu den Weinreben zählende Kletterpflanzen wie die »Canyon Grape« ranken sich an den Bäumen empor und geben dem Ganzen ein üppiges Gepräge (z. B. bei Weeping Rock).
Sickerstellen im wasserdurchlässigen Navajo-Sandstein stellen Kleinoasen dar. Bei einigermaßen sonnengeschützter Lage entwickeln sich in ihrem Bereich sog. »Hängende Gärten« mit in dieser Landschaft ganz unerwarteten Pflanzen: Grüne Vorhänge aus z. B. Frauenhaarfarn und Moosen bilden den Hintergrund für Gauklerblumen, »Cardinal Flowers«, Akeleien und Orchideen wie die »Giant Helleborine«, eine Sumpfwurzart.
Die Beobachtung von Tieren erfordert, wie in anderen heißen Gegenden, eine gute Zeitplanung. Nur wenige Arten sind tagsüber unterwegs, darunter verschiedene Streifenhörnchen und Ziesel (s. S. 137) oder die großohrigen Kalifornischen Eselhasen (S. 143). Auch die in den weniger besuchten Parkgebieten (z. B. Kolob Canyons) verbreiteten Pumas (S. 18) sind z. T. tagaktiv, werden aber nur selten gesehen. Ihre bevorzugten Beutetiere – die Großohrhirsche (S. 165) – halten sich gerne in oder nahe der Ufervegetation der Flüsse auf.
Vor allem die Galeriewälder des North Fork Virgin River geben auch anderen Tieren Lebensraum: »Canyon Tree Frogs« aus der Familie der Laubfrösche sorgen für nächtliche Konzerte im Frühsommer, und die »Western Terrestrial Garter Snake«, eine Natternart, geht hier auf Jagd nach Fischen, Kaulquappen und Fröschen. Verschiedene Enten, Kanadareiher (S. 203) und Schwarzhalstaucher überwintern am Wasser, und Baltimoretrupiale hängen ihre Beutelnester in die Ufervegetation. Auffällig sind die schwarz-weiß-orange gezeichneten Männchen dieser starengroßen Vögel. In die Uferböschungen graben Gürtelfischer ihre Nisttunnel. Typische Vö-

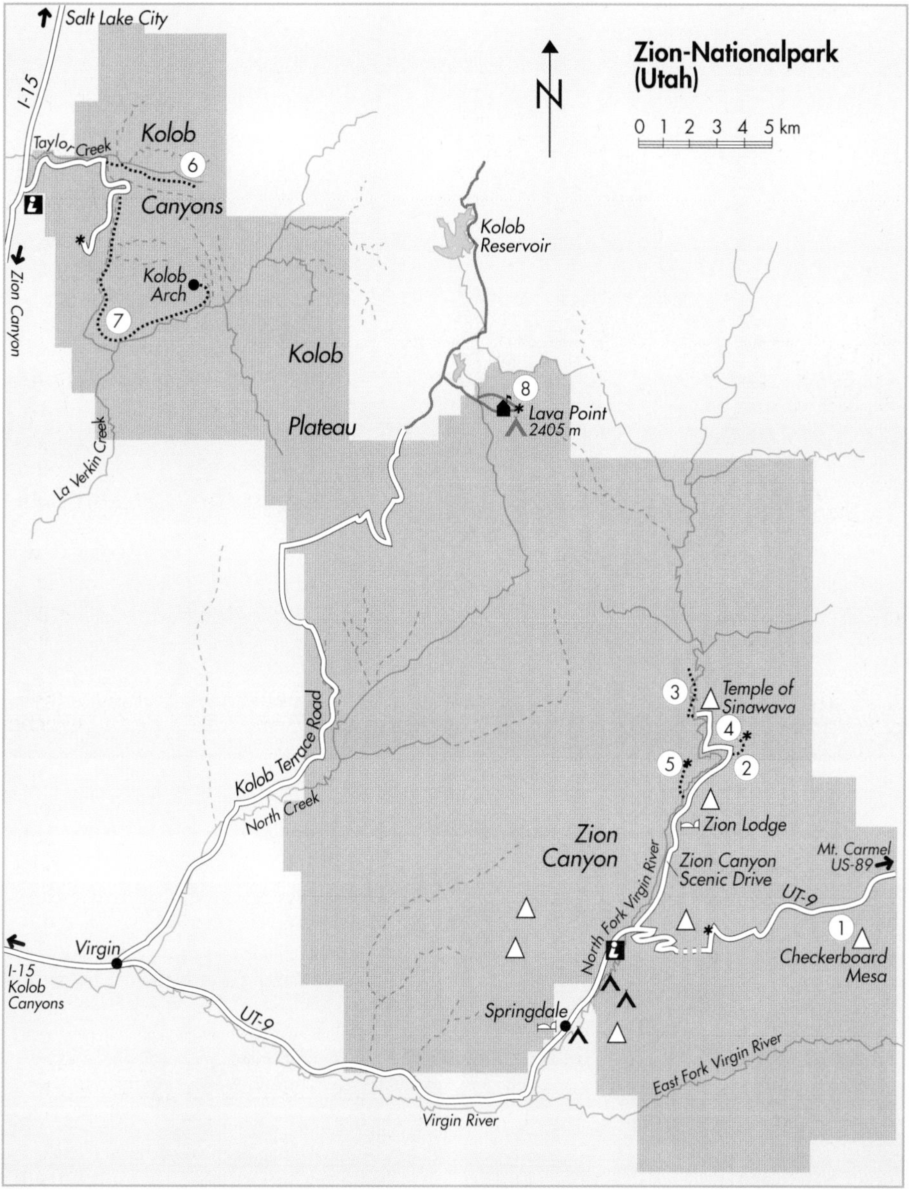

gel der trockeneren Zonen sind Helmwachteln (S. 108), Arkansastyrannen oder die zierlichen Schwarzkinnkolibris. Mit Glück kreuzt auch einmal ein Erdkuckuck (S. 172) den Weg.

Auch an wirbellosen Tieren hat Zion Interessantes zu bieten. Eine endemische Schneckenart, die »Zion Snail«, kommt ausschließlich an den feuchten Steilwänden der Narrows vor. Schmetterlinge wie

Eindrucksvolle Felsendome entlang des Zion Canyon Scenic Drive; rechts der 2350 m hohe East Temple.

Die auffälligen »Western Tiger Swallowtails« erreichen 10–11 cm Flügelspannweite.

Die »Cardinal Flower« aus der Glockenblumenfamilie blüht zwischen Juli und Oktober; sie bevorzugt Gewässernähe.

der farbenprächtige »Western Tiger Swallowtail« (eine Schwalbenschwanzart) besuchen gerne die Blumen der »Hängenden Gärten« in den Canyons.

Im Gebiet unterwegs

Zion Canyon/Südostteil
Auf der UT-9 vom Osten kommend, präsentiert Zion seine fotogenen Steinschichtungen z. B. an der **Checkerboard Mesa** ① am Parkeingang. Nach Passieren des 2,7 km langen Straßentunnels (wozu übergroße Fahrzeuge eine gebührenpflichtige Eskorte brauchen; Auskunft vorher am Parkeingang einholen!) wird bald der Zion Canyon erreicht. Ihm folgt eine gut ausgebaute Straße **(Zion Canyon Scenic Drive)**, begleitet vom North Fork Virgin River und überragt von mächtigen Gesteinsmonolithen. Die Straße ist Ausgangspunkt verschiedener Wandertouren. Sie endet nach etwa 10,5 km an der Felsformation des Temple of Sinawava.
ACHTUNG: Während der Hauptsaison bestehen nur eingeschränkte Parkmöglichkeiten für Campingfahrzeuge über 7 m (= 21 Fuß) Länge im Zion Canyon. Sammelbusse werden dann zum Personentransport eingesetzt.
Die Broschüre des Nationalparks »Hiking in Zion National Park« enthält eine vollständige Wegeliste. Hier einige Wandervorschläge für das Gebiet des Zion Canyon:
Ein kurzer Lehrpfad führt durch Laubwald zum **Weeping Rock** ②. Aus einem überhängenden Fels tropft ständig Wasser. »Hängende Gärten«, im Frühjahr von bunten Blumen dekoriert, leben von dieser Feuchtigkeit. Sehr schön und populär sind die **Narrows** ③. In nur wenigen Metern Abstand voneinander senkrecht bis auf 700 m ansteigende Wände säumen diesen knapp 20 km langen Canyon des North Fork Virgin Rivers, der 1,5 km nördlich des Endes der Parkstraße beginnt. Zu ihm führt ein ausgebauter Weg im Schatten der Ufervegetation. »Hängende Gärten« beleben hier die Felswände. In der Schlucht watet man meist im Wasser. Die Narrows sind von Oktober bis Juni und nach Überflutungen gesperrt. Vorsicht auch vor Flutwellen bei Gewittern!
Aussichspunkte: Der East Rim Trail steigt vom Weeping-Rock-Parklatz auf den 1983 m hohen **Observation Point** ④. Schon der Weg durch das Felsgewirr ist ein besonderes Erlebnis und lohnt die Mühe; nicht zu übertreffen ist aber schließlich der Blick in den Zion Canyon vom Endpunkt aus. Die 13-km-Strecke überwindet 650 m Höhenunterschied und dauert 4–6 Stunden. Auf dem West Rim Trail und die von diesem abzweigende Angels-Landing-Route wird der 1765 m hoch gelegenene Aussichtspunkt **Angel's Landing** ⑤ erreicht. Hier fühlt man sich den mächtigen Felsdomen besonders nahe und genießt einen herrlichen Rundblick. Ausgangs- und Endpunkt der Wanderung ist der Grotto-Picknickplatz (8 km, 450 m Höhenunterschied, etwa 4 Stunden).
ACHTUNG: Der Weg zu Angel's Landing verläuft teilweise über einem schmalen Felsrücken und ist für nicht Schwindelfreie ungeeignet.

Kolob Plateau/Nordwestteil
Das Gebiet des Kolob-Plateaus ist weniger besucht, obwohl über 2 Zufahrtsstraßen gut zu erreichen (s. Karte). Naturfreunde kommen in der einmalig schönen Landschaft auf ihre Kosten, etwa im Gebiet der malerischen **Kolob Canyons** auf dem Weg zur **Double Arch Alcove** ⑥ (8 km) oder auf der Wanderung zum **Kolob Arch** ⑦. Hierzu sind 22 km entlang des La Verkin Creeks durch Pappel- und Nadelwaldbestände zurückzulegen – eine Strecke, die angenehmer in 2 Tagen zu bewältigen ist. **Lava Point** ⑧ ist mit 2405 m der höchste Punkt des Nationalparks. Er muß auf der Kolob Terrace Road von der Ortschaft Virgin aus gesondert angefahren werden.

Blick auf den Zion Canyon nahe des Eingangs.

Wie die weiter verbreiteten, ähnlich gezeichneten Baltimoretrupiale hängen Maskentrupiale ihre Beutelnester gerne in die Galeriewälder der Flüsse; im Bild ein Männchen.

Praktische Tips

Anreise

Die UT-9 verbindet die I-15 im Westen mit der US-89 im Osten und durchquert dabei den südöstlichen Parkteil. Zufahrt zum nordwestlichen Parkteil auf der Kolob Canyons Road (Abzweigung von der I-15) oder der Kolob Terrace Road (Abzweigung von der UT-9 bei Virgin). Saisonale Busverbindungen zum Zion Canyon wurden von St. George und Cedar City eingerichtet.

Klima/Reisezeit

Im Zion Canyon liegen die Tagestemperaturen im Sommer zwischen 22°C und über 40°C; die Nächte sind angenehm temperiert; das Kolob-Plateau ist insgesamt kühler und feuchter. Jahresniederschlag um 350 mm mit häufigen Sommergewittern. Beste Reisezeit: Frühjahr und Herbst.

Unterkunft

Auf den Campingplätzen South und Watchman am südlichen Parkeingang sowie Lava Point (kein Wasser) im Kolob-Gebiet. Die Zion Lodge im Zion Canyon bietet »Cabins« und Motelzimmer von April bis November an (Reservierung bei TW Recreational Services, Adresse s. S. 136). Weitere Unterkünfte in Springdale und anderen Orten der Umgebung.

Adressen

➪ Hauptquartier/Besucherzentrum: Zion National Park, Springdale, UT 84767, Tel. (801) 772–3256.

Blick in die Umgebung

Im **Cedar Breaks National Monument** nahe Cedar City findet man in der Claron-Sandsteinschicht Felsformationen und -farben ähnlich denen des Bryce Canyons. Das Monument ist außerdem bekannt für den Blumenreichtum seiner subalpinen, über 3000 m hoch liegenden Wälder und Wiesen im Sommer.

16 Bryce-Canyon-Nationalpark

Unvergleichliches Farbenspiel der Felssäulen, -nadeln und -wände des Bryce-Amphitheaters; ausgeprägte Vegetationszonierung vom Nußkiefer-/Utah-Wacholder-Gürtel bis zu den Nadelwäldern der höchsten Parkteile; Utah-Präriehunde und andere Hörnchen.

»Ein verdammter Platz, eine Kuh zu verlieren!« So bezeichnete der erste und einzige Siedler, der Mormone Ebeneezer Bryce um 1880 das Felsgewirr dieses nach ihm benannten, 145 km^2 großen Nationalparks im Süden Utahs. Heutige Besucher urteilen anders. Wohl keiner wird von den die Vorstellungskraft übersteigenden Felsformationen des Bryce-Amphitheaters, des schönsten Parkteils, unbeeindruckt bleiben. Man glaubt sich in eine antike oder orientalische Stadt versetzt, sieht Türme, Minarette, Mauern, Zinnen und Giebel, die je nach dem Einfallswinkel und der Intensität der Sonnenstrahlung in verschiedenen Farben leuchten und mit Namen wie Silent City, Thor's Hammer oder Wall of Windows belegt wurden.
Die zauberhafte Landschaft entstand durch Verwitterung des Kalksandsteins der sog. Claron-Formation, einer jüngeren, vor 40–60 Mio. Jahren abgelagerten Sedimentschicht im westlichen Teil des heutigen Colorado-Plateaus. Damals war das Gebiet Süd-Utahs von einem Binnensee (Lake Flagstaff) bedeckt, in den Flüsse erodiertes Gesteinsmaterial der Umgebung zu einer ungeordneten Mischung aus harten, kalkreichen bis brüchig-tonigen Sedimentschichten deponierten. Zu Stein gepreßt, zerbrachen die Schichten bei der späteren ungleichmäßigen Hebung des Plateaus in verschiedene, teils schräggestellte Blöcke, deren Ränder nun der Erosion ausgesetzt waren.
Der Bryce Canyon liegt am Ostrand eines dieser Bruchstücke, dem Paunsaugunt-Plateau in 2400 m Höhe. An der Abbruchkante arbeitet Wasser in Form von Regen,

Morgenstimmung am Sunset Point; allmählich tauchen die charakteristischen roten Felstürme aus der Dämmerung auf.

Uralte Great-Basin-Borstenkiefern stehen im Ancient Bristlecone Pine Forest bei Bishop/Ost-Kalifornien.

Schnee und Eis an dem exponierten Kalksandstein, löst Mineralien heraus und schwemmt den Boden nach heftigen Gewittern ab. So entstand der etwa 5 km durchmessende, 250 m tiefe Halbrund des Bryce-Amphitheaters, der sich durch sog. rückschreitende Erosion ständig weiter in den Steilhang frißt. Entsprechend ihrer unterschiedlichen Härte nehmen die dabei herauspräparierten Felsgebilde die abenteuerlichsten Formen an. Für ihre Farbpalette ist der Gehalt an verschiedenen Metallverbindungen wie Eisen- oder Manganoxid verantwortlich.

Im Kontrast dazu steht der hochgelegene südliche Teil des Parks. Üppige Wälder bedecken hier das Plateau, von dessen Rand sich viele schöne Ausblicke eröffnen.

Pflanzen und Tiere

3 Vegetationszonen lassen sich im Nationalpark abgrenzen:

Unter dem Plateaurand wächst bis 2100 m Höhe ein Trockenwald aus Nußkiefern (S. 145), Utah-Wacholder (S. 144) und »Gambel Oaks«. Den Boden bedeckt hier ein teils dichtes Gestrüpp aus »Greenleaf Manzanita (S. 89)«, Wermutsträuchern (S. 17) und den zu den Rosengewächsen zählenden, auf Felsrücken wurzelnden »Cliffroses (S. 122)« .

Auf dem Plateau dominiert zwischen 2100 – 2500 m Höhe ein offener Wald aus Gelbkiefern (S. 120). Diese im westlichen Nordamerika weitverbreitete Baumart ist leicht an ihrer charakteristischen, nach Vanille duftenden, orangerot gefärbten Rinde kenntlich. Für viele Tiere, vor allem Vögel und Hörnchen, sind die Samen eine wichtige Nahrungsquelle. Für die Holzindustrie

Die düster gefärbten, rundlichen Kurzhorn-Krötenechsen gehören zur Familie der Leguane.

zählt allerdings mehr die Qualität des leicht verarbeitbaren Holzes. Offene Grasflächen zwischen den Baumgruppen erholen sich nur langsam von ihrer ehemaligen Nutzung als Viehweide; Erosionsschäden sind noch weithin sichtbar.

Im Süden des Parks bedeckt – gefördert durch höhere Niederschläge und ein kühleres Klima – dichter Wald aus Grautannen (S. 89), Douglasien (S. 71) und Blaufichten die über 2500 m hoch gelegenen Teile des Plateaus. Gruppen von Amerikanischen Zitterpappeln (S. 15) lockern diese Nadelwälder auf.

In allen Vegetationszonen kann man auf Felsrücken und Sandböden zwei ungewöhnliche Kiefernarten finden: **Nevada-Zirbelkiefern** zeichnen sich durch extrem biegsame, teilweise verknotbare (!) Zweige aus. **Borstenkiefern**, hier in einer speziellen Unterart, der Great-Basin-Borstenkiefer, erscheinen stets zerzaust und ramponiert; sie gehören zu den ältesten Pflanzen der Erde. Das Alter eines dieser Bäume östlich der Sierra Nevada wird mit über 4700 Jahren angegeben (s. S. 99)!

Wegen der geringen Größe des Nationalparks sind scheuere Säuger wie Rotluchse (S. 136), Silberdachse (S. 91) und Schwarzbären (s. S. 53) selten. Häufiger sieht man Großohrhirsche (S. 165) und Graufüchse (S. 18), vor allem aber verschiedene Hörnchen (s. S. 137). Chipmunks und Felsenziesel leben von Nüssen, Samen und Beeren der Pflanzen in den unteren Vegetationsstufen; Rothörnchen und Goldmantelziesel (S. 76) sind dagegen hauptsächlich im höher gelegenen Nadelwald anzutreffen. Eine Besonderheit im Park sind die Utah-Präriehunde. Nur im Südwesten des Staates verbreitet, ist ihre Anzahl in den letzten Jahrzehnten stark zurückgegangen. Sie gelten als bedrohte Tierart und können am besten auf von Rangern geleiteten Touren beobachtet werden.

Viele der den Park bewohnenden Vögel sind nur sommers hier anzutreffen. Zu den häufigsten gehören zweifellos das

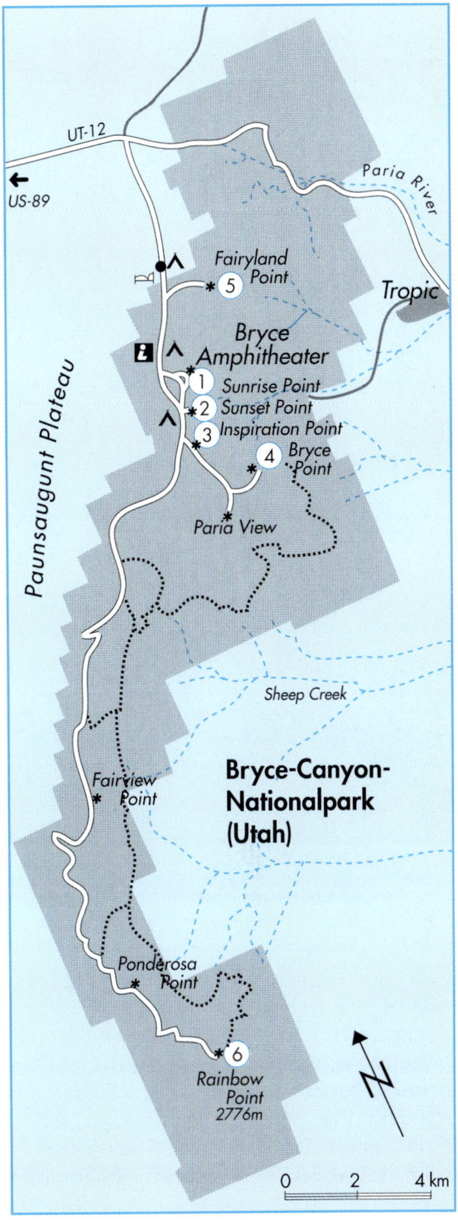

»Campingplatz-Duo« Diademhäher (S. 88)/Kiefernhäher (S. 74) sowie die Kolkraben (S. 98) im Bereich der Felswände. Oft sieht man hier auch Weißbrustsegler

und Buntfalken, seltener dagegen Wanderfalken um die Klippen kreisen. Die Nadelwälder beherbergen viele kleinere Vogelarten, z. B. die manchmal in Kolonien brütenden Fichtenzeisige (S. 209), Gambelmeisen oder 3 der 4 nordamerikanischen Kleiberarten. Für Wanderdrosseln (S. 202) stellen die verschiedenen Beerensorten eine unwiderstehliche Delikatesse dar.
Reptilien konzentrieren sich im wärmeren Nußkiefer-/Utah-Wacholder-Waldland. Hier trifft man u. a. auf die urtümlich anmutenden, stachligen Kurzhorn-Krötenechsen.

Im Gebiet unterwegs

Hauptattraktion ist das Bryce-Amphitheater, das von verschiedenen Punkten aus gut zu überblicken ist. Diese sind leicht von der Straße aus erreichbar und außerdem durch einen 9 km langen Fußweg (Rim Trail, nicht in der Karte verzeichnet) verbunden, der der Abbruchkante folgt. Weitere untereinander kombinierbare Wege führen in das Innere des Kessels.
TIP: Das Amphitheater ist am schönsten bei tiefstehender Sonne. Daher Wanderungen nach Sonnenaufgang und in den Spätnachmittag legen!

Unvorstellbar schön: Ein Blick über die verwitterten Kalksandstein-Minarette des Bryce-Amphitheaters.

Sunrise Point ①: Hier startet der einfache Weg in das Steingewirr der **Queens Gardens**, die mit einigen besonders schönen Felszacken und Farben aufwarten (2,4 km). Sunset Point ② ist Ausgangspunkt des **Navajo Loop Trails**, eines Rundwegs, der über 2,5 km durch die Felsformation »Silent City« führt. Beide Wege können über den **Queen's Garden Trail** zu einem 5,5 km langen, sehr erlebnisreichen Ausflug kombiniert werden.

Inspiration Point ③ dient dem Ausblick. Ein Abstieg ins Amphitheater ist hier nicht möglich.
Bryce Point ④ ist Startpunkt eines Halbtagesausflugs auf dem überaus faszinierenden, aber teils etwas steilen **Pekaboo-Rundweg**. 8 km windet er sich durch das Amphitheater, passiert Wall of Windows, einige Great-Basin-Borstenkiefern und viele weitere Attraktionen. Statt zum Ausgangspunkt zurückzukehren, kann man über einen Verbindungspfad den Navajo-Rundweg bzw. Queen's Garden Trail (s. oben) erreichen und so zum Sunset bzw. Sunrise Point aufsteigen.
Unermüdlichen Wanderern stehen weiterer Routen zur Verfügung: Der **Fairyland Rundweg**, der sich vom Fairyland Point ⑤ 13 km über oft steiles Terrain zieht – oder Teilstrecken des insgesamt 35 km langen, wenig besuchten **Under The Rim Trails** zwischen Bryce Point und Rainbow Point.
Die Parkstraße endet bei **Rainbow Point** ⑥ auf 2776 m Höhe. Hier bewegt man sich

Die leuchtenden Blüten einer Kugelmalve sind immer wieder reizvoll.

Rotluchse sind weit verbreitet, werden aber selten gesehen, da sie den Tag meist in sicheren Verstecken verschlafen.

in dichtem Nadelwald, der z. B. auf dem kurzen (1,6 km) **Bristlecone Loop Trail** durchwandert werden kann. Einige der Great-Basin-Borstenkiefern klammern sich an der Steilkante fest, von der ein weitreichendes Panorama zu überblicken ist.

Praktische Tips

Anreise

Auf der UT-12: vom Osten über Escalante, vom Westen abzweigend von der US-89. Busverbindung von Cedar City, dort auch Autoverleih und Flughafen.

Klima/Reisezeit

Angenehm warme Tage und milde Nächte von Mai bis Oktober; kalte, schneereiche Winter; jährliche Niederschlagsmengen: unterhalb des Plateaus 350 mm, im hochgelegenen Südteil des Parks über 600 mm; gelegentliche Sommergewitter. Beste Reisezeit: Juni bis September.

Unterkunft

Im Park: auf den Campingplätzen North und Sunset (Duschen beim Lebensmittelladen) und in der Bryce Canyon Lodge (Reservierungen über TW Recreational Services, 451 Main Street, P.O. Box 400, Cedar City, UT 84720, Tel.(801) 586–7686). Weitere Unterkünfte im Touristenkomplex am Parkeingang (Ruby's Inn) und im Cliff's Motel an der UT-12.

Adressen

- Parkhauptquartier/Besucherzentrum: Bryce Canyon National Park, Bryce Canyon, UT 84717, Tel. (801) 834–5322.

Blick in die Umgebung

Der **Red Canyon** im Dixie National Forest nahe der Kreuzung US-89/UT-12 bietet eine gute Einstimmung für den Bryce Canyon.

Hörnchen – allgegenwärtig in Nordamerika

Walt Disney machte sie mit seinen Zeichentrickfiguren A-Hörnchen und B-Hörnchen weltbekannt: die flinken, oft zutraulichen maus- bis kaninchengroßen Nager mit dem buschig behaarten Schwanz und der manchmal schrillen Stimme. Nordamerikas Hörnchen bewohnen den Kontinent in verwirrender Vielfalt, lassen sich aber in 3 Gruppen einteilen:

Chipmunks, auch Streifen- oder Backenhörnchen genannt, sind als kleinste Arten meist ähnlich gefärbt und an Kopf und Körper längsgestreift, was ihre Identifizierung erschwert. Sie sind sehr stimmfreudige, agile Kletterer und leben im Wald, wo sie ab Sommer mit dem Eintragen des Vorrats für den Winterschlaf beschäftigt sind. Ihre Nester legen sie in unterirdischen Bauen oder in Baumlöchern an. Außer dem Streifenbackenhörnchen, das den Osten bewohnt, und dem Kleinen Chipmunk, der auch um die Großen Seen verbreitet ist, leben alle anderen Chipmunkarten der USA westlich der zentralen Ebenen.

Ziesel (»Ground Squirrels«) sind meist einfarbig graubraun, manchmal gefleckt oder gestreift, aber nie am Kopf! Als ursprüngliche Steppentiere klettern sie nicht und bevorzugen offenere, waldarme Gebiete. Sie leben in selbstgegrabenen, tiefliegenden Bauen, und bilden oft Kolonien. Die Hauptnahrung dieser sonnenliebenden Tiere sind Pflanzensamen und -weichteile. Auch sie halten Winterschlaf. Wohl die bekannteste nordamerikanische Art ist das leicht mit einem Chipmunk zu verwechselnde Goldmantelziesel (S. 76), ein häufiger Besucher der Campingplätze.

Ein körperlanger buschiger Schwanz und meist einheitliche Färbung kennzeichnen die **Baumhörnchen** («Tree Squirrels«). Sie sind als vorzügliche Kletterer und Springer an das Leben in Bäumen angepaßt, nisten in Baumhöhlen oder selbstgebauten Rundnestern und halten keinen Winterschlaf. Unter ihnen befinden sich die an ihren schrillen Stimmen kenntlichen Rothörnchen, die Chikarees sowie die nachtaktiven Gleithörnchen. Bei letzteren sind Vorder- und Hinterbeine mit Hautfalten verbunden, die Gleitflüge von 30–50 m ermöglichen.

Die Hörnchen haben viele Feinde, die ihre Bestände kontrollieren. In den Bäumen stellen ihnen Fichtenmarder nach; am Boden übernehmen Langschwanzwiesel, Amerikanische Nerze, Rotluchse (S. 136), Kojoten (S. 143), Füchse und Greifvögel diese Aufgabe. Silberdachse (S. 91) sind Hauptfeinde der Ziesel, die sie aus ihren Bauen ausgraben.

Chipmunks (oben) sind oft sehr schwer zu bestimmen; unten ein Weißschwanz-Antilopenziesel.

17 Canyonlands-Nationalpark

Wildes Land mit bis zu 800 m tiefen Schluchten, weiten Tafelbergen, steilen Felsnadeln, -kuppeln und -bögen; ausgeprägte Trockenvegetation im Kontrast zu den grünen Flußoasen der Canyons; Kojoten, Rundschwanzsperber und Halsbandleguane; unvergeßliche Wanderungen und Geländefahrten in weitgehend unberührtem Gebiet.

Utahs größter Nationalpark umfaßt 1365 km² und liegt durchschnittlich 1500 m hoch inmitten einer großartigen Landschaft, die neben Alaska und Teilen Kanadas oft als das letzte wilde Nordamerika bezeichnet wird. Mit seinen Schluchten, Tafelbergen, Felstürmen und Steinbögen, seinem extremen Klima und seiner »Unnahbarkeit« reiht sich Canyonlands in ein ganzes System von Schutzgebieten entlang des Colorado-Flusses.

Wie der Grand Canyon (s. S. 113) entstand die zerfurchte Landschaft durch die Schleifarbeit des Colorados und seines Nebenflusses, des Green Rivers, während der Hebung des Colorado-Plateaus (s. S. 11). Die beiden Flüsse vereinen sich im Park und gruben bis zu 800 m tiefe Schluchten, von denen der bei Wildwasserfahrern beliebte Cataract Canyon das eindrucksvollste Beispiel darstellt. In ihm liegen gut ein Dutzend Gesteinsschichten der letzten 300 Mio. Jahre frei zu Tage. Auch Bewegungen in der unterliegenden Salzschicht (s. S. 146) halfen bei der Modellierung der Landschaft, führten zu Grabeneinbrüchen und Rissen und schufen Angriffspunkte für die Erosionsarbeit von Wind und Wasser.

Blick vom Green River Overlook des Island-in-the-Sky-Hochplateaus auf die weite Canyon-Landschaft des Parks; rechts im Bild der Green River.

Colorado und Green River teilen den Park in 3 Gebiete: Island in the Sky, das sich als Tafelberg mit dreieckigem Grundriß im Norden zwischen den Flüssen erstreckt, und die von Felsnadeln und -domen beherrschten Needles- und Maze-Distrikte. Deren ungewöhnliche Verwitterungsformen wurden entlang von eng nebeneinander liegenden, kreuz und quer verlaufenden Bruchlinien im Cedar-Sandstein (abgelagert vor 250 Mio. Jahren) herauspräpariert.
Außer Indianern der Fremont- und Anasazi-Kultur (s. S. 152) störte niemand die Einsamkeit der Canyonlands, bevor es die Weißen im 19. Jh. als gelegentliches Weidegebiet für Schafe und Rinder beanspruchten. Major John Wesley Powell erkundete 1869 als erster Colorado wie Green River auf einer gefährlichen Flußexpedition. Den im »Wilden Westen« berühmten Banditen Butch Cassidy und Sundance Kid diente das unübersichtliche Land lange Zeit als Versteck. Heute gilt Canyonlands als Eldorado für Naturliebhaber und Geländefahrer. Der Nationalpark wurde erst 1964 gegründet.

Pflanzen und Tiere

Der limitierende Faktor allen Lebens in den Canyonlands ist Wasser, dessen Verfügbarkeit die Ausbildung und Verteilung der verschiedenen Lebensgemeinschaften bestimmt.
Felsgebiete werden von einem locker stehenden Wald meist kleiner, krumm wachsender Nußkiefern und Utah-Wacholder besiedelt. Beide Bäume schicken ihre Wurzeln tief in Spalten und Ritzen, in denen sich Feuchtigkeit lange hält. Sie wachsen sehr langsam und können mehrere hundert Jahre alt werden. Büsche wie »Cliffrose« (S. 122) oder die Sumach-Art »Squawbush« nutzen denselben kargen

Meist feuerrote Hochblätter umgeben die kaum sichtbaren Blüten der weitverbreiteten, artenreichen Gattung der »Indian Paintbrushes« *(Castilleja)*; sie parasitieren von Wurzeln anderer Pflanzen.

»Prince's Plumes« zählen zu den Kreuzblütlern. Sie sind sehr giftig, da sie aus dem Boden aufgenommenes Selen in ihrem Zellsaft konzentrieren. Indianer entfernten das Gift durch mehrmaliges Aufkochen und aßen die Pflanze.

Lebensraum. Die attraktiven Blumen »Prince's Plumes« bevorzugen ebenfalls trockene, felsige Plätze.
Auf Sand- und Kiesböden wachsen niedriges Gebüsch und Gräser. Die auffallendsten Arten sind »Blackbrush«, ein kniehohes, stachliges Rosengewächs, das stets graugrün und abgestorben erscheint, Wermutsträucher (S. 17) und der Schachtelhalmstrauch (S. 151), der außerhalb der Blütezeit durch seine grünen, blattlosen Stengel auffällt. Mormonen bereiteten aus dieser Pflanze ein teeähnliches Getränk. Gräser wie »Indian Ricegrass« sind wichtige Nahrungspflanzen für Säuger und Vögel. Sie wurden aber wegen früherer Überweidung durch Schafe zurückgedrängt und durch andere, z. T. importierte Arten ersetzt. Im Sommer blühen hier »Gilbert Yuccas«, Kugelmalven (S. 135) und »Common Rabbitbrushes« (S. 164).
In den Canyons sind die von dichtem Grün begleiteten Wasserläufe Zentren des Lebens. Die importierten Tamarisken, »Fremont Cottonwoods« und verschiedene Weiden finden hier ideale Wuchsbedingungen. »Indian Paintbrushes«, Nachtkerzen (S. 126) und »Sacred Daturas« (S. 151) beleben das Unterholz mit ihren Blüten im Sommer. Von Sickerwasser abhängige »Hängende Gärten« (s. S. 126) begrünen einige Felswände.
Um Tiere in heißen Trockengebieten zu beobachten, braucht man Zeit und Geduld, denn sie werden zumeist erst nachts munter. Von den Kleinsäugern der Canyonlands sind nur Weißschwanz-Antilopenziesel (S. 137), »Colorado Chipmunks« und die größeren Felsenziesel tagsüber unterwegs; Ord-Känguruhratten (S. 164) oder die Pinyonmaus werden dagegen erst in der Dämmerung aktiv. Häufiger gesehenene Großsäuger sind Großohrhirsche (S. 165) und Dickhornschafe (S. 94). Letztere halten sich gerne an Felsvorsprüngen auf. Das nächtliche Geheul der Kojoten hat in den einsamen Canyonlands einen besonderen Charakter.
Vögel lassen sich leichter beobachten. Nacktschnabelhäher und Buschhäher, Schlichtmeisen und andere Kleinvögel leben im Geäst der Nußkiefern und Utah-Wacholder; im felsigen Gelände und in Schluchten findet man häufig die leicht miteinander zu verwechselnden Felsen- und Schluchtenzaunkönige. Weißbrustsegler und Veilchenschwalben nisten an Steilhängen, wo man mit viel Glück auch Steinadler entdecken kann. Viele Arten konzentrieren sich entlang der Wasserläufe. In den »Fremont Cottonwoods« brüten z. B. neben Baltimoretrupialen auch Rotschwanzbussarde und Rundschwanzsperber; letztere verteidigen ihr Revier sehr agressiv.
Reptilien sind verbreitete Bewohner der Canyonlands. Meist können (besonders morgens!) die kleinen, schnellen »Western Whiptails«, eine Rennechsenart, sowie Seitenfleckenleguane beobachtet werden; seltener sind die schön gefärbten, über 30 cm langen Halsbandleguane zu sehen, und noch seltener trifft man auf die hochgiftige »Midget Faded Rattlesnake«, eine Unterart der Prärieklapperschlange.

Im Gebiet unterwegs

ACHTUNG: Der Canyonlands-Nationalpark gehört zu den am wenigsten erschlossenen Gebieten der USA. Besucherzentren existieren in Island in the Sky und im Needles-Distrikt; auf dem Weg zum Maze-Distrikt liegt eine Rangerstation bei Hans Flat. Wasser ist nicht überall verfügbar; deshalb unbedingt Tips auf S. 227 beachten!
Jedes der 3 Teilgebiete des Nationalparks hat seinen eigenen Charakter. Das <u>Island-in-the-Sky-Hochplateau</u> ist verkehrsmäßig am besten erschlossen und bietet fantastische Ausblicke. An der gut ausgebauten Parkstraße liegen Aussichtspunkte wie **The Neck** ①, **Green River Overlook** ② und vor allem **Grand View Point Overlook** ③, von

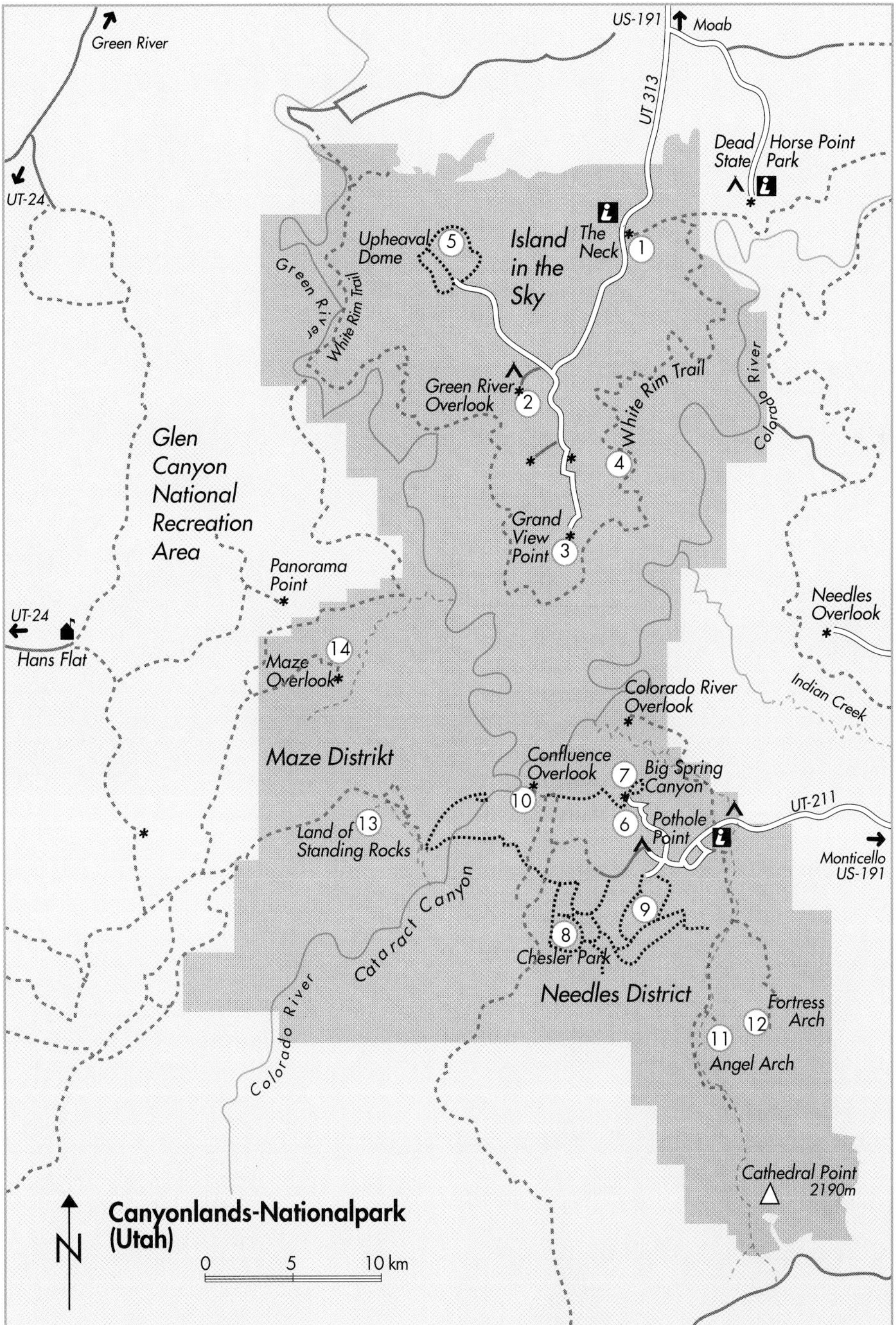
Green River
US-191
Moab
UT 313
Dead Horse Point State Park
UT-24
Upheaval Dome
5
Island in the Sky
The Neck
1
Green River
White Rim Trail
Green River Overlook
2
White Rim Trail
Colorado River
4
Glen Canyon National Recreation Area
Grand View Point
3
Panorama Point
Needles Overlook
UT-24
Hans Flat
14
Maze Overlook
Indian Creek
Colorado River Overlook
Maze Distrikt
Confluence Overlook
7
Big Spring Canyon
10
UT-211
13
Land of Standing Rocks
6
Pothole Point
Monticello US-191
Cataract Canyon
9
8
Chesler Park
Needles District
Colorado River
Fortress Arch
12
11
Angel Arch
Cathedral Point 2190m
Canyonlands-Nationalpark (Utah)
0
5
10 km

»Pharaonen«-Formation im Needles-Distrikt: Meeressedimente (hell) wechseln mit von Flüssen abgelagertem Sandstein (rot).

denen man das ganze Gebiet überschauen kann: Canyon reiht sich an Canyon bis hin zu den gewaltigen La Sal Bergen im Osten; Colorado und Green River glänzen wie Silberbänder aus der Tiefe, und gut erkennbar sind die Felsnadeln der südlich gelegenen Needles- und Maze-Distrikte. Besitzern eines Allradwagens steht der 160 km lange **White Rim Trail** ④ zur Verfügung, und auch einige wenige Kilometer lange Wege führen zur Abbruchkante (dort Ausschau nach Dickhornschafen halten!). Auf einem anderen, etwa 2 km langen Pfad gelangt man zum **Upheaval Dome** ⑤.

Der etwa 10 cm große Halsbandleguan kommt in mehreren Unterarten vor; allen gemeinsam ist ein deutlicher Halsring.

Blick auf eine Schleife des Colorado-Flusses im Dead Horse Point State Park.

Der Buschhäher lebt von gemischter Kost.

Das Heulen der Kojoten gehört zum »Wilden Westen« .

Beeren des Utah-Wacholders; seine Rinde nutzten die Indianer zur Herstellung von Matten und Dächern.

Der 460 m tiefe Krater wird einerseits für einen eingebrochenen Salzstock, andererseits für einen Meteoritenkrater gehalten.
Für den Needles-Distrikt gelten andere Bedingungen. Wer das Gebiet intensiv erleben will, sollte über ein Allradfahrzeug verfügen oder bereit sein, längere Wandertouren auf sich zu nehmen. Von der befestigten Straße aus sind nur wenige kurze Wege möglich, so z. B. zum **Pothole Point** ⑥ (1 km), wo (nach Regenfällen!) die erstaunliche Lebensvielfalt dieser wassergefüllten Felslöcher bewundert werden kann, oder der 4 km lange **Slickrock Rundweg** ⑦ über ein Plateau beim Big Spring Canyon.
Für einen Besuch der markanten Felszacken im Kern des Gebiets braucht man mehr Zeit. Unvergeßlich bleibt die anstrengende, 18 km lange Wanderung zum **Chesler Park** ⑧ durch das Gewirr der Felsnadeln, vorbei an Verwitterungsformen, die an ägyptische Pharaonen erinnern, durch den schmalen, von senkrechten Wänden begrenzten Joint Trail, durch Nußkiefer-/Utah-Wacholder-Bestände und eine parkähnliche Ebene. Ausgangspunkt dieser Wanderung ist der Parkplatz beim Elephant Hill. Auch der etwas einfachere, kürzere (12 km) **Big Springs Canyon Rundweg** ⑨ ist lohnend. Nackter Fels und Trockenvegetation wechseln hier mit dem Grün der feuchtigkeitsliebenden »Fremont Cottonwoods«, mit Weiden und binsenumrandeten, von Libellen umschwirrten Wasserlöchern. Der Weg beginnt am Squaw-Flat-Campingplatz.
Viele Möglichkeiten ergeben sich für Geländefahrzeuge, darunter eine Halbtagestour vom Elephant Hill (Ende der normalen Piste, schwierige Passage) zum Zusammenfluß von Colorado und Green River **(Confluence Overlook)** ⑩. In der Südostecke des Parks können mehrere Steinbögen angefahren werden, so am Salt Creek der bekannte **Angel Arch** Qq, im Horse Canyon z.B. **Castle und Fortress Arch** Qw.
Der westlich von Colorado und Green River gelegene Maze-Distrikt gilt als das wildeste Canyonland und wird treffend als ein »30 Quadratmeilen großes Sandstein-Puzzle« beschrieben. Ausschließlich mit Geländewagen in mehrtägigen Touren erreichbar (Karten und Wegebeschreibungen anfordern!), wird er nur von wenigen tausend Personen im Jahr besucht. Diesen bietet sich eine Sammlung außergewöhnlich geformter Felsgebilde im **Land of Standing Rocks** Qe, eine phantastische Sicht vom **Maze Overlook** Qr und das Erlebnis unberührter Natur.
TIP: Veranstalter in Moab, Monticello und Green River bieten Fahrten mit Geländewagen an und verleihen auch Fahrzeuge. Wildwasserfahrten durch den Cataract Canyon bis zum Lake Powell können hier ebenfalls gebucht werden.

Praktische Tips

Anreise
Island in the Sky: Auf der UT-313; Abzweigung von der US-191 nördlich Moab. **Needles-Distrikt:** Über die UT-211; Abzweigung von der US-191 nördlich Monticello. **Maze-Distrikt:** Von der UT-24 (Abzweigung nördlich Hanksville) über 130 km teilweise schwierige Allradstrecke.

Klima/Reisezeit
Heiß und trocken im Sommer mit Tagestemperaturen über 40°C; im Winter bis –20°C. Durchschnittlich weniger als 250 mm Jahresniederschlag, meist während heftiger Sommergewitter. Beste Reisezeit: Frühling (Blüte!) und Herbst.

Unterkunft
Im Park: 2 einfache Campingplätze in Island in the Sky (Willow Flat hat kein Wasser!) und im Needles-Distrikt (Squaw Flat); Zeltmöglichkeit auch im Hinterland. Camping (+ Benzin/Lebensmittel) im Sommer auch bei Needles Outpost an der Parkgrenze zum Needles-Distrikt und im Dead Horse Point State Park (s. unten). Sonstige Unterkünfte in Moab, Monticello und Green River.

Adressen
➪ Hauptqartier: Canyonlands National Park, 125 W0.200 South, Moab, UT 84532, Tel. (801) 259–7164.

Blick in die Umgebung

Dead Horse Point State Park: Ein Besuch dieses an der nordöstlichen Grenze von Canyonlands gelegenen Parks (Abzweigung von der UT-313) ist unerläßlich für einen grandiosen Ausblick auf eine Schleife des Colorado.
Im **Natural Bridges National Monument** (an der UT-95 etwa 65 km westlich von Blanding) liegen 3 massive natürliche Brücken, die größte mit einer Höhe von 67 m und einer Spanne von 82 m. Sie wurden durch Flußerosion aus dem weichen Cedar-Sandstein geformt und sind von Aussichtspunkten entlang der Parkstraße zu überblicken. Auf meist steilen Pfaden kann man auch zu ihnen absteigen. Außerdem können Ruinen der Anasazi-Indianer (s. S. 152) besucht werden, über deren Kultur auch das Besucherzentrum informiert.

»Pilzfelsen« im an ausgefallenen Verwitterungsformen reichen Needles-Distrikt.

Für die Indianer waren die Samen der Nußkiefern eine wichtige Nahrungsquelle (Indianernüsse).

18 Arches-Nationalpark

Größte Ansammlung natürlicher Steinbögen in der Welt; markante Felskuppeln, -türme und enge Schluchten; Nußkiefer/-Utah-Wacholder-Trockenvegetation mit interessanter Frühjahrsblüte; Nacktschnabelhäher, Schlichtmeisen und Pinyonmäuse; Buschschwanz-Ratten als Anzeiger von Klimaänderungen.

Zu den schönsten Landschaften des Bundesstaates Utah zählt das Gebiet des rund 300 km² großen Arches-Nationalparks. Auf begrenztem Raum liegen hier mehrere hundert natürlicher Steinbögen aller erdenklichen Formen und Stadien der Entwicklung. Daneben erwartet den Besucher ein Kaleidoskop von fantasieanregenden Felsgebilden: Säulen und Kuppeln, »Flossen« und versteinerte Dünen mit so bezeichnenden Namen wie The Gossips, Balanced Rock, The Organ, Windows oder Devil's Garden.

Die Entstehung dieser faszinierenden Steinskulpturen ist das Ergebnis langräumiger geologischer Vorgänge. Den Untergrund des Parks bildet eine bis zu 3000 m dicke Salzschicht, die nach der Austrocknung eines Urmeeres vor 300 Mio. Jahren in der Gegend des heutigen Colorado-Plateaus zurückblieb. Spätere Ablagerungen aus der Erosion umliegender Gebirge sowie Sedimentation durch wiederholt eingebrochene Meere häuften sich in Hunderten von Metern dicken Schichten auf dieses Salz und wurden im Lauf der Zeit zu Stein gepreßt. Durch den enormen Druck ausgelöste Verformungen der unterliegenden Salzschicht, Hebungen des Colorado-Plateaus vor etwa 16 Mio. Jahren und massive Abtragungen formten schließlich ein Puzzle aus zerborstenen, quergestellten Gesteinsschichten und eingebrochenen Tälern.

Die gleichen Kräfte legten auch den rotgelben 140–150 Mio. Jahre alten Entrada-Sandstein frei, in dem die meisten Bögen liegen. Sie bildeten sich vor allem an den Rändern des Salt Valley im nördlichen Parkteil innerhalb der letzten 2 Mio. Jahre. Beim Absinken des Tals bog sich die Sandsteinschicht, so daß tiefe, parallel laufende Risse an ihrer Oberfläche aufbrachen (s. ① auf der Grafik S. 148). Wasser, Eis, und Winderosion vergrößerten diese und hinterließen schließlich Reihen dünner lamellen- oder flossenförmiger Steingebilde ②. Weitere Schwächung des Gesteins vorwiegend durch chemische Verwitterung und Frostsprengung führten zur Abschuppung in Form von »Zwiebelhäuten«, bis an Schwachstellen Nischen und Löcher entstanden, die weiter vergrößert wurden ③. Schließlich blieben Bögen zurück ④, dar-

Die attraktiven, großblütigen »Blazing Stars« bevorzugen felsige Gebiete des trockenen Westens.

Der Delicate Arch ist der bekannteste und wohl auch schönste Steinbogen des Arches-Nationalparks. ▶

unter der bekannte Delicate Arch, der Landscape Arch oder der Double Arch. Menschen spielten in der Gegend des heutigen Nationalparks kaum eine Rolle. Unfruchtbares Land und Wassermangel verhinderten die Besiedlung, und auch John Wesley Wolfe, der sich hier als einziger 1888 niederließ, kehrte nach 20 Jahren in seine Heimat Ohio zurück. Indianer hinterließen zwar Wandmalereien, beschränkten ihre Besuche aber auf kürzere Jagdausflüge. Nach intensiven Bemühungen einiger Privatleute wurde das Gebiet 1929 zum National Monument erklärt. 1971 erhielt es schließlich den Nationalpark-Status.

Pflanzen und Tiere

Im Großen und Ganzen entspricht das Vegetationsbild demjenigen des nahegelegenen Canyonland-Nationalparks (s. S. 138). In Felsgebieten wachsen Nußkiefern (S. 145), Utah-Wacholder (S. 144) und »Cliffroses« (S. 122); auf sandigem Boden sind »Blackbrush«, Wermut- (S. 17) und Schachtelhalmsträucher die dominierenden Arten. »Fremont Cottonwoods«, verschiedene Weiden und Tamarisken säumen die wenigen, meist ausgetrockneten Wasserläufe. Große Flächen werden auch von Opuntien eingenommen, die sich auf Kosten der durch frühere Überweidung geschädigten Gräser stark ausbreiteten. An wenigen Stellen findet man im Schatten der Felsen bei ausreichend Wasser »Hängende Gärten« (s. S. 126) mit ihrer für Trockengebiete ungewöhnlichen Flora. Ein Vegetationstyp besonderer Art ist die **Mikrobiotische Kruste**. Damit bezeichnet man eine rauhe, graugrüne, oft weite Bereiche trockener Böden bedeckende Schicht aus Blaugrünen Algen, Flechten und Moosen. Sie hält die Sandkörner zusammen, verlangsamt die Verdunstung, saugt Regenwasser auf und gibt es dann mit Nährstoffen versetzt langsam an den Boden ab. Eine Zerstörung dieser Schutzschicht durch Zertreten oder Befahren setzt den Boden der ungehemmten Erosion durch Wind und Wasser aus – ein wichtiger Grund, die angelegten Wege und Pisten nicht zu verlassen!
Ab Mai/Juni zeigt Arches seine Blütenpracht – vorausgesetzt es regnet ausreichend. Die weißen Blütenstände der »Gilbert Yuccas« gehören dann ebenso zum Landschaftsbild wie das Rot der »Indian Paintbrushes« (S. 139) oder die gelben Tupfer der »Rough Mule Ears« aus der Familie der Korbblütler. Eine auffallende, im gesamten Südwesten vorkommende Pflanze ist die giftige »Sacred Datura«, eine Stechapfelart. Ihre weißen, trompetenförmigen Blüten öffnen sich in der Nacht und

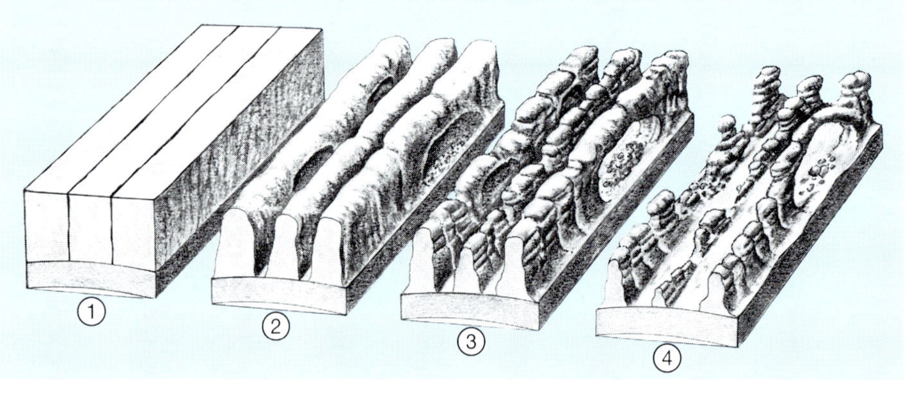

Charakteristisches Flugbild eines Truthahngeiers mit rotem Kopf, gelben Füßen und grauen Schwungfedern.

Dünne »Felslamellen« sind die zweite Stufe auf dem Weg zu einem Steinbogen (vgl. Text und Grafik links).

werden von Schmetterlingen befruchtet. Gleichermaßen attraktiv sind der »Blazing Star« oder die »Sego-Lily« (Mormonentulpe), die Staatsblume Utahs.
Von den 40 Säugetierarten des Parks sind an heißen Tagen allenfalls Audubonkaninchen, die agilen Weißschwanz-Antilopenziesel (S. 137) oder »Colorado Chipmunks« aktiv. Die meisten anderen Säuger »erwachen« erst in der Dämmerung oder nachts; darunter Kojoten (S. 143), Graufüchse (S. 18), Ord-Känguruhratten (S. 164) und die kleine Pinyonmaus. Dieses graugefärbte Tier lebt in hohlen Stämmen der Nußkiefern und Utah-Wacholder und ernährt sich hauptsächlich von deren Samen. Eine andere Neuweltmaus bzw. -ratte, die großohrige Buschschwanz-Ratte (im Englischen auch »Pack Rat« genannt, da sie gerne alle möglichen, vor allem aber glänzende Objekte sammelt) erlangte Bekanntheit, als man 1989 in einigen ihrer Kotballen u. a. Nadeln der feuchtigkeitsliebenden Douglasien fand, die heute nicht mehr im Park vorkommen. Mittels Radiokarbonmessungen wurden diese auf ein Alter von über 16000 Jahren datiert, womit feststeht, daß der Wechsel zur Trockenheit erst während der letzten Jahrtausende erfolgte.
Die meisten der fast 200 bekannten Vogelarten des Parks halten sich im Trockenwald auf; so die blaugefärbten Nacktschnabelhäher, Buschhäher (S. 143), die

Die riesigen Ohren des Kalifornischen Eselhasen dienen der Wärmeregulation.

Der Balanced Rock, im Hintergrund die La-Sal-Berge; die winzige Figur in der vorderen Bildmitte läßt seine Größe erahnen.

Carolinatauben bewohnen wärmere Gebiete der USA.

unauffällig grauen, mit einem Häubchen versehenen Schlichtmeisen und verschiedene Sperlingsartige wie z. B. die Schwarzkehlammer. Kolkraben (S. 98) und Carolinatauben findet man oft auch an Parkplätzen und im Sommer sind Truthahngeier häufige Besucher. Das Artenspektrum der Reptilien ähnelt dem des Canyonlands-Nationalparks.

Im Gebiet unterwegs

Nach Passieren des Besucherzentrums gelangt man über einen steilen Anstieg in eine weite rote Landschaft, durchsetzt von grünen Tupfern der schütteren Vegetation. Über den La-Sal-Bergen im Hintergrund (Aussichtspunkt!) türmen sich im Sommer oft hohe, blauschwarze Gewitterwolken. Von der 35 km langen Parkstraße **(Arches Scenic Drive)** aus sind die Steinmonumente über meist kurze, einfache Pfade zu erreichen.

Die großen Blüten der »Sego Lily« erscheinen ab Mai.

Wuchsform und Detailansicht der Zweige eines Schachtelhalmstrauchs; im Hintergrund Utah-Wacholder.

Schön, aber giftig: Die »Sacred Datura«.

Der Double Arch im Größenvergleich zum Menschen.

Anasazi-Indianer – die großen Unbekannten

Die Anasazi gelten als geheimnisumwittertes Indianervolk, auf deren Spuren der Besucher des amerikanischen Südwestens immer wieder trifft. Von den Navajos werden sie »die Alten, die Prähistorischen« genannt, da ihre Dörfer zur Zeit der Navajo-Einwanderung bereits seit langem verlassen waren. Auch nach jahrzehntelangen Ausgrabungen und Studien ist das Wissen über die Anasazi lückenhaft und weder ihre Herkunft noch ihr Verbleib sind genau bekannt.
Die Anasazi besiedelten den Südwesten Nordamerikas vor 2000 Jahren. Ihre Kultur stand auf Steinzeitniveau; bis zum Erreichen des Stadiums der klassischen Felsnischenwohnungen durchliefen sie mehrere Entwicklungsstufen mit ständiger Verfeinerung der handwerklichen Fertigkeiten (Flechten und Töpferei), des Maisanbaus sowie des Wechsels von Höhlenwohnungen zu einfachen Behausungen. Dorfbildungen (Pueblos) traten bereits um 750 n.Chr. auf, aber erst ab 1100 n.Chr. spricht man von der Klassischen Puebloperiode, die von ausgeprägtem Sozialleben, Handelsbeziehungen, hauptsächlich aber von der Bauweise gekennzeichnet ist. Siedlungen, oft mehrstöckig in Nischen der Canyonwände angelegt, ersetzten jetzt die ehemaligen Einzelhäuser. Als Baumaterial verwendeten die Indianer rechteckig zugeschliffene Sandsteinblöcke, als Bindematerial Lehm.
Im späten 13. Jh. verließen die Anasazi ihre Felswohnungen und die Gegend. Viel wurde über die Gründe dafür spekuliert; als wahrscheinlichste werden Klimaänderungen, verbunden mit langen Trockenzeiten angenommen. Vermutlich zogen sie nach Süd-Arizona und New Mexico und wurden zu Vorfahren der heute dort lebenden Hopi bzw. Pueblo-Indianer.
Die Ruinen der Felswohnungen sind als amerikanisches Kulturgut streng geschützt und können an verschiedenen Stellen besichtigt werden. Einige der schönsten befinden sich in den Canyons des 2000 m hohen Tafelberges **Mesa Verde** im Südwesten Colorados (auf dem Foto unten Cliff Palace). Sie wurden erst 1874 von Weißen entdeckt, nach Jahren der Ausplünderung und Zerstörung dann zum Nationalpark erklärt.

Umrahmt von steilen Felswänden verläuft die **Park Avenue** ①, ein 1,5 km langer Wanderweg, durch einen Talkessel zum Gebiet der **Courthouse Towers** ②. Hier steht eine Ansammlung markanter Felsgebilde wie Three Gossips (die »Drei Schwatztanten«), The Organ oder der Tower of Babel. 15 km entfernt befindet sich der **Balanced Rock** ③, ein riesiger, durch Verwitterung geformter Felsblock, der einem dünnen Sockel aufliegt. Auf einer Seitenstraße gelangt man von hier aus zu den interessanten Steinbögen der **Windows Section** ④; z. B. zu North und South Window, Double Arch und den Ribbon Arch, der an seiner dünnsten Stelle nur 30 cm dick ist.
Unbedingt anzuraten ist die Fahrt über eine gute Piste zur **Wolfe Ranch** ⑤ und von dort die Wanderung über einen bisweilen steilen Fußweg (3,5 km einfach) zum **Delicate Arch** ⑥. Bei Sonnenuntergang bietet dieser fotogene Steinbogen ein wunderschönes Bild vor der Kulisse der La-Sal-Berge.
Die verwirrende Steinlandschaft **Fiery Furnace** ⑦ sollte nur mit Begleitung eines Ortskundigen begangen werden (Gefahr des Verirrens!). Hierzu bieten Parkranger kostenlose und informative 2-stündige Führungen an.
Sehr lohnend ist auch **Devil's Garden** ⑧. Hier steht der Landscape Arch, der mit über 90 m Länge zu den längsten Steinbögen der Welt gehört. Weitere Bögen, eine eindrucksvolle Felslandschaft und typische Vegetation lassen den insgesamt 8 km langen Rundweg zu einem besonderen Erlebnis werden.
Etwas abgelegen von der Hauptstraße und nur über eine 14 km lange Piste zu erreichen liegt **Klondike Bluffs** ⑨, eine weitere Ansammlung von Bögen und Steinmonolithen, zu denen reizvolle Wanderungen auf einsamen Pfaden möglich sind, so z. B. zum beeindruckenden Tower Arch (3 km).
TIP: Für Liebhaber von Geländefahrten besteht die Möglichkeit, sich in Moab ein Allradfahrzeug auszuleihen oder an einer organisierten Tour teilzunehmen.

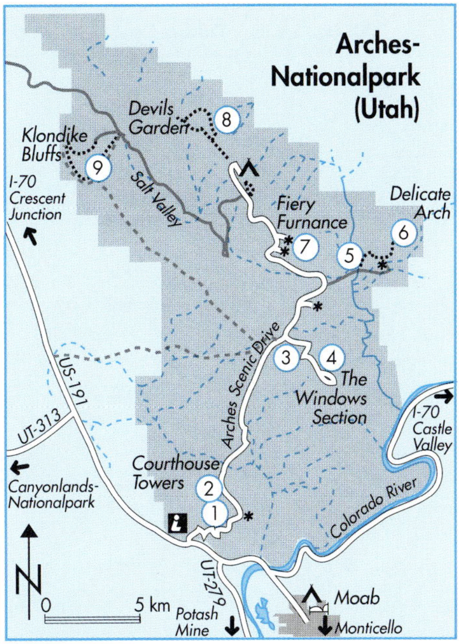

Praktische Tips

Anreise
Der Ort Moab liegt 8 km südlich des Parks an der US-191. Er ist zu erreichen von Süden über Monticello, von Norden über die Abzweigung von der I-70 bei Crescent Junction. Nächstgelegene größere Stadt mit Autoverleih, Flug- und Busverbindungen ist Grand Junction/Colorado, 180 km nordöstlich. Autoverleihfirmen gibt es auch in Moab.

Klima/Reisezeit
Siehe Canyonlands-Nationalpark, S. 138.

Unterkunft
Ein Campingplatz (Devil's Garden) am Nordende der Parkstraße; mehrere Campingplätze und Motels in Moab.

Adressen
➪ Hauptquartier/Besucherzentrum: Arches National Park, P.O. Box 907, Moab, UT 84532, Tel. (801) 259–8161.

19 Rocky-Mountain-Nationalpark

»Dach des Kontinents« mit schneebedeckten Gipfeln, Gletschern, Wasserfällen und Hunderten von malerischen Seen; Pikas, Gelbbäuchige Murmeltiere und Dickhornschafe; fast 300 Vogelarten; Blumenwiesen, Rothirsche, Silberdachse und Kanadische Biber.

Der 1915 gegründete Nationalpark liegt in der Front Range, jenem Teil der Rocky Mountains, der im Bundesstaat Colorado steil nach Osten zu den großen Ebenen (s. S. 12) abfällt. Das über 1000 km^2 große Schutzgebiet umfaßt ein Dutzend Viertausender (höchster Gipfel ist der Longs Peak mit 4345 m), 5 noch aktive Gletscher und viele schön gelegene Seen. Da das rauhe Land erst ab 1860 von wenigen Pionieren besiedelt wurde, blieb seine Ursprünglichkeit weitgehend erhalten. Sie lockt heute pro Jahr mehr als 3 Mio. Besucher.
Die Rocky Mountains sind das längste Gebirge Nordamerikas. Über 4000 km ziehen sie sich von Alaska über Kanada bis in den Bundesstaat New Mexico. Sie bilden einen Teil des gebirgigen Westens, zu dem in den USA auch die Intermontane Zone und das Pazifische Gebirgssystem (s. S. 12) gehören. Auf der Gipfellinie der Rocky Mountains verläuft die kontinentale Wasserscheide, so daß einige der im Gebirge entspringenden Flüsse entweder nach Osten (Missouri, Platte) oder nach Westen (Columbia, Colorado) abfließen.
Die Entstehung der »Rockies« zog sich über eine lange Zeitspanne und ist das Ergebnis gigantischer Erdbewegungen, die durch die Wanderung der Kontinente (s. S. 11) verursacht wurden. Dabei wechselten mehrmalige Auffaltungen mit Abtragung, Sedimentation durch Meere und Vulkanausbrüchen. Erste Hebungen vor 1,6 Milliarden Jahren sowie weitere vor 300 Mio. Jahren brachten die z. T. uralten Gesteine an die Oberfläche, aus denen das Gebirge zur Hauptsache besteht: Gneis und kristalline Schiefer, die aus ehemaligen Meeresablagerungen unter Hitze und Druck entstanden, sowie Granit, der sich aus aufsteigender Magma bildete.
Die heutigen Berge begannen sich vor 60 – 70 Mio. Jahren zu heben. Im Verlauf dieser sog. Laramischen Faltung kam es auch im Gebiet des Nationalparks zu Brüchen und Verwerfungen, an denen gelegentlich Vulkanismus einsetzte. Die Freilegung des harten Grundgesteins durch Abtragung der weicheren Deckschichten sowie die Schleifarbeit mächtiger Gletscherströme in den Eiszeiten formten schließlich das heutige imposante, von tiefen Schluchten durchzogene Hochgebirge.

◀ Kokardenblumen gehören zu den auffälligeren Blüten der Bergwiesen.

Malerische, von einem Flüßchen durchströmte Berglandschaft im Gebiet des Bear Lake. ▶

Diesem jungen Meisenhäher fehlt noch der typische schwarze Nacken.

Pflanzen und Tiere

Gewöhnlich wird der Park in 3 Vegetationsstufen aufgeteilt:
Unterhalb von 2700 m liegt die **montane Stufe**. An sonnigen Südhängen wächst hier von Wiesen aufgelockerter Wald aus Gelbkiefern (S. 120) und Rocky-Mountains-Wacholder, an kühleren feuchten Nordhängen herrschen dagegen Douglasien (S. 71) vor. Entlang der Flüsse findet man die prächtigen Blaufichten. Auch Drehkiefern (S. 90), Gruppen von Amerikanischen Zitterpappeln (S. 15) und andere Laubbäume kommen vor. Die Wiesen bestechen mit ihrer Blumenvielfalt.
In der **subalpinen Stufe** (2700–3400 m) stehen die für diese Höhe typischen Wälder aus Engelmannsfichten (S. 71) und Felsengebirgstannen (S. 64), die nahe der Baumgrenze nur noch kniehoch und vom Wind einseitig ausgerichtet wachsen. Im niedrigen Gebüsch findet man hier neben »Glacier Lilies« (S. 77) Götterblumen (S. 84) und anderen Blumenarten auch die blaue Colorado-Akelei, die Staatsblume Colorados.
Über der Baumgrenze (ab 3400 m) dehnt sich die **alpine Stufe** oder Tundra. Frost, Sturm und Schnee beschränken hier den Bewuchs auf niedrige Bodenpflanzen, die mittels spezieller Anpassungen (kompakte Wuchsform, Haar- und Wachsüberzüge) der Kälte und Austrocknung widerstehen. Über 100 Blütenpflanzenarten nutzen die nur 8- bis 10-wöchige Vegetationsperiode: z. B. »Alpine Avens«, eine Nelkenwurzart, »Alpine Sunflowers«, die oft weite Felder bedecken, oder der im Spätsommer blühende Arktische Enzian.
Die Talwiesen und offenen Wälder der **montanen Stufe** sind Zentren des Tierlebens. Großohrhirsche (S. 165), Rothirsche (S. 36) und Kanadische Biber (S. 203) halten sich dort auf; Langschwanzwiesel, Rotfüchse und Silberdachse (S. 91) stellen ihrer Beute nach. Bei Vögeln sind Zitterpappelhaine sehr beliebt. Die unscheinbaren Sängervireos nisten im Geäst, Berghüttensänger (S. 96) nutzen die Löcher, die von Goldspechten in das weiche Holz gehämmert wurden. Vom Blumennektar profitieren Dreifarbenkolibris (S. 121) und an Wasserläufen kann man Grauwasseramseln (S. 79) beobachten. Dort lebt auch der riesige, bis 40 cm lange »Tiger Salamander« und die einzige Schlange des Parks, die ungiftige »Western Terrestrial Garter Snake«.
Die **subalpine Stufe** ist das Reich einiger selten zu sehenden Tiere wie der Schwarzbären (s. S. 53; von denen nur 30–40 im Park vorkommen), der zurückgezogen lebenden Pumas (S. 18) und der nachtaktiven Nordamerikanischen Baumstachler (S. 44). Schneeschuhhasen finden hier ihr südlichstes Verbreitungsgebiet; sie besitzen die Fähigkeit, ihr Fell der Landschaftsfarbe anzupassen: im Sommer braun, im Winter weiß. Dasselbe können auch Weißschwanz-Schneehühner (S. 51).
Auch die **alpine Stufe** hält interessante Tiere bereit, z. B. etwa 400 Dickhornschafe (S. 94), das »Symbol der Rockies«, und Gelbbäuchige Murmeltiere, die durch langsame Bewegungen und viel Ruhen den Fettansatz für ihren langen Winterschlaf fördern. Dagegen sind die agilen, meerschweinchengroßen Pikas, die keinen Winterschlaf halten, stets mit dem Sammeln und Trocknen von Pflanzen beschäftigt. Über 20 kg »Heu« verstaut ein Pika als Wintervorrat in seinen unterirdischen Verstecken.

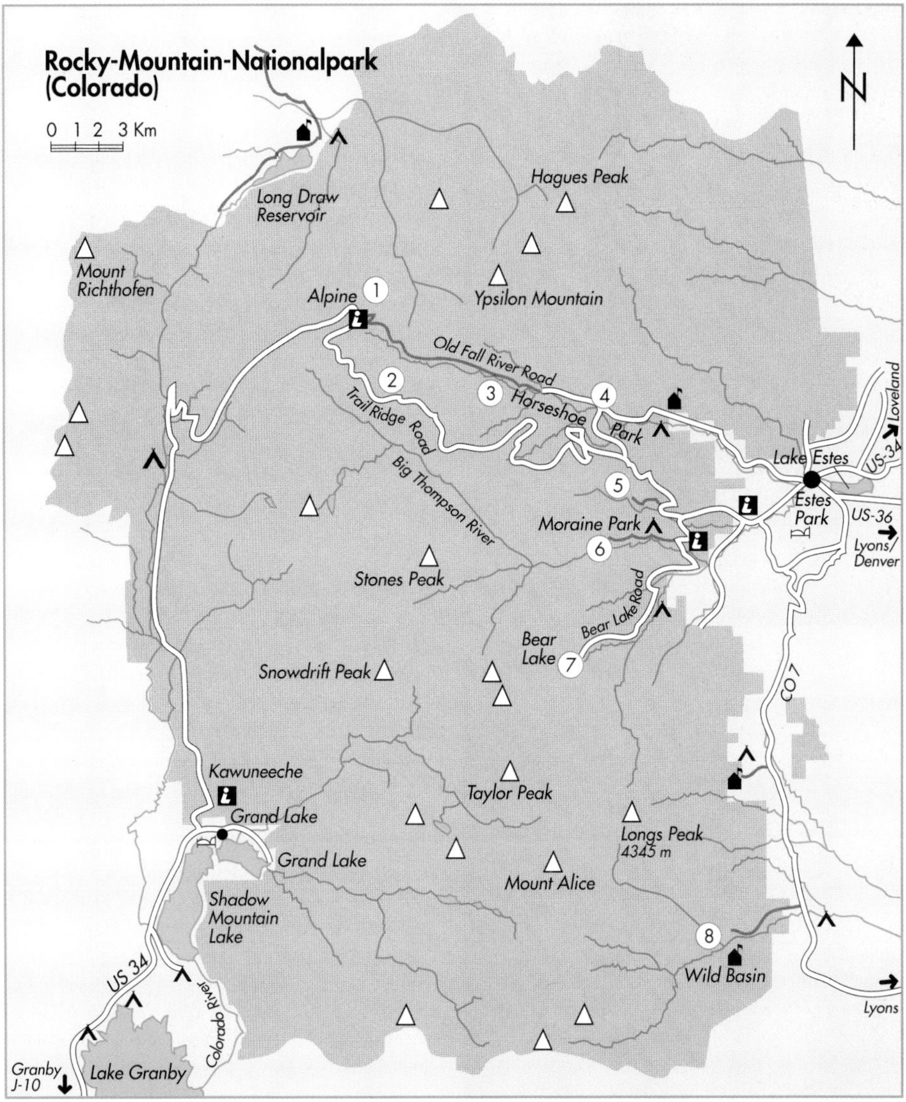

Im Gebiet unterwegs

Der Park bietet 3 Besucherzentren, einige attraktive Bergstraßen bzw. -pisten, über 500 km Wanderwege, Reitpfade und Möglichkeiten für Bergsteiger und Wintersportler. Die Hauptverkehrsachse ist die **Trail Ridge Road**, die sich 80 km von Ost nach West durch das Gebirge windet und je nach Schneefall von Anfang Juni bis Mitte Oktober offen ist. An ihrem höchsten Punkt nahe dem Alpine-Besucherzentrum erreicht sie auf dem **Fall River Pass** ① 3713 m. Entlang dieser Straße wurden einige kurze Wege und Haltepunkte eingerichtet, die stets von bettelnden Hörnchen (s. S. 137), Kiefernhähern (S. 74) und

Goldspechte kommen in verschiedenen Farbvariationen vor; sie besiedeln alle Lebensräume der USA.

manchmal auch von Gelbbäuchigen Murmeltieren belagert sind. Ein Beispiel ist der als Lehrpfad angelegte, stark begangene **Tundra Trail** ②.
Zu empfehlen ist auch die Fahrt auf der **Old Fall River Road** ③, einer kurvenreichen Piste, die als Einbahnstraße beim Endovalley-Picknickplatz im Horseshoe Park beginnt, Wälder und Tundra durchquert und beim Alpine-Besucherzentrum endet. Aber VORSICHT: Für größere Campingfahrzeuge ist diese Strecke schlecht geeignet (vorher erkundigen)! Zu dieser wie zur Trail Ridge Road gibt es ein Informationsheft des Nationalparks.
Am schönsten aber erlebt man die Bergwelt zu Fuß. Sowohl Spaziergänger als auch Freunde ausgedehnter Bergtouren kommen auf ihre Kosten. Einige Tips: Ausgedehnte Wiesen wie **Horseshoe Park** ④, **Beaver Meadows** ⑤ und **Moraine Park** ⑥ sind gute Stellen zur Beobachtung von Rothirschen (besonders im Frühjahr und Herbst) und Kanadischen Bibern, die hier ihre Dämme bauen. Im Horseshoe Park suchen außerdem Dickhornschafe die Sheep Lakes auf, um den mineralienreichen Boden zu lecken. Zum Rundweg über den **Fern Lake Trail** ⑦ startet man am Cub Lake Trailhead westlich des Moraine-Park-Campingplatzes, wandert den Bach entlang bis The Pool, dann über den Cub Lake zurück zum Ausgangspunkt (8 km). Gelbkiefer-Wälder und die Blumenwiesen im feuchten Tal sind reizvoll und bieten Gelegenheiten für Tierbeobachtungen.
Über die Bear Lake Road gelangt man tiefer in die seenreiche Gebirgslandschaft. Im Gebiet um den **Bear Lake** ⑧ herrscht in der Hochsaison reger Verkehr, deshalb früh aufbrechen oder – besser – den kostenlos verkehrenden Nationalparkbus (vom Gla-

Gelbbäuchige Murmeltiere umlagern gelegentlich die höher gelegenen Parkplätze des Parks.

Blick von der Trail Ridge Road über die mit Gelbkiefern bestandenen Südhänge der montanen Stufe.

Der idyllische Bear Lake ist einer der am meisten besuchten Seen des Nationalparks.

Ein kleiner, rundohriger Pika stößt einen seiner durchdringenden, jedem Bergwanderer vertrauten Warnpfiffe aus.

cier-Basin-Campingplatz) nehmen. Der Bear Lake selbst ist schnell umrundet; auf einem Lehrpfad (1 km) erfährt man Wichtiges zu Vergletscherung, Flora und Fauna. Schön sind auch die Strecke zum **Emerald Lake** über Nymph Lake und Dream Lake (3 km einfach) oder eine Wanderung zum **Andrews Glacier**. Der Gletscher ist über die Alberta Falls und The Loch zu erreichen (8 km einfach, z. T. steil).

Das ausgedehnte Wegenetz bietet aber auch Möglichkeiten, auf weniger überlaufene (längere!) Strecken auszuweichen, z. B. im abgelegenen **Wild Basin** ⑨ im Südosten des Parks. Hier kann man nach Lust und Laune durch ursprüngliche Landschaft wandern; z. B. zu den **Ouzel Falls,** benannt nach der Grauwasseramsel (»Ouzel«; 4 km einfach, mittelschwerer Weg) und weiter zum **Bluebird Lake** oder **Thunder Lake** (jeweils etwa 10 km einfach, steiler anstrengender Weg).

Über die einzelnen Wanderstrecken informieren Publikationen oder Ranger des Nationalparks. Bei Wanderungen in der alpinen Zone bitte beachten: Die Vegetation ist sehr empfindlich; Verletzungen der Grasnarbe brauchen mitunter Hunderte von Jahren zur Erholung! Deshalb unbedingt auf den Wegen bleiben!

Praktische Tips

Anreise

Von der I-10 im Süden nach Grand Lake (Westeingang) über die US-40 und US-34; von Denver auf der US-36 nach Estes Park (Osteingang); über die CO-7 zum Wildbasin-Gebiet. Von Denver Busse nach Estes Park, von dort tägliche Bustouren in den Park (Estes Park Bus Company, Estes Park, CO 80517, Tel. (303) 586–8108).

Klima/Reisezeit

In unteren Lagen oft warme Sommertage (bis 25 °C), in der Tundra dagegen auch sommers kühler und kalte Nächte; Frost und Schneefall ist hier das ganze Jahr über möglich; allgemein äußerst kalte, schneereiche und mitunter stürmische Winter. Beste Reisezeit: Juni bis Oktober, aber stark überfüllt zwischen Mitte Juli und Mitte August.

Unterkunft

5 Campinglätze im Nationalpark, wobei für den Moraine Park und den Glacier-Basin-Campingplatz von Ende Juni bis Mitte August Reservierung über »MISTIX« (s. S. 227) erforderlich ist. Weitere Unterkünfte in Estes Park und Grand Lake.

Adressen

- Parkhauptquartier mit Besucherzentrum (Osteingang, ganzjährig): Rocky Mountains National Park, Estes Park, CO 80517, Tel. (303) 586–8506.

Blick in die Umgebung

Über 1000 Arten fossiler Insekten, Kleinsäugetiere und Pflanzen sind im **Florissant Fossil Beds National Monument** westlich von Colorado Springs zu sehen. Sie stammen von den Ufern des ehemaligen Lake Florissant, der vor etwa 30 Mio. Jahren während eines Vulkanausbruchs unter Asche begraben wurde.

20 Carlsbad-Caverns-Nationalpark

Größte Tropfsteinhöhlen der USA; eine der individuenreichsten Kolonien von Guano-Fledermäusen des Südwestens; sukkulentenreiche Pflanzengesellschaften der Chihuahua-Wüste; Großohrhirsche, Felsenziesel und Nordamerikanische Waschbären; Papstfinken und Höhlenschwalben.

Dieser nur 190 km^2 große Nationalpark im Südosten des Bundesstaates New Mexico ist vor allem für zwei große Attraktionen berühmt: Eine riesige Kolonie von Guano-Fledermäusen – und das ausgedehnte Tropfsteinhöhlensystem der Carlsbad Caverns. Diese liegen zusammen mit über 70 weiteren Höhlen in den östlichen Ausläufern der Guadalupe Mountains, eines 250 Mio. Jahre alten, heute exponierten Riffs. Unter der kargen, trockenen Landschaft eröffnet sich hier eine andere Welt: Durch feine Risse im anstehenden Kalkstein sickerte Regenwasser, vermischte sich mit dem hier schwefelsauren Tiefenwasser und formte Hohlräume, die sich nach verschiedenen Absenkungen des Grundwasserspiegels in den letzten Millionen Jahren mit Luft füllten. Eine dieser Höhlen, der Big Room der Carlsbad Caverns, ist 540 m lang, 330 m breit und

Eine große Vielfalt von Tropfsteinformationen schmückt die riesigen Räume der Carlsbad Caverns im Südosten New Mexicos.

Der Louisianawürger bewohnt offenes Gelände; er ernährt sich hauptsächlich von großen Insekten.

knapp 77 m hoch; er zählt zu den größten unterirdischen Räumen der Welt. Der tiefste Punkt des heute bekannten Teils der Carlsbad Caverns liegt 316 m unterhalb des natürlichen Höhleneingangs.
Nach der Entwässerung begann die Ausschmückung der Höhlen durch Billionen kleiner Wassertropfen, die hier ihre Kalziumkarbonat-Fracht in feinsten Kristallen als Kalzit (Kalkspat) bzw. Aragonit ablagerten. Über Jahrtausende bildeten sich so allmählich die heute viel bewunderten Tropfsteinformationen, zu deren bekanntesten die bis zu 18 m hohen Stalagmiten der Hall of Giants ebenso zählen wie die »Vorhänge« im Queen's Chamber oder die »Löwenschwänze« des Big Rooms.
Bildzeichen an den Wänden des natürlichen Eingangs belegen das frühe Wissen der Indianer um die Carlsbad Caverns. Durch den Weißen entdeckt wurden sie allerdings erst um 1883 nach dem Ende der Auseinandersetzungen mit den Mescalero-Apachen der Guadalupe Mountains. Wegführer waren die Guano-Fledermäuse, deren meterhoch angehäufter Kot ab 1903 als wertvolles Düngemittel (Guano) abgebaut wurde. In etwa 20 Jahren holte man über 100000 t Guano aus dieser Fledermaushöhle! Mit der zunehmenden Erforschung wurde dann aber die Bedeutung der Höhlen erkannt, der Guano-Abbau eingestellt, und das Gebiet um die Carlsbad Caverns zunächst zum National Monument (1923) und schließlich 1930 zum Nationalpark erklärt.

Die bis handtellergroßen Taranteln jagen Insekten, Eidechsen und andere Kleintiere; ihr Gift ist auch für den Menschen unangenehm.

Pflanzen und Tiere

Die charakterischen Pflanzen der Chihuahua-Wüste besiedeln den oberirdischen Teil des Nationalparks (s. auch S. 169). »Lechuguilla«-Agaven, »Torrey« und die kleineren »Soaptree Yuccas« (S. 222), die Staatsblumen New Mexicos, sind häufig. Der Ocotillo (S. 168) schmückt die Spitzen seiner dürren, peitschenartigen Triebe im Frühjahr mit flammendroten Blütenbüscheln; er begrünt sich nur nach Regenfällen. Unter den verschiedenen Vertretern der Kakteen fallen die buschigen »Cane Chollas« ins Auge. Die gelben Früchte dieser Feigenkakteen stellen eine wichtige Nahrungsquelle für die im Park zahlreichen Großohrhirsche dar.
Im Schutz der Canyons, um die Wasserstellen und in den höheren Lagen findet

man auch größere Strauch- und Baumarten, darunter »Desert Willows« mit ihren lavendelfarbenen, orchideenähnlichen Blüten, Texas-Walnußbäume und die immergrünen »One-seed Junipers«.

Die Stars unter den Tieren des Parks sind die Guano-Fledermäuse. Diese im gesamten Südwesten der USA weit verbreiteten Säuger bevölkern eine für Besucher gesperrte Nebenhöhle der Carlsbad Caverns, die Bat Cave. Allabendlich versammeln sich Neugierige im Amphitheater vor dem natürlichen Höhleneingang, um die Tiere bei ihrem Massenauszug zur nächtlichen Jagd zu beobachten. Wie eine Rauchwolke schrauben sich dann Zehntausende von Fledermäusen in den Abendhimmel, ein Schauspiel, das sich weit über eine Stunde hinziehen kann. Nicht weniger spektakulär, ist ihre Rückkehr am Morgen, wenn sie aus großen Höhen und mit rasanten Geschwindigkeiten (bis über 40 km/h) auf den Höhleneingang zuschießen.

Guano-Fledermäuse nutzen die Bat Cave als Sommerquartier und Wochenstube von Ende April bis Oktober; die Wintermonate verbringen sie im wärmeren Mexiko. Die nur etwa 14 Gramm schweren Tiere sind ausgezeichnete Flieger und Insektenjäger. Auf ehemals 8–9 Mio. Tiere geschätzt, sank ihre Zahl in den letzten Jahrzehnten schnell und erreichte in den 80er Jahren den Tiefpunkt mit ganzen 30 0000 Individuen. Gründe hierfür waren das DDT und andere Gifte, die gegen Insekten – die Hauptnahrung der Fledermäuse – angewendet wurden. Nach dem Verbot dieser Gifte hat sich der Bestand aber erholt und heute »wohnen« wieder etwa 1 Mio. Tiere in den Caverns. Diese Zahl wird allerdings nur im Spätsommer und Herbst erreicht, wenn die Jungtiere mit dabei sind.

Von den übrigen etwa 60 Säugetierarten des Parks werden Felsenziesel regelmäßig beobachtet, und nachts kreuzen gelegentlich Nordamerikanische Baumstachler (S. 44) die Straße von White's City zum Besucherzentrum. Weißfußmäuse und Nord-

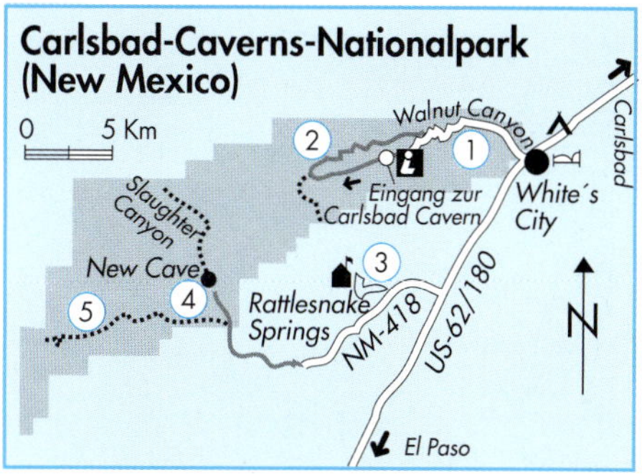

amerikanische Waschbären (S. 68) sind auf den Spuren des Menschen sogar bis in den unterirdischen Lunchraum der Carlsbad Caverns vorgedrungen. Heimlichere Bewohner des Parks sind Taschenmäuse und Känguruhratten. Sie zählen zu den am besten angepaßten Säugern der nordamerikanischen Trockengebiete: Durch Wassergewinnung aus der Nahrung (trockene Pflanzensamen), Kondensation der Atemfeuchtigkeit in den Nasengängen, Konzentration des Urins zu einer wasserarmen Paste und den Abbau der Schweißdrüsen haben sie sich vom Wasser unabhängig gemacht.

Zu den häufigeren Vogelarten des Gebiets zählen die mit einem kleinen Häubchen versehenen Schmalschnabelkardinäle, Louisianawürger sowie die schwarz-gelben Scott-Trupiale. Auffällig sind auch die im Sommer über den Bergen kreisenden Truthahngeier (S. 149) und die kleinen Höhlenschwalben, die ihre Schlammnester in der Dämmerungszone des Höhleneingangs an die Decke der Carlsbad Caverns kleben. Eine gesuchte ornithologische Rarität dagegen ist das bunte Männchen des Papstfinken.

Schlangen sind im Carlsbad-Caverns-Nationalpark u. a. mit der bis zu 1,80 m langen »Western Diamondback Rattlesnake« (s. S. 183) vertreten. Sie wird jedoch ebenso selten gesehen wie die anderen gefürchteten Gifttiere der Wüsten: die Skorpione, Tausendfüßer und Taranteln.

Ord-Känguruhratten hüpfen wie Känguruhs (Name!).

Der »Common Rabbitbrush« (Familie Korbblütler) ist über weite Gebiete des Westens verbreitet.

Blick in einen typischen Canyon des trockenen Westens.

Im Gebiet unterwegs

Ein Besuch der Carlsbad Caverns beginnt immer mit einer 11 km langen Fahrt durch den **Walnut Canyon** ① von White's City hinauf zum Besucherzentrum. Entlang dieser Strecke bieten sich bereits verschiedene Stops und Abstecher an, auf die Schilder am Straßenrand verweisen. Nahe dem Besucherzentrum zweigt der **Walnut Can-**

Eine Blüte der »Lechuguilla«, einer endemischen Agavenart der Chihuahua-Wüste.

Charakteristisch für Großohrhirsche ist neben den langen Ohren der schwarzgezeichnete Schwanz.

yon Desert Drive ② ab, eine etwa 15 km lange Einbahn-Piste, die am Ende wieder in die Straße mündet. Die in einem Informationsblättchen beschriebene Fahrt ist sehr lohnend, aber mit großen Wohnmobilen wegen der engen Kurven kaum zu bewältigen – also Vorsicht!

Vom Besucherzentrum aus kann man dann die Höhlen auf zwei Wegen in Eigenregie erforschen:

☐ Die **Blue Tour** führt entlang eines kurzen Naturlehrpfades zum natürlichen Höhleneingang. Über 2,8 km beleuchtete Asphaltwege gelangt man durch faszinierende tropfsteinbehangene Räume schließlich in den 225 m tief gelegenen Lunchraum (Erfrischungen, Andenken). Dieser Weg ist zwar etwas anstrengender als die Fahrt mit dem Lift vom Besucherzentrum direkt hierher, aber unbedingt zu empfehlen.

☐ Vom Lunchraum aus läuft die Blue Tour nun parallel zur hier beginnenden **Red Tour**, die den Big Room, die größte Carlsbad-Höhle, auf 2 km leichter Strecke umrundet. Der Weg zurück an die Oberfläche führt immer über den Lift.

Klapperschlangen (s. auch S. 183) kommen mit zahlreichen Arten und Unterarten in den gesamten USA vor.

Ein seltener Anblick: Eine Guano-Fledermaus »übernachtet« am Eingang der Carlsbad Caverns.

Anmerkungen: Um eine Beschädigung der empfindlichen Tropfsteinformationen zu vermeiden, darf man sie nicht berühren und auch nicht vom Weg abgehen; rauchen ist nicht erlaubt. Da die Temperatur in den Höhlen bei konstant 13,3 °C (56 °F) liegt, empfiehlt sich ein Pullover; auch rutschfeste Sohlen sind auf den z. T. nassen Wegen angebracht.
Ein unvergeßliches Erlebnis ist die Beobachtung des abendlichen Auszuges der Guano-Fledermäuse aus der Höhle in den Sommermonaten. Die ungefähren Uhrzeiten für dieses Spektakel hängen beim Besucherzentrum aus; Ranger überbrücken die Wartezeit im Amphitheater mit interessanten Vorträgen.
ACHTUNG: Fotografieren mit Blitz ist nicht erlaubt, um die Tiere nicht zu erschrecken!
Abseits dieser Sensationen sind noch andere interessante Unternehmungen möglich, darunter ein Ausflug in das Quellgebiet von **Rattlesnake Springs** ③ für Tierbeobachtungen am frühen Morgen oder Abend oder ein Besuch der etwas abgelegenen **New Cave** ④, durch die regelmäßig Führungen stattfinden (Anmeldung im Besucherzentrum erforderlich). Der Aufstieg vom Parkplatz im Slaughter Canyon zum Eingang der noch nicht durch Asphaltwege oder elektrische Beleuchtung erschlossenen New Cave ist zwar anstrengend, der Besuch der Höhle (etwa 1,5 Stunden) dann aber sehr lohnend. Taschenlampe nicht vergessen!
Auch längere Wanderungen sind auf dem noch wenig ausgebauten Wegesystem des Nationalparks möglich, so z. B. auf dem **Yucca Canyon Trail** ⑤. Informationen und Genehmigungen dazu gibts im Besucherzentrum. Für längere Touren in diesem Trockengebiet bitte auch unbedingt Hinweise auf S. 227 beachten!

Praktische Tips

Anreise
Von Carlsbad bzw. El Paso über die US-62/180 und White's City. Die zwischen Carlsbad und El Paso verkehrenden Busse halten in White's City; von dort gibt es eine weitere öffentliche Verkehrsverbindung zum Park.

Klima/Reisezeit
Heiße Sommer (30–35 °C) und kühle Winter (10–15 °C); Niederschläge um 400 mm/Jahr meist in Form heftiger Sommer- und Herbstgewitter. Beste Reisezeit: Ende April bis Anfang Oktober (wegen der Guano-Fledermäuse), sonst ganzjährig.
VORSICHT: Wegen des starken Besucherandrangs sollte man Feiertage und Wochenenden möglichst meiden.

Unterkunft
Nur in der Umgebung des Parks: White's City (Hotels, Campingplatz), Carlsbad und auf dem Pine-Springs-Campingplatz des Guadalupe-Mountains-Nationalparks (s. S. 217).

Adressen
- Carlsbad Caverns National Park, 3225 National Parks Highway, Carlsbad, New Mexico 88220; Tel. (505) 785–2232 (Besucherzentrum) und (505) 785–2107 (24-stündige Tonbandansage).

21 Big-Bend-Nationalpark

Felsendome der Chisos Mountains, Tafelberge und farbige Badlands; bis 450 m tiefe Kalksteinschluchten des Rio Grande; Strauchwüsten und Grasländer der Chihuahua-Wüste; Halsbandpekaris und Weißwedelhirsche; Erdkuckuck unter den mehr als 400 Vogelarten.

In der »großen Schleife« des Rio-Grande-Flusses im Südwesten des Bundesstaates Texas liegt der über 3000 km^2 große Big-Bend-Nationalpark. Er grenzt unmittelbar an Mexiko und ist Teil der Chihuahua-Wüste, des östlichsten der vier großen nordamerikanischen Trockengebiete. Nur 520 Straßenkilometer von der Stadt El Paso entfernt glaubt man sich in diesem Schutzgebiet am Ende der Welt und versteht, warum 1963/64 die Astronauten ausgerechnet hier für die erste Mondlandung trainiert wurden.

Der Große Geist, so eine alte Sage der Indianer, warf nach der Erschaffung der Erde alle übriggebliebenen Gesteinsbrocken im Big Bend zusammen. Tatsächlich wirkt der Park wie ein monumentales geologisches Puzzle aus exponierten Eruptivgängen, mächtigen Felsendomen, aufragenden Gesteinstürmen, flachen Tafelbergen und zackigen Bergrücken. In Rot, Gelb, Grau und allen Schattierungen von Braun ragen sie aus weiten, spärlich bewachsenen Kies- und Sandebenen, Dünenfeldern und Badlands (s. S. 22) auf. Zentrum und Höhepunkt der Gesteinsskulpturen bilden die Chisos Mountains, ein nur etwa 35 Mio. Jahre altes Gebirge vulkanischen Ursprungs.

Drei Bergketten umrahmen die zentrale Tiefebene: die Mesa de Anguila im Westen, Mariscal Mountain im Süden und die Sierra del Carmen im Osten. Ihr kreidezeitliches Sedimentgestein wird durchschnitten vom Rio Grande, der hier drei mehrere Kilometer lange Canyons formte: Santa Elena, Mariscal und Boquillas. Die Kalksteinwände dieser eindrucksvollen, schmalen Schluchten ragen bis zu 450 m hoch auf.

Der etwa 3000 km lange Rio Grande entspringt in den Rocky Mountains von Colorado und mündet im Golf von Mexiko. Er wird oft gestaut und erreicht manchmal kaum mehr El Paso. Die Hauptwassermen-

Ein Sotol mit doppeltem Blütenstand; das stärkereiche Herz dieser Pflanze wurde von den Indianern gegessen, aus ihrem Saft bereiteten sie ein berauschendes Getränk.

Blick über die Chihuahua-Wüste nach herbstlichen Niederschlägen; im Vordergrund ein blühender Ocotillo, im Hintergrund tauchen die Spitzen der Chisos Mountains auf.

ge im Big Bend kommt deshalb vom mexikanischen Rio Conchos, der 160 Flußkilometer oberhalb in den Rio Grande mündet. Vor allem nach heftigen Regenfällen, wenn der Wasserspiegel plötzlich um mehrere Meter steigt, bekommt man einen Eindruck von der Kraft und Tücke dieses sedimentbeladenen Flusses.

Als die erste spanische Expedition im 16 Jh. das Gebiet von Big Bend erreichte, war es bereits seit langem Indianerland. Eiszeitliche nomadische Jäger und Sammler waren die ersten von vielen Gruppen, die ihre Spuren in Form von Begräbnisstätten, Petroglyphen (= Felsritzungen) und Steinmörsern hinterließen. Am berühmtesten aber wurden ab etwa 1790 die Komanchen, deren winterliche Raubzüge von Oklahoma nach Mexiko mitten durch den heutigen Big Bend führten. Sie verbreiteten über 100 Jahre lang Angst und Schrecken. Ende des 19. Jh. begann dann das Zeitalter des Bergbaus (Quecksilber), der Fallensteller und Rinderzüchter. Die Spuren der damaligen Überweidung sind bis heute im Nationalpark zu sehen; dieser konnte 1944 durch Landrückkäufe eingerichtet werden.

Krummschnabel-Spottdrossel auf einer Opuntie; in diese stacheligen Festungen baut sie auch ihr Nest.

Eine Fahrt mit dem Schlauchboot (s. vordere Bildmitte) durch den Santa Elena Canyon gehört zu den beeindruckendsten Erlebnissen im Big Bend; links in der Wand eine riesige Höhle.

Pflanzen und Tiere

Die typischen Vegetationsgemeinschaften der Chihuahua-Wüste (s. auch S. 162) bestimmen das Bild:
In den weiten Ebenen mit meist weniger als 250 mm Niederschlag pro Jahr dominieren Trockensträucher. Am häufigsten ist hier der Kreosotbusch aus der Familie der Korbblütler. Seine mit Harz überzogenen Blättchen widerstehen der Hitze, die mehrere Meter lange Pfahlwurzel sichert den Anschluß ans Grundwasser, und Wurzelgifte zwingen den nächsten Nachbarn der gleichen Art zum überlebenswichtigen Abstand. In seinem Schutz wächst häufig der zarte, mit intensiv roten Früchten besetzte »Christmas Cactus«, eine der insgesamt über 70 Kakteenarten des Big Bend. Ebenfalls weit verbreitet sind der »Four-Wing Saltbush«, eine Meldenart, die bizarren Ocotillos aus der Sandelholzfamilie und die »Lechuguilla«-Agave (S. 164), eine für die Chihuahua-Wüste endemische Charakterpflanze. Die »Candelilla«, ein Wolfsmilchgewächs, wird vor allem auf der mexikanischen Seite des Rio Grande zur kommerziellen Wachsgewinnung genutzt.

Ein farbenprächtiges Männchen der »Southwestern Earless Lizard« aus der Gruppe der Taubleguane.

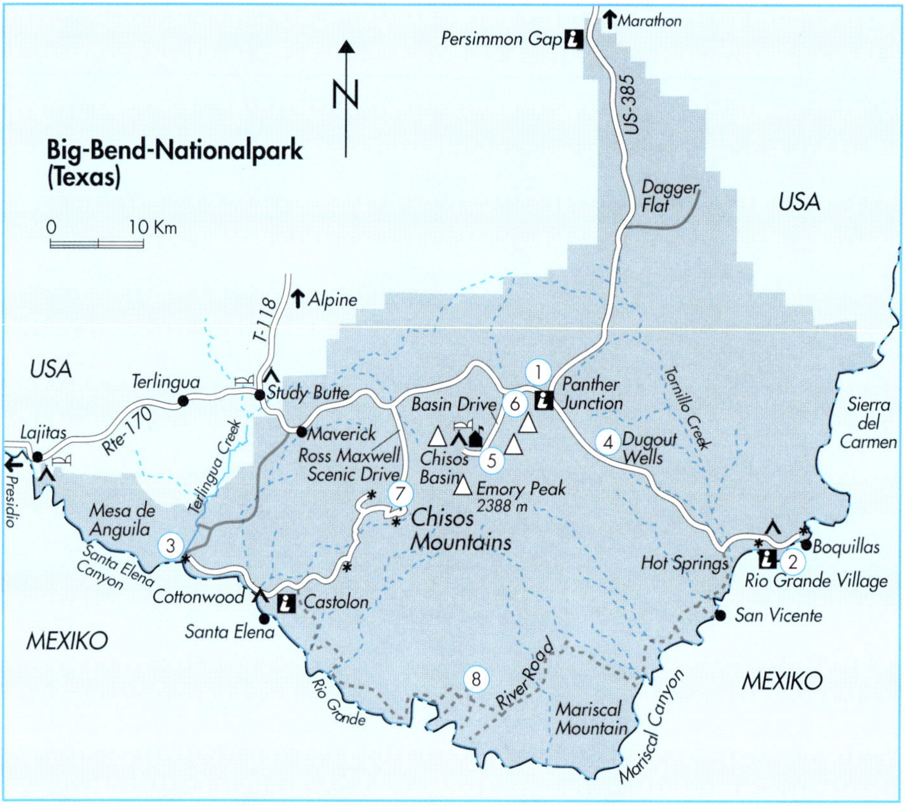

In etwas höheren Lagen geht die Strauchwüste in Grasland über. Die neben den Gräsern typischen Pflanzen sind hier der »Sotol«, sowie die mit 6 Arten vertretenen Yuccas aus der Familie der Liliengewächse. Die größte unter den letzteren ist die bis 6 m hohe »Giant Dagger Yucca«, häufig z. B. bei Dagger Flat.
In den niederschlagsreicheren Chisos Mountains schließlich wachsen die attraktiven, rotstämmigen »Texas Madrones«, eine Art von Erdbeerbaum, Mexikanische Nußkiefern, 3 Wacholder- und viele Eichenarten.
Entlang der Trockenflußbetten oder »Arroyos«, der Wasserlöcher und Quellgebiete, vor allem aber in den Niederungen des Rio Grande siedeln Pappeln, Mezquite-Sträucher (S. 109) und die eingeführten, viel Wasser verbrauchenden Tamarisken, gegen die ein Ausrottungsprogramm läuft. Die Ufer des Rio Grande selbst säumt ein Schilfgürtel, aus dem die flaumigen Wedel des bis 4,5 m hohen Riesenschilfs herausragen.
Die Hauptblütezeiten im Big Bend liegen im Frühjahr bzw. nach den heftigen Sommerregen. Dann erwachen Hunderte sonst unscheinbare oder auch nur als Samen »übersommernde« Blütenpflanzen zum Leben und entfalten ihre ganze Pracht. Eine der ersten ist die blaue »Chisos Bluebonnet«, eine der texanischen Staatsblume nahe verwandte Lupinenart.
Wegen der erdrückenden Hitze werden die meisten tierischen Bewohner des Big Bend erst am Abend bzw. nachts aktiv. Von den 75 Säugetierarten des Parks werden

dann Großohrhirsche (S. 165) und – in den Chisos Mountains – die Weißwedelhirsche (S. 197) häufiger beobachtet. Manchmal stößt man auch auf Gruppen der kurzsichtigen Halsbandpekaris. Diese neuweltlichen Nabelschweine verbreiten vor allem in Erregungsituationen einen stinktierähnlichen Duft. Audubonkaninchen, Kalifornische Eselhasen (S. 149) und kleine Nagetiere verlassen nachts ihre Deckung ebenso wie ihre Jäger, die Kojoten (S. 143), Graufüchse (S. 18), Virginia-Uhus und Schlangen. Rotluchs (S. 136), Puma (S. 18), Schwarzbär (s. S. 53) und die in letzter Zeit wieder beobachteten Mexikanischen Wölfe machen sich allerdings eher rar.

Der Big Bend hat mehr Vielfalt an Vögeln zu bieten als jedes andere Schutzgebiet der USA: Über 400 Arten wurden beobachtet! Ein Teil brütet im Park, die meisten aber besuchen das Gebiet zu verschiedenen Jahreszeiten, überwintern bzw. übersommern oder rasten auf dem Zug im Frühling (April/Mai) und/oder Herbst. Ganzjährig zu beobachten sind einige typische, hier brütende Arten wie Kolkraben (S. 98) und Carolinatauben (S. 150, überall), Eichelspechte (S. 105) und Graubrusthäher (in den Bergen), Krummschnabelspottdrosseln und Kaktuszaunkönige (S. 114, in den Trockengebieten), Schwarzkopfphoeben und Purpurtyrannen (am Wasser). Eine Besonderheit des Parks ist der Erdkuckuck, der unter seinem englischen Namen »Roadrunner« in Europa auch als Zeichentrickfigur bekannt wurde. Dieser langschwänzige, etwa elstergroße Kuckuck kann zwar fliegen, verläßt sich aber im allgemeinen eher auf seine schnellen Beine; mit ihnen erreicht er Geschwindigkeiten bis 24 km/h. In den Trockengebieten des Südens verfolgt der Erdkuckuck kleine Nagetiere, Skorpione, Eidechsen und Schlangen, die er mit kräftigen Schnabelhieben tötet. Obwohl immer noch das Ziel manches gedankenlosen Jägers, zählt der liebenswerte »Paisano« (= span. Landsmann) zu den interessantesten Vögeln der USA.

Etwa 55 Reptilienarten bewohnen den Park: Am Wasser häufig ist der »Big Bend Slider«, eine mittelgroße Wasserschildkröte mit roter Kopfzeichnung aus der Gruppe der Zierschildkröten; in den Wüstengebieten sieht man zumeist Eidechsen wie die tagaktiven, zu den Rennechsen zählenden »Seven-Striped Whiptails« oder die bunten »Southwestern Earless Lizards«. Ein Kuriosum ist hier der Südliche Schaufelfuß aus der Familie der Krötenfrösche. Mit den namensgebenden »Schaufelfüßen« gräbt er sich rückwärts in den Boden und überdauert dort, in eine selbstgemachte Gelatinekugel verpackt, die Trockenzeiten.

Im Gebiet unterwegs

Unbedingt empfehlenswert sind Fahrten mit Schlauchbooten oder Kajaks durch zumindest eine der 3 großen Schluchten des Rio Grande, sofern es der oft niedrige Wasserstand erlaubt. Sie dauern zwischen 1 und 3 Tagen und werden von verschiedenen Veranstaltern in Lajitas, Terlingua oder Study Butte angeboten. Die gleichen

Blüten und Samen der »Apache Plume« (Familie Rosengewächse) sind gelegentlich gleichzeitig an einem Strauch zu finden.

Wie alle Vögel »schwitzen« Erdkuckucke über den Schnabel.

Kreosotbusch mit Blüten, Samen und – einer Gottesanbeterin!

Wie alle Rennechsen besitzen »Seven-striped Whiptails« einen sehr langen Schwanz.

Unternehmen offerieren meist auch Geländefahrten, Reittouren oder längere Flußfahrten außerhalb des Nationalparks, z. B. zu den Lower Canyons des Schutzgebietes »Rio Grande Wild and Scenic River«, das sich östlich des Parks noch etwa 300 km den Fluß entlang zieht. Es ist auch möglich den Rio Grande in Eigenregie zu befahren. Dies erfordert aber einigen Aufwand, eine spezielles Genehmigung und – wegen der z. T. tückischen Stromschnellen – viel Erfahrung.
Nähere Informationen erhält man im Besu-

Purpurtyrannen (im Bild das prächtig gefärbte Männchen) halten sich gerne in der Nähe von Gewässern auf.

Die rotstämmigen »Texas Madrones« sind immergrün; sie gehören in die Familie der Heidekrautgewächse.

Opuntien sind im Südwesten in vielen sehr ähnlichen Arten vertreten; diese trägt auffallend braunrote Früchte.

cherzentrum in **Panther Junction** ①. Hier wurde auch ein kurzer Naturlehrpfad **(Panther Path)** angelegt, der eine gute Einführung in die Pflanzenwelt des Parks gibt. Weitere empfehlenswerte Lehrpfade sind: **Rio Grande Nature Trail** ②: Rundweg durch Flußbegleit- und Trockenvegetation mit schönen Ausblicken, beginnt am gleichnamigen Campingplatz (1,2 km). Besonderheit: Big-Bend-Mosquitofische in einem Quellgewässer am Weg. Diese winzigen, lebendgebärenden Zahnkarpfen kommen nur hier vor und haben damit das kleinste

Ein Monarchfalter beim Besuch eines Wolfsmilchgewächses (»Milkweed«) der Art *Asclepias linaria.*

Halsband-Pekaris durchstreifen die trockenen Zonen auf der Suche nach Kakteenfrüchten, einer ihrer Lieblingsspeisen.

Verbreitungsgebiet aller bekannten Wirbeltiere auf der Welt.
Santa Elena Canyon Trail ③: Gestattet auch Nicht-Flußfahrern einen Blick in die attraktivste der drei Rio-Grande-Schluchten (2,7 km). Sie kann jedoch wegen Wanderfalken-Brut im Frühjahr geschlossen sein!
Chihuahuan Desert Trail bei Dugout Wells ④: Kurzer Rundweg durch typische Strauchwüste (0,8 km).
Lost Mine Trail ⑤: Gute Einführung in die Lebewelt der Chisos Mountains mit beeindruckenden Ausblicken; Startpunkt beim Panther Pass (7,5 km).
Für Vogelbeobachtungen empfehlen sich weitere Wanderungen in den Chisos Mountains. Auch die Gebiete um die Campingplätze von Rio Grande Village und Cottonwood/Castolon eignen sich dafür.
Alle asphaltierten Straßen und besseren Allwetterpisten im Big Bend lohnen eine geruhsame Fahrt. Ein Begleitheft des Nationalparks gibt dabei alle Auskünfte zu optimalen Zeiten und Haltepunkten, Abstechern, Vegetation und Tierwelt. Besonders schön sind die Straße in die Chisos Mountains, der **Basin Drive** (11,2 km) ⑥, und die Strecke hinaus nach Castolon bzw. zum Santa Elena Canyon, der **Ross Maxwell Scenic Drive** (48 km) ⑦. Aber VORSICHT: Beide Strecken sind wegen der engen Kurven und großen Steigungen mit Campingfahrzeugen über 6 m Länge nur schwer befahrbar!
Auch zu den Geländefahrzeugstrecken, darunter z. B. die abenteuerliche **River Road** (81,6 km) ⑧ von den Hot Springs bei Rio Grande Village nach Castolon, gibt es ein Informationsheftchen.
ACHTUNG: Bei Allradtouren wie auch bei längeren Wanderungen in den Trockengebieten bitte Hinweise auf S. 227 beachten!

Praktische Tips

Anreise
Zum Besucherzentrum in Panther Junction: Von San Antonio im Osten über die US-90 und die US-385; von El Paso im Nordwesten über die I-10, die US-90 und die US-385 bzw. die Texas-118. Es gibt keine öffentlichen Verkehrsverbindungen zum Park.

Klima/Reisezeit
Juni bis August sehr heiß (bis > 38 °C) und oft heftige Gewitterstürme bis in den Oktober; im Winter gelegentliche leichte Schneefälle. Beste Reisezeit: Frühjahr und Herbst. Vor allem im Frühjahr (ab etwa März) kann es jedoch zu Übernachtungsengpässen kommen!

Unterkunft
Im Park: 3 Campingplätze in Rio Grande Village (hier auch Anschlüsse für Campingfahrzeuge und Duschmöglichkeit), Chisos Basin und Cottonwood/Castolon; Chisos Mountains Lodge im Chisos Basin, Vorreservierungen empfohlen, Tel. (915) 477–2291. Weitere Unterkünfte in den Ortschaften Lajitas, Study Butte, Marathon, Alpine und auf der Terlingua Ranch.

Adressen
- Besucherzentrum Panther Junction/Parkhauptquartier: Big Bend National Park, Texas 79834, Tel. (915) 477–2251.

22 Südliches Florida

Tropische Wildnis im Süden Floridas; Vegetationsmosaik aus Mangrovengürteln, sägegrasbewachsenen Überschwemmungsebenen, Sumpfzypressen- und Kiefernwäldern; Schneckenweih, Waldstorch und Rosalöffler unter den Vögeln, Nagel-Manatis, Mississippi-Alligatoren und farbige Wasserschildkröten.

Das südliche Florida ist Nordamerikas Anteil an den Tropen. Obwohl streng genommen noch im Subtropengürtel gelegen, überwiegt der Einfluß der Karibik. Im »Sunshine State« der USA hat denn auch das Meer überall seine Spuren hinterlassen. Geologisch gesehen stellt Florida ein flaches, nach Süden geneigtes Plateau dar, dessen Untergrund aus Tiefengestein von mehreren Kilometer dicken Kalksteinschichten überlagert ist. Diese wurden während wiederholter Meeresüberflutungen (zuletzt in den Zwischeneiszeiten) abgelagert und sind heute von einer nur dünnen Auflage pflanzlicher Verwesungsstoffe bedeckt. Wo der Kalkstein zutage tritt (wie z. B. am 1 m hohen Rock Reef Pass im Everglades-Nationalpark), werden durch Verwitterung weichere Anteile herausgelöst und es bleibt eine harte, gezackte Oberfläche, der sog. Pinnacle Rock.
Wasser ist Floridas Lebenselexier. Heftige Gewitter, manchmal Wirbelstürme, lassen hauptsächlich zwischen Mai und November über 1300 mm Niederschlag auf die Landschaft fallen. Ein Großteil davon sammelt sich im 1800 km² großen Lake Okechobee. Von dort aus strömt das Wasser als nur 15 cm tiefer, aber über 80 km breiter »Fluß« in die Florida Bay und verwandelt das flache Land in einen uferlosen Sumpf, die Everglades. Im Rest des Jahres trocknen die Schwemmländer wieder weitgehend zu »Steppen« aus.
Dieser fein ausbalanciertes Wechsel zwischen periodischer Überflutung und Austrocknung bildete die Basis für den Pflanzen- und Tierreichtum im Süden Floridas – bis zum Eingreifen des Menschen: Seit etwa 1900 wird der freie Wasserfluß zunehmend durch Dämme, Kanäle und Rückhaltebecken reguliert, Sümpfe wurden trockengelegt, und immer mehr Wasser wird für Landwirtschaft und die rasch wachsenden Ballungszentren der Ostküste abgezweigt. Die Everglades, am Ende der Wasserkette gelegen, müssen zudem Abwässer, Düngemittel- und Pestizideinschwemmung verkraften. Folgen dieses Raubbaus sind die Reduzierung mancher

Ein Schlangenhalsvogel-Männchen mit schwarzem Hals trocknet seine Flügel nach einem Tauchgang.

Der Anhinga Trail im Everglades-Nationalpark eignet sich hervorragend für Tierbeobachtungen.

Wasservogelpopulationen um 90%, die Versalzung von Süßwasserquellen in Küstennähe sowie Austrocknung und Erosion des Bodens im Schwemmland.
Verschiedene Schutzgebiete wurden im Süden Floridas eingerichtet (s. unten). Sie bedecken zusammen zwar eine beachtliche Fläche, können aber nicht verhindern, daß das Überleben der Everglades trotz Erklärung zum Erbe der Menschheit und zur »International Biospere Reserve« heute sehr zweifelhaft erscheint.

»Pickerel Weed« wächst im seichten ruhigen Wasser; rechts unten ein Schneckengelege.

Pflanzen und Tiere

Praktisch frostfreies Klima und die Lage am Rande der Karibik ließen gemischte Pflanzengemeinschaften aus tropischen und an kühlere Verhältnisse angepaßten Arten in Süd-Florida entstehen. Schon wenige Zentimeter Höhenunterschied bewirken dabei ein völlig anderes Vegetationsbild.
Um die vielen kleinen Inseln im Flachwasser der Florida Bay (»Keys«) sowie im Brackwasser der Küste hat sich ein dichter Gürtel aus Roten, Weißen, Schwarzen und Knopf-Mangroven angesiedelt. Er ist außerordentlich wichtig zum Schutz der Küste gegen Wirbelstürme, dient aber auch Vögeln und Meerestieren als unabdingbarer Lebensraum.
Die Überschwemmungsgebiete sind mit scharfkantigem, bis 4 m hohem Sägegras bewachsen (Sawgrass Prairie). Das Überleben dieses Vegetationstyps ist nicht nur von der periodischen Überflutung, sondern auch von Buschfeuern abhängig, die unter natürlichen Bedingungen durch-

Die lichten Wälder der Elliottkiefer verschwinden außerhalb der Schutzgebiete schnell; im Unterwuchs »Saw Palmettos«.

schnittlich alle 7–10 Jahre für Verjüngung sorgen.
Die Einförmigkeit der Sawgrass Prairie wird oft von etwas höher liegenden Bauminseln unterbrochen, die nicht der periodischen Überflutung ausgesetzt sind. In diesen sog. Hammocks dominieren tropische Gewächse wie »Gumbo Limbo« und Mahagoni-Bäume, Königspalmen oder Würgefeigen, unter die sich auch »Live Oaks« aus dem nördlichen Amerika mischen. Kletterpflanzen, Bromelien, Orchideen und ein teils dichter Unterwuchs aus Farnen und Moosen helfen mit, ein eigenes Mikroklima mit relativ konstanter Feuchtigkeit zu schaffen, das die Hammocks vor Kälte und Feuer schützt.
Wasser- und nährstoffreiche Becken sind Standorte von Sumpfzypressen (S. 222). Diese langlebigen, großwüchsigen Verwandten der Küstensequoien und Mammutbäume (s. S. 106) werden von starken, untergetauchten Wurzeln getragen. Ein oft üppiger Bewuchs aus Louisianamoos, »Stiff-leaved Wild Pine« (beides Bromelien), Orchideen und anderen Epiphyten verleiht ihnen besonderen Reiz. Zwergwüchsige Sumpfzypressen findet man z. B. auch entlang der Everglades-Nationalparkstraße beim Rock Reef Pass.
Erhöht liegende Kalksteinrücken werden von Wäldern aus Elliottkiefern besiedelt. Mittels tiefreichender Wurzeln gewinnen diese Bäume Halt und Wasser in Gesteinsspalten. »Saw Palmetto«, eine Palmenart, dominiert im Unterwuchs.

Der bedrohte Waldstorch ist die einzige Storchenart der USA; er brütet hauptsächlich in Florida.

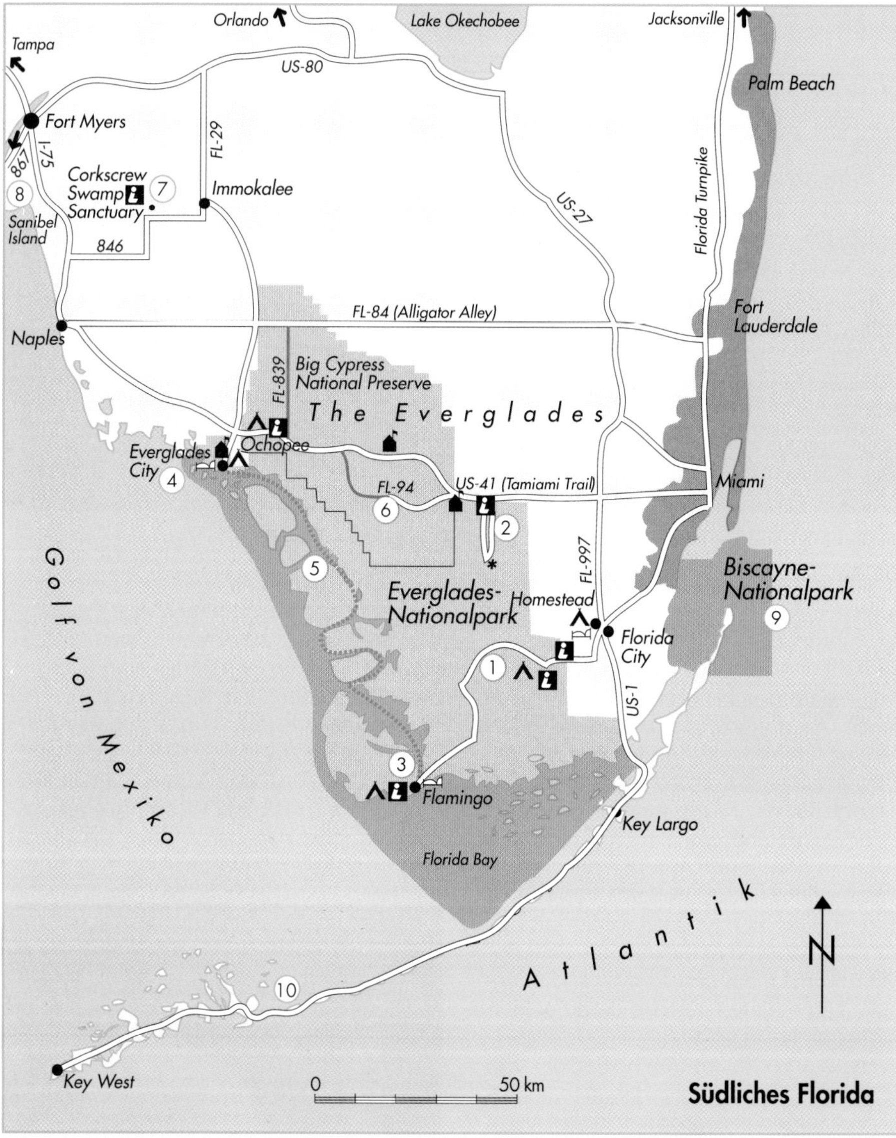

Die Sümpfe Süd-Floridas sind bekannt für ihre reichhaltige Tierwelt mit vielen in Nordamerika seltenen Arten. So wurden allein im Everglades-Nationalpark 350 Vogelarten festgestellt! Im Winter konzentrieren sich z. B. Rosalöffler, Weißibisse, Nashornpelikane (S. 42) und Braunpelikane, Schlangenhalsvögel, alle 12 nordamerikanischen Reiherarten und Fischadler (S. 45) um die verbliebenen Wasserstellen. Beispiele anderer, häufig anzutreffender Vögel sind Rotschulterbussarde (S. 192), Trut-

hahn- und Rabengeier (S. 149, S. 107), Rotschulterstärlinge (S. 19) sowie ihre größeren Verwandten, die Bootschwanzgrackel. Alte Sumpfzypressen werden von Helmspechten (S. 188) aufgesucht. Manchmal gelingt auch die Sichtung seltener Arten; z. B. des auf Apfelschnecken *(Pomacea)* als Nahrung spezialisierten Schneckenweihs oder des Waldstorchs.
Von den 50 Reptilienarten ist zweifellos der Mississippi-Alligator (s. S. 183) der prominenteste und heute nicht mehr bedrohte Vertreter. Die andere Krokodilart Nordamerikas, das Amerikanische Krokodil, kommt dagegen mit nur noch etwa 300 Individuen in den Buchten des äußersten Südens Floridas vor. Leicht zu beobachten ist neben Florida-Schnappschildkröten und anderen, oft schön gefärbten Wasserschildkröten auch die gut getarnte kleine Rotkehl-Anolis (S. 19), eine Leguanart. Sie kann ihre Körperfarbe in Sekundenschnelle zwischen braun und grün wechseln; bei Aufregung spreizt sie einen leuchtend roten Kehlfächer.
Säugetiere fallen in den Everglades weniger auf, obwohl über 40 Arten bekannt sind. Tagsüber wird man meist Weißwedelhirsche (S. 197) und Sumpfkaninchen antreffen, nachts verlassen auch Nordopossums (S. 188) und Neunbinden-Gürteltiere (S. 18) den Schutz der Hammocks. Im warmen Flachwasser lebt das zu den Rundschwanz-Seekühen gehörende Nagel-Manati, ein über 4 m langer harmloser Pflanzenesser, der in Florida mit nur noch 1200 Individuen vorkommt. Die Tiere werden oft Opfer von Motorbooten bzw. deren Propeller. Ihre niedrige Reproduktionsrate (1 Junges alle 3 bis 5 Jahre) kann die erlittenen Verluste nicht ausgleichen.
Eine leider durch Sammelleidenschaft stark reduzierte Spezialität sind auch die attraktiven »Florida Tree Snails«. Von der Karibik stammend, besiedelten diese Schnecken die Hammocks und entwickelten in deren Isolation über 50 Farbvariationen.

Ein Schneckenweih beim Verzehr einer Apfelschnecke; er ernährt sich von nichts anderem.

Im Gebiet unterwegs

Von Miami-Zentrum erreicht man nach 70 km den Osteingang des 5661 km² großen Everglades-Nationalparks auf der FL-9336. Von hier führt die 61 km lange **Parkstraße** ① nach Flamingo an der Florida Bay und passiert verschiedene Sehenswürdigkeiten, die auf kurzen Wegen (unter 1 km) zu erreichen sind (Einzelheiten im »Visitor's Guide to the Everglades« oder im »Motorist's Guide to Everglades National Park«). Auf dem **Anhinga Trail** z. B. werden fast immer Mississippi-Alligatoren, Reiher, Schlangenhalsvögel, Sumpfkaninchen und manchmal auch jagende Fischadler gesichtet; der **Gumbo Limbo** bzw. der **Mahogany Hammock Trail** führen durch Hammocks unterschiedlicher Vegetationszusammensetzung. Die Wälder der Elliottkiefer kann man auf dem **Pineland Trail** oder um den Campingplatz Long Pine Key durchstreifen, und die vielen neben der Straße liegenden Seen (vor allem **Nine Mile Pond**, **Mrazek Pond** und **Eco Lake**) sind ideal zur Beobachtung von Wasservögeln.
An der nördlichen Parkgrenze liegt **Shark Valley** ②, zu erreichen auf der US-41 (Tamiami Trail). Hier kann man auf 2-stündigen, von Rangern kommentierten Rundfahrten in offenen Bussen die von Hammocks durchsetzte, tierreiche Sawgrass Prairie durchqueren. Auch auf gelie-

»Primrose Willows« aus der Familie der Nachtkerzengewächse wachsen entlang von Kanälen und Wasserläufen.

Bromelien wie die »Stiff-leaved Wild Pine« sind häufige Epiphyten auf Sumpfzypressen.

henen Fahrrädern oder zu Fuß ist dies möglich; Privatautos sind verboten! Ein Beobachtungsturm am südlichsten Punkt der Straße gestattet einen weiten Rundblick.

Die ausgedehnten Mangrovengebiete, Meeresarme und Inseln im Gebiet von **Flamingo** ③ und bei **Everglades City** ④ («Ten Thousand Islands«) lassen sich nur per Boot erkunden. Ranger führen hierzu mehrmals täglich Touren von beiden Orten aus durch. Für eigene Erforschungen kann man Motorboote, Hausboote und Kanus mieten. Mehrere markierte Strecken stehen für Kanutouren zur Wahl, darunter der **Wilderness Waterway** ⑤ über 160 km von Flamingo nach Everglades City. Unterwegs sind Campingplätze angelegt.

Das an den Everglades-Nationalpark im Norden angrenzende 2310 km² umfassende **Big Cypress National Preserve** wurde geschaffen, um die ausgedehnten Sumpfzypressenwälder der weiteren Zerstörung zu entziehen, denn nur wenige der großen Bäume überlebten den Holzeinschlag in diesem Jahrhundert. Es ist zugleich ein

Die Blüte der »Marshmallow« bekam ihren Namen wohl von der gleichfarbigen Süßspeise – oder umgekehrt?

Die Hauptnahrung der bunten »Florida Tree Snails« sind Flechten, die sie von der Rinde der Bäume abraspeln.

Der nur 65–75 cm große Dreifarbenreiher ist einer der häufigsten Reiher der küstennahen Sümpfe und Lagunen.

Rosalöffler bewohnen die Mangrovenzonen Südost-Floridas; sie stehen unter Naturschutz.

wichtiger Wasserspeicher der Region. Das Schutzgebiet kann z. B. auf der US-41 durchquert werden; alternativ kann man auch die **Loop Road** ⑥ benutzen. Schmal und nur teilweise asphaltiert, ist sie wenig befahren und gestattet fast überall gefahrloses Halten.
24 km östlich der I-75 liegt an der Country Road 846 das **Corkscrew Swamp Sanctuary** ⑦, ein äußerst interessantes Schutzgebiet im Besitz der National Audubon Society. Es enthält auf nur 44 km^2 Fläche einen Querschnitt der Vegetationstypen Süd-Floridas, vor allem aber einen der letzten Bestände großer, bis 500 Jahre alter Sumpfzypressen. Auf dem angenehmen Rundgang über 3 km (Informationsheft vom Besucherzentrum!) kann die reichhaltige Tierwelt dieser Wälder bewundert werden, als deren herausragende Vertreter Mississippi-Alligatoren, Helmspechte, Rotschulterbussarde und die seltenen Waldstörche (größte Brutkolonie in den USA) gelten. Geöffnet 9.00 bis 17.00 Uhr.
Außer als Badeort hat **Sanibel Island** ⑧ (westlich von Fort Myers) auch für den Na-

Die bis 30 cm lange Rotbauch-Schmuckschildkröten sind in ihrem Vorkommen auf die Gewässer Floridas beschränkt.

Wegen der kugeligen Anordnung seiner Blüten wird der »Buttonbush« im Deutschen auch als Knopfblume bezeichnet.

Nagel-Manatis weiden pro Tag bis zu 30 kg Pflanzen ab, die sie in einem über 20 m langen Darm verdauen.

turfreund einiges zu bieten. In den Mangrovenzonen des **J.N. »Ding« Darling National Wildlife Refuges** halten sich über 200 Vogelarten auf! Während der 8 km langen Rundfahrt, beginnend am Besucherzentrum, kann man Schlangenhalsvögel beim Tauchen, Kormorane beim Flügeltrocknen, Reiher und Fischadler beim Beutefang erleben. TIP: Die Rundfahrt in die Morgen- oder Abendstunden legen! Küstenmangroven, eine flache »Lagune«, eine Kette von Inseln (»Keys«) und die ihnen vorgelagerten Korallenbänke stehen im Biscayne-Nationalpark ⑨ unter Schutz. Da der Park zu über 90% aus Wasser besteht, ist für Privatunternehmungen ein eigenes Boot erforderlich. Fahrten mit Glasbodenbooten sowie Tauch- und Schnorchelausflüge werden aber von Convoy Point (Besucherzentrum) aus angeboten. Auf den äußeren Inseln wurden einige Wanderwege und Campingplätze eingerichtet.

Erlebnisreich ist auch ein Ausflug auf die Keys ⑩, jene der Küste Süd-Floridas vorgelagerte, durch die US-1 verbundene und bei Key West auslaufende Inselkette. Die schöne Landschaft, Vögel (z. B. auf Elektrizitätsmasten brütende Fischadler) und sogar eine isolierte Population des Weißwedelhirsches (»Key Deer«) auf Big Pine Key lohnen den Besuch. Seit 1990 ist die gesamte Inselkette als National Marine Sanctuary ausgewiesen.

Praktische Tips

Anreise: Siehe oben.

Klima

Heiße, feuchte Sommer (Tagestemperaturen über 30°C) und angenehm trockene Winter (bei 25°C). Bis 1300 mm Regen hauptsächlich während heftiger Sommergewitter und gelegentlicher Wirbelstürme. Beste Reisezeit: die Wintermonate. ACHTUNG: Mit Moskitos muß in den Sümpfen Süd-Floridas immer gerechnet werden, aber vor allem zwischen Mai und November ist der Aufenthalt im Freien nur mit wirksamen Schutzmitteln, Schutzkleidung und eiserner Willenskraft möglich!

Unterkunft

Everglades Nationalpark: Campingplätze bei Long Pine Key, Everglades City, Flamingo; Motels in Everglades City; Motor Lodge in Flamingo, Reservierung unter: Flamingo Lodge, Marina & Outpost, Flamingo, Fl 33030, Tel. (813) 695–3101.
Big Cypress National Preserve: Campingplatz bei Ochopee.
Unterkünfte aller Art auf Sanibel Island, auf den Keys und im Ballungzentrum Miami (z. B. Homestead/Florida City). Im Corkscrew Swamp Sanctuary kann man nicht übernachten.

Adressen

- **Everglades-Nationalpark:** 40001 State Road 9336, Homestead, FL 33034-6133, Tel. (305) 242–7700;
- **Big Cypress National Preserve:** HCR 61, Box 110, Ochopee, FL 33943, Tel. (813) 695–4111;
- **Corkscrew Swamp Sanctuary:** Rt. 6, P.O.Box 1875 A, Sanctuary Road, Naples, FL 33964; Tel. (813) 657–3771;
- **J.N. »Ding« Darling National Wildlife Refuge:** Tel. (813) 472–1100;
- **Biscayne-Nationalpark:** P.O.Box 1369, Homestead, FL 33090–1369, Tel. (305) 247-7275.

Gefährliche Reptilien

Klapperschlangen! Schon das Wort verursacht vielen USA-Besuchern Gänsehaut – nicht ganz zu Unrecht, denn einige Arten verfügen über ein sehr gefährliches Gift, das vor allem blutgerinnend und gewebezerstörend, bei manchen Arten auch nervenschädigend wirkt.
Klapperschlangen (S. 165) gehören zu den hochentwickelten Grubenottern. Diese Schlangen besitzen Einsenkungen zwischen Augen und Nasenlöchern, in denen feinste Temperatur-Sinnesorgane gelagert sind. Mit ihrer Hilfe nehmen sie die von warmblütigen Tieren ausgehende langwellige Strahlung auf und lokalisieren somit ihre Beute. Das charakteristische Klappern oder Rasseln entsteht durch Aneinanderschlagen harter, kettenförmig verbundener Hornringe am Schwanzende (Reste vorangegangener Häutungen) und wird dazu benutzt, Feinde abzuschrecken. Man sollte sich aber keinesfalls darauf verlassen, daß Klapperschlangen immer ihre Anwesenheit durch Rasseln ankündigen!
Die im trockenen Südwesten der USA lebende **Gila-Krustenechse** (S. 112) ist eine der beiden einzigen giftigen Echsenarten der Welt (die andere ist die Skorpions-Krustenechse mit Verbreitungsschwerpunkt im Westen Mexikos). Normalerweise langsam und nicht agressiv, greift sie Störenfriede kompromißlos an. Das Gift wird durch den Biß übertragen. Da die Krustenechse aber keine spitzen, hohlen Schlangenzähne besitzt, kann es nicht injiziert werden, sondern fließt aus den im Unterkiefer liegenden Giftdrüsen in die Wunde. Deshalb beißt die Echse zu, hält fest und versucht die Beißwunde mit Kaubewegungen zu vergrößern. Auf Menschen wirkt das Gift nervenschädigend und kann – bei gesunden Erwachsenen allerdings selten – den Tod durch Lähmung der Herz- oder Atemmuskulatur hervorrufen.
Mississippi-Alligatoren bewohnen den küstennahen, feuchten Südosten der USA von North Carolina bis Texas. Die bis zu 6 m langen Reptilien sind zwar als potentiell gefährlich einzustufen, tatsächlich ist aber eher der Mensch eine Gefahr für dieses Reptil, das er bis in die 1960er Jahre gnadenlos bejagte. Seit aber die Jagd und vor allem der Handel mit Reptilienhäuten in den USA verboten ist, haben sich die Mississippi-Alligatoren wieder stark vermehrt. Sie spielen eine wichtige Rolle im ökologischen Gefüge z. B. der Everglades: In der trockenen Jahreszeit halten sie sich eigene Wasserlöcher von Schlamm und Pflanzen frei. In diesen »gator-holes« können dann auch andere Wassertiere überleben.

23 Great-Smoky-Mountains-Nationalpark

Höchste Berge der Appalachen; Farbenpracht der Alpenrosen- und Berglorbeerblüte im Frühjahr; überwältigende Laubfärbung der ausgedehnten Wälder im Herbst; Schwarzbären und Nordopossums; 200 Vogelarten, darunter Rotkardinal und Helmspecht; 26 Salamander- und 40 Reptilienarten.

Die Great Smoky Mountains, kurz »Smokies« genannt, bilden die höchste Erhebung der Appalachen (s. S. 11), kurz bevor diese im Bundesstaat Georgia auslaufen. Gleich Wellen, die einem fernen Horizont zurollen, erscheinen ihre Bergrücken im typischen blauen Dunst (»smoke«), der sich aus flüchtigen Pflanzenölen und der Luftfeuchtigkeit bildet und ihnen den Namen gab. Heute gesellt sich allerdings oft ein weißlicher Dunst aus Abgasen dazu, der die Sicht im Vergleich zu 1950 bereits um 30% reduziert hat!
Im Gegensatz zur Blue Ridge bestehen die Great Smoky Mountains hauptsächlich aus metamorphisiertem Sedimentgestein mariner Herkunft, das während der Appalachen-Gebirgsbildung in Schollen zerbrach und teils über neuere Gesteine geschoben wurde. Spätere Abtragung rundete dann die Formen.
Im Zentrum des Gebirges liegt, je zur Hälfte in den Bundesstaaten Tennessee und North Carolina, der Great-Smoky-Mountains-Nationalpark. Hauptsächlich wegen

Das ehemalige Siedlungsgebiet Cades Cove eignet sich heute ideal für Tierbeobachtungen.

seiner unvorstellbar hohen Zahl von jährlich 10 Mio. (!) Besuchern bekannt, ist er eines der größten Schutzgebiete östlich der Rocky Mountains und hat den Status eines Erbes der Menschheit sowie einer »International Biosphere Reserve«. Auf seiner Fläche von 2105 km^2 finden sich auch unberührte Wälder mit einem enormen Pflanzen- und Tierreichtum, darunter viele nördliche Relikte aus den Eiszeiten. Der Park ist eine Mischung aus Natur und Pioniergeschichte. Die Cherokee-Indianer lebten lange Zeit mit den Bergen, die für sie heilig waren, und schufen eine hochentwickelte Kultur. Ein Teil des Stammes wohnt heute im südlich an den Park angrenzenden Reservat. Nach 1800 ließen sich die ersten Siedler an geeigneten Orten wie z. B. Cades Cove nieder; 1850 zählte man dort 685 Menschen. Die Holzindustrie durfte nicht fehlen; aber trotz des massiven Fällens nach 1900 blieb immer noch die größte Primärwaldfläche im Osten der USA übrig, die schließlich mit der Gründung des Nationalparks im Jahre 1934 unter Schutz kam.

Typisch »dunstiger« Anblick der Bergzüge der treffend benannten Great Smoky Mountains.

Pflanzen und Tiere

Fruchtbare Böden, üppige Regenfälle und eine Höhendifferenz von knapp 1800 m haben in den Great Smoky Mountains eine abwechslungsreiche Flora mit fast 1600 Arten (davon allein 123 Baumarten) entstehen lassen. Ungefähr 1/3 der Nationalparkwälder war nie von Abholzungen betroffen.

Laubwälder ähnlicher, aber artenreicherer Zusammensetzung als im Shenandoah-Nationalpark (s. S. 191) beherrschen die untere Parkzone. Bis etwa 1400 m Höhe spricht man vom Cove Hardwoods Forest, in dem z. B. Zuckerahorn, Gelbbirke und verschiedene Magnolienbäume imposante Größen erreichen. Darüber erstreckt sich der Northern Hardwoods Forest mit für die nördliche USA typischen Laubbäumen wie Großblättrige Buche und Gelbbirke. Sonnige Hänge tragen von Eichen und Kiefern dominierte Wälder, während kühle, feuchte Stellen bis etwa 1200 m Höhe von »Eastern Hemlocks« besiedelt werden.

»Fire Pink«, eine Leimkrautart, blüht ab April an trockenen Wegrändern und Hängen zwischen 500 und 900 m Höhe.

Mehrere Arten Magnolien bewohnen die »Smokies«.

Schon ab 1400 m tritt vereinzelt aus Rotfichten und »Fraser Firs« zusammengesetzter Nadelwald auf, der sich in den höheren Regionen geschlossen über die Berge zieht. Er gilt als Überbleibsel aus den Eiszeiten. Das damalige kühle Klima ließ nördliche Baumarten weit nach Süden vordringen, von denen sich einige nach der Erwärmung an hochgelegenen Stellen halten konnten. Heute aber ist dieser Wald in einem trostlosen Zustand. Die »Fraser Firs« wurden weitgehend durch Tannenläuse vernichtet und Rotfichten leiden unter Luftschadstoffen und saurem Regen, von dem die höchsten, oft in Wolken gehüllten Gipfel besonders stark betroffen sind.

Zur Frühjahrsblüte, die 2–3 Wochen früher als im Shenandoah-Nationalpark einsetzt, sind die Smoky Mountains vor allem für ihre Vielfalt an Alpenrosen *(Rhododendron)* bekannt. Bereits im Mai öffnet die »Flame Azalea« zusammen mit dem Berglorbeer ihre goldgelben Blüten. Ab Mitte Juni blüht »Catawba Rhododendron«, wenig später folgt der auf feuchtere Orte (z. B. den »Eastern Hemlock«-Wald) beschränkte »Rosebay Rhododendron«. Auch baumfreie, wiesenähnliche Flächen (sog. »balds«) schmücken sich zu dieser Zeit mit den verschiedenen Blüten der Alpenrosen und des Berglorbeers.

Ungefähr 60 Säugetierarten kommen im Nationalpark vor. Die Schwarzbären (s. S. 53), gleichsam das Symbol der Smokies, werden auf mindestens 400 Individuen geschätzt. Daneben bewohnen Weißwedelhirsche (S. 197), Grauhörnchen und Nordopossums die Laubwälder. Waldmurmeltiere und Florida-Waldkaninchen lieben Waldlichtungen, Rothörnchen den dichten Nadelwald.

Von den 200 Vogelarten sind die meisten im üppigen Laub schwer zu entdecken, es sei denn, sie sind auffällig gefärbt wie der Rotkardinal oder verraten sich durch Hämmern wie Helmspecht oder Dunenspecht. Besser kann man Vögel an Waldrändern und offenen Stellen (z. B. Cades Cove) beobachten. Dort sind Lerchenstärling, Rotkehl-Hüttensänger und das Truthuhn zu Hause. Typisch für den oberen Nadelwald sind Junko (S. 60; auf Parkplätzen!), Wilsondrossel, Kanadakleiber, Zaunkönig und mehrere Waldsängerarten.

Die Feuchtigkeit der Berge ist für Amphibien ideal; so kennt man hier allein zwei Dutzend teils schön gefärbte Salamanderarten, unter ihnen den »Appalachian Woodland Salamander«, dessen Verbreitungsgebiet nur wenig über die südlichen Appalachen hinausgeht. Ein auffälliger Vertreter der 40 Reptilienarten ist der im Jugendalter blauschwänzige Streifenskink.

Im Gebiet unterwegs

Auf den erste Blick wirkt das ungeheuere Angebot (rund 450 km Straßen und über 1400 km Wanderwege) verwirrend. Deshalb: zuerst eines der Besucherzentren am Parkeingang aufsuchen! Es gibt zu allen Unternehmungen ausgezeichnete Beschreibungen und/oder Karten. Hauptverkehrsader ist die US-441 **(Newfound Gap Road)** zwischen Gatlinburg und Cherokee. Einige Vorschläge zunächst für Autofahrer:

☐ Beim Aussichtspunkt Newfound Gap zweigt die 10 km lange Zufahrt zum **Clingmans Dome** ① von der US-441 ab. Diesen höchsten Punkt im Park (2024 m) erreicht man nach etwa 800 m steilem Anstieg

Von Pilzen, Schwammspinnern und Tannenläusen – Amerikas östliche Wälder im Griff der Exoten

Besonders die Wälder im Osten der USA haben mit eingeführten Organismen zu kämpfen. Einige Beispiele:.
Noch vor 1900 war die Amerikanische Kastanie die dominierende Baumart in den östlichen Laubwäldern Nordamerikas. Ihre Samen waren wichtige Nahrung für Tiere, das Holz war geschätzt als Baumaterial. Der »Chestnut Blight«, ein **Mehltau,** verursacht durch den um 1904 aus Asien eingeführten Pilz *Endothia parasitica,* führte aber innerhalb von 30 Jahren zum Absterben fast aller dieser Bäume, deren Skelette teilweise heute noch in den Wäldern zu sehen sind. Da die Wurzeln nicht angegriffen werden, treiben sie immer noch Ableger, die aber alle nach einigen Jahren an der Krankheit eingehen. Ein Gegenmittel ist noch nicht in Sicht.
Der mit der europäischen Nonne verwandte **Schwammspinner** wurde 1869 von Europa in die Gegend um Boston importiert. Seine Raupen befallen hauptsächlich Laubbäume, bevorzugt Eichen. Auf ihrer Verbreitung in Richtung Appalachen haben sie durch Massenvermehrung schon große Verheerungen in den dortigen Wäldern angerichtet. Ein Weibchen des Schwammspinners kann bis 400 Eier legen, die in Klumpen auf der Baumrinde oder an anderen geschützten Stellen deponiert werden. Außer dem Besprühen mit Pestiziden ist eine wirkungsvolle Bekämpfung zur Zeit noch nicht möglich.
Tannenläuse der Art *Adelges piceae* kamen mit europäischem Holz um 1900 in die Neuenglandstaaten. Die mit dem bloßen Auge kaum wahrzunehmenden Tiere verbreiteten sich in den Appalachen, tauchten 1963 zum ersten Mal in den Smoky Mountains auf und vernichteten dort 95 % der auf die höchsten Zonen beschränkten »Fraser Firs« (s. Foto). Die Tiere ernähren sich vom Saft der Bäume, in deren Rinde sie ihre Mundwerkzeuge einsenken. Dabei injizieren sie ein Toxin, das den Wasser- und Nährstofffluß von der Wurzel zur Krone unterbricht. Schon nach 3 Jahren sterben die befallenen Bäume ab. Das Besprühen jedes einzelnen infizierten Baumes mit einem Pestizid ist bis jetzt das einzige Gegenmittel.

»Flame Azaleas« gehören zu den attraktivsten Rhododendren.

Das Nordopossum, das einzige Beuteltier der USA; besitzt einen nackten Greifschwanz und ist nachts unterwegs.

Der über 40 cm große, auffällige Helmspecht hämmert fast rechteckige Löcher in die Bäume.

durch praktisch abgestorbenen Nadelwald vom Parkplatz aus. Ein Beobachtungsturm läßt hier einen weiten Rundblick über die Baumwipfel zu.

☐ Der **Roaring Fork Motor Nature Trail** ② (zu erreichen über Gatlinburg) ist eine etwa 8 km lange Rundfahrt durch Sekundärwald und vorbei an historischen Pionierhäusern. Die schmale Straße zwingt zum Langsamfahren. Mittels eines Wegeführers erfährt man viel über die Natur und ehemalige Besiedlung des Gebiets.

☐ Natur und Kultur liegen auch in **Cades Cove** ③ dicht beieinander. Man erreicht dieses friedliche, von hohen Bergen umrundete Tal über die Little River/Laurel Creek Road. Cades Cove ist nicht nur einer der besten Plätze für Tierbeobachtungen (z. B. Weißwedelhirsche, Schwarzbären, Waldmurmeltiere, Vögel), es dient auch als anschauliches Museum der Pioniertage. Verstreut liegen hier alte Farmhäuser, Scheunen, Kirchen, Friedhöfe – und ein Besucherzentrum, in dem alte Stücke ausgestellt sind. Die 18-km-Rundstraße bietet immer wieder Gelegenheit zum Aussteigen (Wegeführer nicht vergessen!). Gut ist Cades Cove auch mit Fahrrädern zu befahren, die beim dortigen Campingplatz gemietet werden können.

VORSICHT: Die beschriebenen Strecken sind im Sommer oft hoffnungslos überfüllt!

☐ Einige »Hinterland-Pisten« bieten mehr Ruhe, so die **Rich Mountain Road** ④ und **Parson Branch Road** ⑤ (beide starten im

Ein Männchen des Rotkardinals; der kräftige Schnabel dieses Finkenvogels verrät den Körneresser.

Nur junge Streifenskinke zeigen die blaue Schwanzfärbung.

Berglorbeer ist eine Charakterpflanze der Great Smoky Mountains; er blüht ab Mai.

Cades Cove-Gebiet und führen aus dem Park), die **Balsam Mountain/Heintooga Round Bottom Road** ⑥ (im Südosten, bekannt für ihre »Flame Azalea«-Blüte) oder **Cataloochee** ⑦ (im Osten, ein ehemaliges Siedlungsgebiet). Genaue Beschreibungen findet man im Informationsblatt »Auto Touring« und im Buch »Mountain Roads and Quiet Places«.

Der Nationalpark ist aber auch ein Paradies für Wanderer. Interessierte können sich aus der »Great Smoky Mountains Trail Map« oder dem Informationsblatt »Walks & Hikes« Wege aller Schwierigkeitsgrade aussuchen. Einige Tips:

Überall im Park wurden sog. **Quiet Walkways** angelegt und mit Schildern ausgewiesen; dies sind leichte, für Wildblumen- und Tierbeobachtungen gut geeignete Wege. Dasselbe gilt für die ein Dutzend **Lehrpfade,** die – zwischen 1 und 4 km lang – mittels Wegeführer über die verschiedenen Natur- und Kulturaspekte des Parks informieren, manchmal aber hohe Besucherzahlen verkraften müssen. Länger als üblich dauert der **Alum Cave Bluffs Lehrpfad** ⑧, der zugleich auch Zugang zur Lodge auf dem Mt. LeConte ist. Nach Durchquerung eines Hemlocktannen-Gelbbirken-Mischwaldes mit dichtem Unterwuchs aus »Rosebay Rhododendron« gelangt man steil ansteigend über den Aussichtspunkt Arch Rock zum Felsüberhang Alum Cave Bluffs (bis hierher 4 km). Weitere, steile 4 km führen dann noch bis zum 2009 m hohen Mt. LeConte.

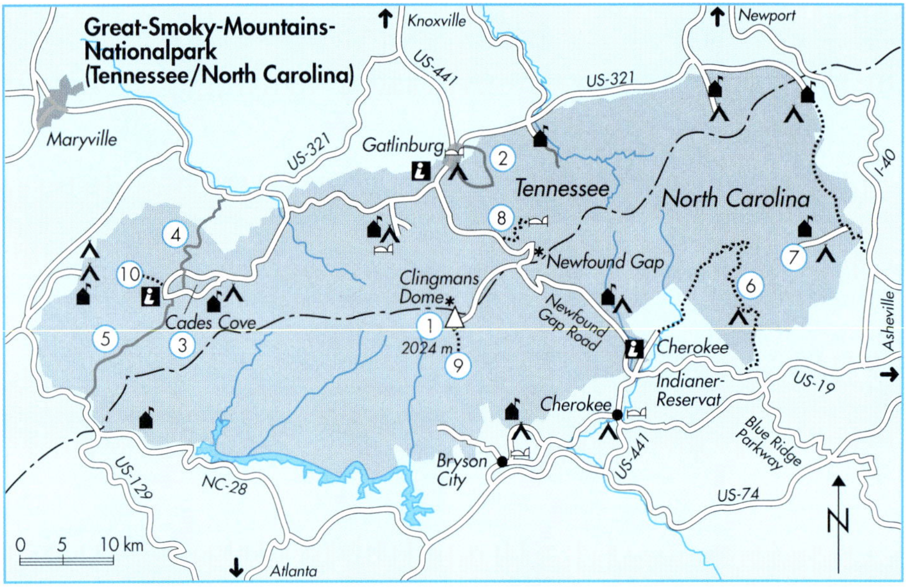

Erwähnt seien noch 2 lohnende Ziele:
Andrews Bald ⑨: Ausgangspunkt ist der Parkplatz am Clingmans Dome. Im Juni/Juli ist diese baumfreie Fläche von blühenden Alpenrosen- und Berglorbeersträuchern übersät (6 km).
Abrams Falls ⑩: Start an der Cades-Cove-Rundstraße. Der Weg zum Wasserfall geht durch Eichen-Kiefernwald, der später in »Eastern Hemlock«-Wald mit »Rosebay-Rhododendron« übergeht (8 km).

Praktische Tips

Anreise
Die US-441 durchquert den Park; die Großstadt Knoxville liegt 60 km nordwestlich (Busverbindung). Der Blue Ridge Parkway (s. S. 197) mündet kurz vor dem südlichen Parkeingang in die US-441.

Klima/Reisezeit
Temperaturen im Sommer in den Tälern 25–30°C, in größeren Höhen 15–20°C; zwischen 1400 und 2100 mm Regen/Jahr. Beste Reisezeit: April bis Oktober.

ACHTUNG: Mit 10 Mio. Besuchern sind die Great Smoky Mountains der meistbesuchte Nationalpark in den USA. Besonders hier gilt: Ferienmonate (Juli/August) und Herbstwochenenden meiden!

Unterkunft
Der Park hat 10 Campingplätze; Reservierung über MISTIX (s. S. 227) ist für Cades Cove, Smokemont und Elkmont zwischen 15. Mai und 31. Oktober vorgeschrieben. Sonstige Unterkünfte: das Wonderland Hotel bei Elkmont (1. Juni bis 31. Oktober, Tel. (615) 436–5490) und die LeConte Lodge (Mitte März bis Mitte November, erreichbar nur auf halbtägigem Fußmarsch; Reservierung über LeConte Lodge, Sevierville, TN 37862, Tel. (615) 429-5704. Die Ortschaften Gatlinburg, Cherokee und Bryson City haben zusammen eine Riesenauswahl an Unterkünften.

Adressen
➪ Hauptquartier: Great Smoky Mountains National Park, Gatlinburg, TN 37738, Tel. (615) 436–1220.

24 Shenandoah-Nationalpark

Sanfte Bergrücken, versteckte Wasserfälle und malerische Bergbäche; Frühjahrsblüte mit Blumenhartriegel, »Pink Azalea«, »Large-flowered Trillium« und Orchideen; prächtige Laubfärbung im »Indian Summer«; Helmspecht, Scharlachtangare und Indigofink unter den Brutvögeln.

Die Appalachen sind das dominierende Gebirge im Osten Nordamerikas (s. S. 11). Im Gegensatz zu den hohen, scharfkantigen Bergketten des Westens erscheinen sie aber als sanftgewellte Rücken, die allenfalls im Bereich der Great Smoky Mountains (s. S. 184) 2000 m Höhe überschreiten. Grund dafür ist ihr Alter und die vom feuchten Klima geförderte starke Abtragung.

Die Blue Ridge der Appalachen, in deren nördlichem Teil der Shenandoah-Nationalpark als dünner 791 km^2 umfassender Streifen liegt, besteht in ihrem Kern aus Granit, der schon vor 1 Milliarde Jahren in der Erdkruste gebildet wurde. Einige hundert Mio. Jahre später überlagerte Basaltlava bis auf wenige Gipfel den Granit, gefolgt von mehrere Kilometer dicken Sedimentschichten, die während nachfolgender Meeresüberflutungen deponiert wurden. Unter dem Druck dieser immensen Gesteinslast wandelten sich der Basalt in Grünschiefer, die Sedimente in Sandstein, Schiefer und Kalkstein.

Die Hebung, die zum heutigen Gebirge führte, begann vor etwa 300 Mio. Jahren im Zuge der Ausformung des Urkontinents Pangäa (s. S. 10). Die Höhe der ehemaligen Blue Ridge ist unbekannt, denn im Verlauf ihrer Abtragung wurde das Deckgestein entfernt und in die Täler (z. B. das Shenandoah Valley) transportiert. Zurück blieben hauptsächlich Grünschiefer (z. B. auf den Gipfeln des Stony Man Mountains, Hawksbill Mountains und als Klippen, über die sich Wasserfälle stürzen) und Granit (z. B. auf dem Old Rag Mountain).

Shenandoah wird oft als »Recycled Park« bezeichnet. Sein heutiger Zustand ist weitgehend das Ergebnis von 60 Jahren Schutz nach vorangegangener 150-jähriger Ausbeutung. Während Indianer die Berge nur als Sommerlager und zur Fruchternte besuchten, hatten die europäischen Siedler von 1800 an abgeholzte und abgebrannte Flächen, erschöpfte Böden und eine stark

Der Gipfel des Bearfence Mountain (Meilenstein 56,4 des Skyline Drive) ist oft in Nebel gehüllt.

Vom Skyline Drive eröffnet sich bei klarem Frühjahrswetter manch schöner Ausblick über die frisch begrünten Hänge.

reduzierte Tierwelt hinterlassen. Seit der Gründung des Nationalparks im Jahre 1936 haben sich die Pflanzen- und Tierbestände aber so gut erholt, daß heute wieder 40% seiner Fläche als »Wilderness« eingestuft werden.

Ein Rotschulterbussard zeigt seine prächtigen rostroten Farben; er ist vor allem im Osten der USA verbreitet.

Pflanzen und Tiere

Der Nationalpark ist zu 95% bewaldet, wobei Laubbäume dominieren. Ihrer prächtigen Färbung wegen steigen im »Indian Summer« (September/Oktober) die Besucherzahlen sprunghaft an. Häufig sind Gelbbirken, Zuckerahorn, Robinien und verschiedene Arten der mit der Walnuß verwandten Hickorynuß. Dazu kommen Eichen und Kiefern, die sonnige Hänge bevorzugen, sowie die in den unteren Parkzonen verbreiteten Magnolien (S. 186). Die ehemals dominierenden Amerikanischen Kastanien erlagen zu Anfang des Jahrhunderts einer Pilzkrankheit (s. S. 187). Nadelbäume sind mit »Eastern Hemlocks« vorwiegend an feuchten, kühlen Orten wie im Limberlost-Gebiet vertreten. Rotfichten und Balsamtannen findet man dagegen nur auf den höchsten Parkgipfeln. Sie gelten als Überbleibsel aus den Eiszeiten (s.auch S. 186).
Neben dem Herbst ist der Frühling die schönste Jahreszeit in Shenandoah. Bis Mitte Mai sind die Wälder weitgehend

frisch begrünt, mit blühenden Blumenhartriegel- und »Pink Azalea«-Sträuchern durchsetzt, und auch die Wildblumenblüte ist in vollem Gange. Ihr wird jedes Jahr vom Nationalpark ein spezielles »Wildflower Weekend« gewidmet, das Wanderungen und Seminare anbietet. Allenthalben findet man dann »Bluets«, »Large-flowered Trilliums«, »Wild Geraniums«, Polster des Moosphlox oder auch – seltener – »Yellow Lady's Slippers«, »Showy Orchids« und »Jack-in-the-Pulpits« in den Wäldern.

Shenandoahs Tiere haben sich in der regenerierten Vegetation ausgebreitet. Wolf (S. 54), Rothirsch (S. 36) und Puma (S. 18) wurden zwar im Laufe der Besiedlung ausgerottet, die ebenfalls durch Bejagung dezimierten Weißwedelhirsche und Schwarzbären (s. S. 53) sind aber heute wieder häufig auf Wanderungen zu sehen. Ebenfalls verbeitet sind Grauhörnchen (sie queren oft die Straße!), Streifenskunks (S. 203), Streifenbackenhörnchen sowie die nächtlich aktiven Graufüchse (S. 18) und Nordopossums (S. 188).

Von den Vögeln nutzen viele den Park als Durchzugsstation, andere brüten. Versteckt im Wald leben die Walddrossel, ihr Verwandter, die etwas kleinere Wilsondrossel und Truthühner. Ebenso kann hier der krähengroße Helmspecht (S. 188) gesichtet oder zumindest sein langsames, widerhallendes Hämmern gehört werden. Kaum zu übersehen sind Scharlachtangaren und Indigofinken, deren Männchen ein leuchtend rotes bzw. blaues Gefieder zur Schau stellen. Im Aufwind der Berge kreisen im Sommer oft Truthahngeier (S. 149), Rotschulterbussarde und Kolkraben (S. 98).

Ein ungeliebter, aber seit Mitte der 1980er Jahre fest im Park etablierter Vertreter der Insekten ist der Schwammspinner, eine der Plagen in den östlichen Wäldern Nordamerikas (s. S. 187). Seine Raupen hinterlassen jedes Jahr große Flächen mit kahlgefressenen Bäumen.

Streifenkäuze bewohnen tiefer gelegene Wälder.

Im Gebiet unterwegs

170 km windet sich der gut ausgebaute **Skyline Drive** über die Berge und bildet gleichsam das Rückgrat des schmalen Parks. An der Straße liegen die beiden Besucherzentren Dickey Ridge und Big Meadows, die Campingplätze, über 60 Aussichtspunkte und auch die Ausgangspunkte schöner Wanderwege, von denen Shenandoah über 800 km bereithält (darunter 150 km des bekannten, von Georgia

Der Blumenhartriegel zählt zu den häufigeren Straucharten der östlichen Laubwälder.

Die lauten Rufe des Blauhähers hört man vor allem in Eichenwäldern; der Vogel wird 30 cm groß.

mach Maine verlaufende Appalachian Trails). In den Besucherzentren erhältliche Parkführer und Karten behandeln diese ausführlich. Aus dem Riesenangebot deshalb hier nur einige ausgesuchte Vorschläge aus dem zentralen Bereich des Nationalparks (die Meilenzählung beschreibt die Lage der Besuchspunkte am Skyline Drive und beginnt an der nördlichen Parkgrenze).

Stony Man Nature Trail ① (Meile 41,7): Während des Aufstiegs zum zweithöchsten Berg des Parks erfährt man einiges zu dessen Vegetation und Geschichte; auf dem Gipfel, der aus säulenförmig gelagertem Grünschiefer besteht, geht der Blick weit über das Shenandoah Valley (2,5 km).

Whiteoak Canyon Trail ② (Meile 42,6): Benannt nach den hier vorkommenden Weißeichen führt der Weg entlang eines Baches zu einer Serie aus 6 Wasserfällen und passiert dabei das »Limberlost«-Gebiet, einen Wald aus etwa 100 großen, bis 500 Jahre alten »Eastern Hemlocks«, die der Axt der Holzfäller entkamen. Bis zum ersten Wasserfall sind etwa 3,7 km zurückzulegen.

Hawksbill Mountain Trail ③ (Meile 45,6 oder 46,7): 2 relativ einfache Wege können für

»Pink Azaleas« sorgen für Farbtupfer im Frühling; im Shenandoah kommen sie zusammen mit dem Blumenhartriegel vor.

»Jack in the Pulpit« gehört zu den Aronstabgewächsen; die Pflanze bevorzugt schattige Standorte.

Szene vom Rose River Trail; der Wanderweg führt durch weitgehend unberührtes Parkgebiet.

Ein Männchen der Scharlachtangare im Brutgefieder.

Die meisten Hickorynuß-Arten sind eßbar; außerdem wird das Holz dieser Bäume zum Räuchern von Fleisch oder Mandeln genutzt.

den Aufstieg zum höchsten Gipfel Shenandoahs (1215 m) gewählt werden. Exponierter Grünschiefer und die sonst im Park seltenen Glazialrelikte Rotfichte und Balsamtanne sind hier zu sehen.

Dark Hollow Falls/Rose River Falls ④ (Rundweg; Meile 50,7): Der Abstieg zum Dark Hollow Wasserfall und weiter zum Rose River geht durch dichten, unberührten Mischwald; nach dem Aufstieg entlang des Rose Rivers durchquert man offeneren, mit Blumenhartriegel und »Pink Azalea« durchsetzten Laubwald bis zur Parkstraße. Zurück auf der Straße oder auf der Rose River Fire Road. Gesamtstrecke etwa 8 km.

South River Falls Trail ⑤ (Meile 62,8): Dies ist einer der besten Wege, um seltenere Wildblumen, darunter Orchideen, zu sehen. Nach der Durchquerung eines sehr

Auch der prachtvolle, gelbblühende »Yellow Lady's Slipper« aus der Familie der Orchideen kommt im Shenandoah vor.

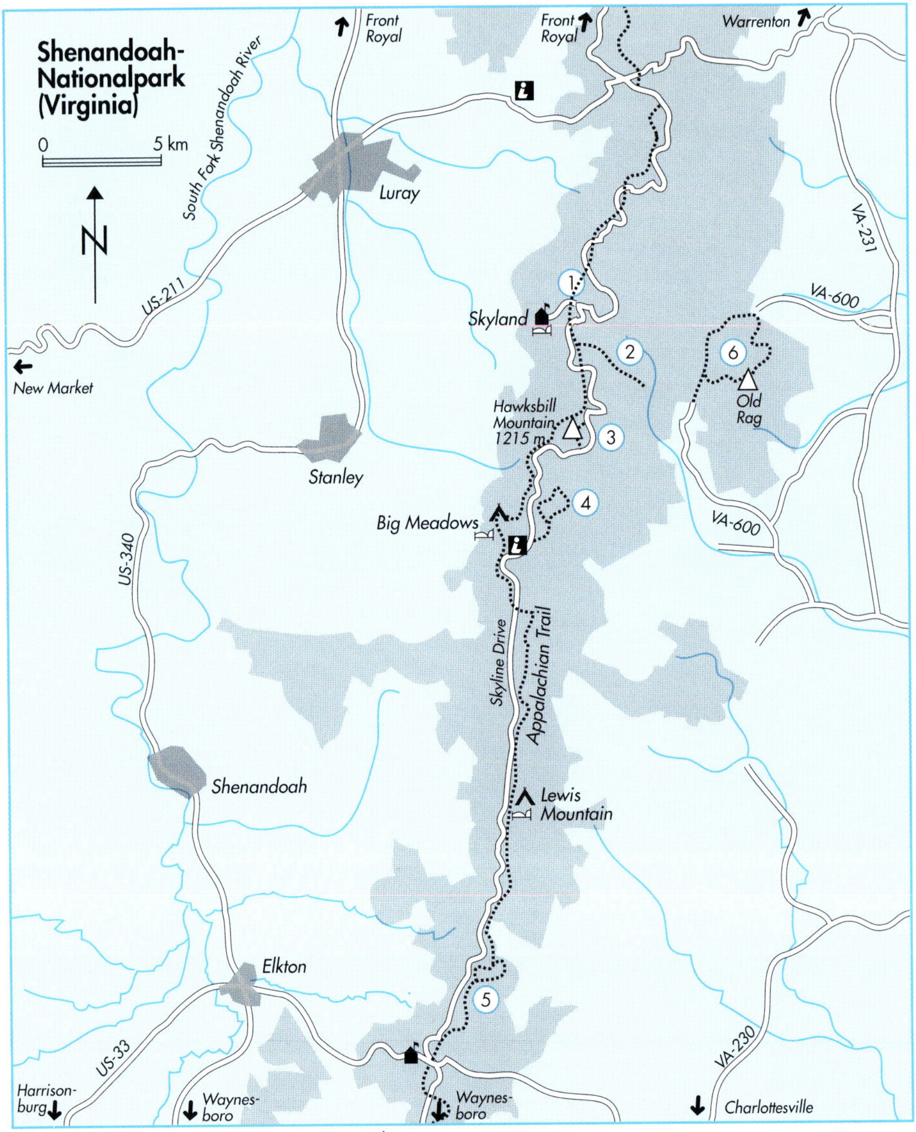

schönen Laubwaldes folgt man dem Fluß bis zum Wasserfall. Statt auf demselben Weg zurückzukehren, kann man über die South River Fire Road und den Appalachen Trail zum Ausgangspunkt gelangen. Länge des gesamten Rundweges: etwa 6 km.

<u>Old Rag Mountain</u> ⑥: Eine urwüchsige Landschaft mit mächtigen Granitblöcken und weitem Fernblick charakterisiert diesen östlich des Hawksbill Mountain gelegenen Berg. Zur Anfahrt verläßt man am besten den Park, um über die VA-231 und VA-600 den Ausgangspunkt der Wanderung beim Berry-Hollow- oder Weakley-

Hollow-Parkplatz zu erreichen. Von jedem der Parkplätze kann man dann etwa 4,5 km zum Gipfel des 980 m hohen Berges aufsteigen (von Berry Hollow auf dem Saddle Trail, von Weakley Hollow auf dem Ridge Trail). Wer nicht auf gleicher Strecke zurückkehren will, kann den Ausflug unter Einbeziehung der Weakly Hollow Fire Road zur etwa 12 km langen Rundwanderung ausdehnen. Mit der Anfahrt ist dies eine Tagestour.

Weißwedelhirsche sind am besten morgens und abends an Waldrändern zu beobachten.

Praktische Tips

Anreise

Norden: Von der I-66 Ausfahrt zur US-340, dann zum Parkeingang bei Front Royal; Süden: Von der I-64 oder dem Blue Ridge Parkway kommend über Waynesboro zum Südeingang. 2 weitere Parkeingänge sind auf der US-211 bzw. der US-33 vom Westen oder Osten aus zu erreichen.

Klima/Reisezeit

Tageshöchsttemperaturen zwischen 15°C und 25°C im Sommer; Nächte etwa 10°C kühler; Jahresniederschlag um 1300 mm. Beste Reisezeit: Mai bis Oktober. VORSICHT: Großer Andrang im Juli/August und im Oktober.

Unterkunft

4 Campingplätze im Park, von denen Big Meadows von Mitte Mai bis Oktober über MISTIX (s. S. 227) zu reservieren ist. Zuständig für die Skyland und Big Meadows Lodge sowie die Kabinen bei Lewis Mountain ist die ARA Virginia Sky-Line Company, P.O. Box 727, Luray, VA 22835, Tel. (703) 743–5108 oder (kostenlos) 1–800 999–4714. Weitere Motels/Hotels in Front Royal, Waynesboro, Luray, Stanley, Charlottesville.

Adressen

➪ Parkhauptquartier: Shenandoah National Park, Route 4, P.O.Box 348, Luray, VA 22835, Tel. (703) 999–2266.

Blick in die Umgebung

Endloser Wald, Berge und Wiesen, blühende Alpenrosen im Frühjahr oder das unbeschreibliche Farbenspiel des Herbstlaubes: dies ist der **Blue Ridge Parkway**, der sich 750 km durch die südlichen Appalachen schlängelt und den Shenadoah-Nationalpark mit dem Great-Smoky-Mountains-Nationalpark (s. S. 184) verbindet. Die Strecke ist zum schnellen Durchfahren zu schade; man sollte sich Zeit nehmen für Wanderungen und Beobachtungen, für die schön gelegenen Camping- und Picknickplätze und die 4 Besucherzentren, die mit Karten und Informationsmaterial aufwarten.

»Large-flowered Trilliums« überziehen den Waldboden zu Blütezeit stellenweise mit einem weißen Teppich.

25 Acadia-Nationalpark

Rauhe Felsküste, vegetationsarme Granitkuppen, waldreiche Täler und langgestreckte Seen; Frühlingsblüte der »Rhodora«-Büsche; große Vogelvielfalt mit z. B. Eiderenten, Eistauchern, Blauhähern und 21 Waldsängerarten; Weißwedelhirsche, Streifenbackenhörnchen und Kanadische Biber.

Mit nur 142 km^2 Fläche gehört Acadia zu den kleinsten Nationalparks der USA. Das Parkgebiet an der Küste des Bundesstaates Maine ist zudem stark zersplittert, wobei Teile von Mount Desert Island, der Südzipfel der Schoodic Peninsula, Baker Island und die Isle du Haut zu den wichtigsten Bereichen zählen. Das »Flickenteppich«-Muster des Nationalparks resultiert aus den früheren Eigentumsverhältnissen. Ab etwa 1850 hatten Künstler, Politiker und andere Wohlhabende hier stückweise Land erworben, das sie später der Regierung überließen. 1919 entstand daraus der erste Nationalpark östlich des Mississippi. Sein Name, Acadia, leitet sich ab von »La Cadie«, der Bezeichnung des Seefahrers Samuel de Champlain für die von ihm im Jahre 1604 für Frankreich beanspruchten Gebiete des nordöstlichen Amerika. Tonangebend im Nationalpark sind kahle Bergkuppen, die schon den ersten europäischen Entdeckern auffielen (daher der

Blick vom Cadillac Mountain über den Ort Bar Harbour und die vorgelagerten Inseln.

Name Mount Desert Island). Bei näherem Hinsehen entpuppen sie sich als grobkörniger, hell gefärbter Granit, der von einer bewegten geologischen Vergangenheit zeugt. An der Nahtstelle Nordamerika-Eurasien hatten zur Zeit des Urkontinents Pangäa (s. S. 10) heftiger Vulkanismus und Deformierungen der Erdkruste zu Gebirgsbildungen geführt. Zudem drangen mehrmals geschmolzene Gesteinsmassen vom Erdinneren in die überliegenden Schichten und erstarrten zu sogenannten Batholithen (Tiefengesteinskörpern) aus Granit. Spätere Erosion ebnete die einstigen Berge ein und legte nach Ausräumung des weicheren Oberflächengesteins den sehr widerstandsfähigen Granit frei.
Seinen bisher letzten Schliff erhielt das Gebiet während der Eiszeiten. Mindestens 1000 m dicke Gletscher schrammten mehrmals vom Norden her über das Land und hinterließen überall ihre Spuren: sanft gerundete Bergrücken, ausgekerbte, wassergefüllte Vertiefungen (heute Seen), trogförmig verbreiterte Täler, mittransportierten Gesteinsschutt (Moränen) und abgelagerte Felsblöcke (Findlinge). Als mit dem Schmelzen des Eises der Meerespiegel anstieg, schob sich das Wasser in Form fingerförmiger Buchten ins Land hinein.

Pflanzen und Tiere

Acadias Nadelwälder bestehen in den höheren Lagen hauptsächlich aus Rotfichten und Balsamtannen. Felsigen Boden (z. B. in Gipfellagen) tolerieren auch Pechkiefern, eine zähe Kiefernart der Neuenglandstaaten. Tamaracklärchen bevorzugen dagegen feuchten Boden. Entlang der Küste ist oft noch ein Streifen der kälteliebenden Weißfichte zu finden. Laubbäume, darunter Papierbirken (s. S. 205), Amerikanische Zitterpappeln (S. 15) und Großblättrige Buchen, halten sich meist an geschützten Stellen und profitierten von früheren Abholzungen und Bränden.

Schroffe Granitfelsen bilden die Küste der Mount-Desert-Insel südlich von Sand Beach.

Im Frühjahr sorgen blühende Sträucher und Blumen für Farbe, so vor allem der weitverbreitete »Rhodora« oder die »Common Chokecherry«, eine Kirschenart. Im Schutze der Bäume gedeihen neben Farnen, Bärlappen und »Bunchberries« auch Kanada-Schattenblümchen und »Bluebead Lilies«; »Blue Flags« wachsen an feuchten Stellen. Später im Jahr sind z. B. rotblühende »Cardinal Flowers« (S. 128) und Weidenröschen (S. 96) anzutreffen. Weniger gern gesehen ist der Gift-Sumach, ein im gesamten amerikanischen Osten vorkommender Strauch, mit dem sich jeder vertraut machen sollte. Er enthält chemische Wirkstoffe, die bei Berührung starke Hautentzündungen bis zur Blasenbildung verursachen können.
Unter Vogelfreunden wird der Acadia-

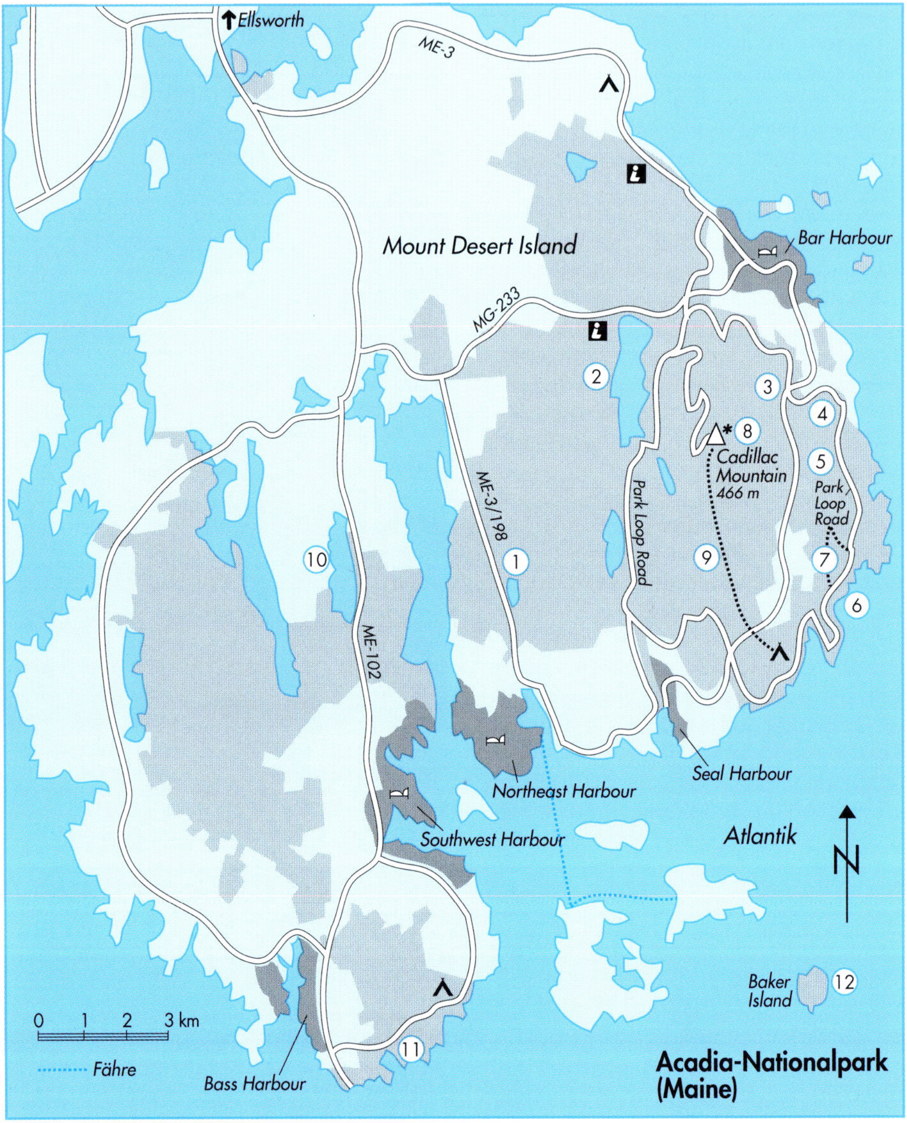

Nationalpark hoch gehandelt, denn trotz seiner kleinen Fläche kann er mit über 300 Vogelarten aufwarten! Von den Küsten und Seen sind allein 2 Dutzend Gänse- und Entenarten bekannt, darunter die schön gezeichneten Spatel- und Brautenten neben Kanadagänsen (S. 40) und allen 3 nordamerikanischen Sägerarten als Brutvögel. Dazu kommen Eistaucher (S. 209), Ohrenscharbe und die zu den Alken zählende Gryllteiste. Der Park gilt auch als Waldsänger-Hochburg. Von den 28 vorkommenden Arten nisten 21 im Gebiet! Einer davon, der Meisenwaldsänger,

baut sein Nest in die von den Bäumen herabhängenden Bartflechten. An weiteren Vögeln können z. B. verschiedene Reiher und Schnepfen als Durchzügler, 8 Spechtarten, Blauhäher (S. 194), Weißkehlammern, Weißkopf-Seeadler (S. 207) und die im östlichen Nordamerika eher seltenen Kolkraben (S. 98) beobachtet werden.
Häufige Säugetiere des Nationalparks sind Weißwedelhirsche (S. 197), Nordamerikanische Waschbären (S. 68) und Streifenskunks. Streifenbackenhörnchen und Rothörnchen bewohnen die Wälder, in denen auch Rotfüchse und ihre Hauptbeutetiere, die Schneeschuhhasen verbreitet sind. An den Seen leben Kanadische Biber (S. 205); gelegentlich sieht man dort auch Amerikanische Nerze und Nordamerikanische Fischotter.
Acadia ist kein bevorzugter Ort der Reptilien, und auch Amphibien sind nicht häufig. Trotzdem findet man in den Gewässern Schnappschildkröten und Zierschildkröten. Letztere werden schon bei 8°C Wassertemperatur aktiv! Hin und wieder hört man in Sommernächten die sonore Stimme des Ochsenfrosches, des mit 20 cm Länge größten Frosches Nordamerikas.

Im Gebiet unterwegs

Der auf Mount Desert Island liegende Hauptteil des Nationalparks ist verkehrsmäßig gut erschlossen. Ein Netz von Kieswegen (»Carriage Roads«) wurde dort schon ab 1917 für Pferdewagen angelegt. Sie sind heute Reitern, Radfahrern, Wanderern und im Winter Skiläufern vorbehalten. Geschmackvoll paßte man handbehauene Brücken aus Granit der Landschaft an. Sie sind z. B. auf dem **Hadlock Brook Loop** ① (Ausgangpunkt ME-3/198 nördlich des Upper Hadlock Pond) zu bewundern, wo auf einer 6-km-Rundwanderung gleich drei passiert werden. Die 10-km-Umrundung des **Eagle Lakes** ② ist bei Radfahrern beliebt;

Spatelenten sind seltene Wintergäste der nordöstlichsten Küstengebiete der USA; im Bild ein Erpel.

Fahrräder können in Bar Harbour und Southwest Harbour ausgeliehen werden.
Mit dem Auto kann man die **Park Loop Road** befahren, eine zum Teil als Einbahnstraße ausgewiesene Rundstrecke, die beim Hulls-Cove-Besucherzentrum beginnt und über 32 km der Meeresküste, den Seen und Tälern folgt. Die Broschüre »Motorists Guide« beschreibt die Sehenswürdigkeiten entlang der Straße, von der aus auch schöne Wanderungen möglich sind. Einige Vorschläge:
Einen Stop wert ist das Gebiet um **Sieur de Monts Spring** ③ . Dort sind im **Acadia Wild Garden** etwa 400 einheimische Gehölz- und Blumenarten in ihren (angelegten) Lebensräumen zu sehen. Das naheliegende

Die weißblühende »Bunchberry« gehört zu den Hartriegeln; sie wird nur bis 20 cm hoch.

Das Verbreitungsgebiet der »Rhodora« ein Rhododendron, reicht vom Nordosten der USA bis nach Kanada

Wanderdrosseln haben sich gut an den Menschen angepaßt; sie folgten ihm aus dem Wald in die Parks und Gärten.

Nature Center befaßt sich mit der Naturgeschichte, das **Abbe Museum** mit der indianischen Kultur Acadias. Der **Beaver Dam Pond** ④ weiter südlich ist ein guter Platz um Kanadische Biber zu beobachten (am besten in den Abendstunden). Auf dem **Precipice Trail** ⑤ kann der 323 m hohe Gipfel des Champlain Mountain erklettert werden. Der Weg ist kurz (1,3 km einfach), aber sehr steil und mit Leitern und Handführungen gesichert. Im Falle einer Wanderfalkenbrut in der Steilwand bleibt der Weg geschlossen.
Steilküste mit schönen Felsformationen findet man südlich von **Sand Beach** bis **Otter Point** ⑥. Hier verläuft auch ein Fußweg parallel zur Küste. Sehr abwechslungsreich ist die Wanderung zum **Gorham Mountain** ⑦ (1,5 km einfach, Ausgangspunkt der Parkplatz am Gorham Mountain Trailhead), weiter zum Beehive (»Bienenkorb«-Berg) und zurück zur Parkstraße bei Sand Beach, dann entlang der Küste bis zum Parkplatz. Die schöne Aussicht, offener Nadel- und schattiger Laubwald bestimmen den insgesamt etwa 6 km langen Weg.

Der bis zu 20 cm lange Ochsenfrosch bewohnt die Gewässer des Oskus

Zum »Pflichtprogramm« jedes Acadia-Besuchers gehört auch die Auffahrt zum **Cadillac Mountain** ⑧, den mit 466 m höchsten Berg des Parks. Der Rundblick über die zerklüfteten Granitfelsen zum Meer hin ist am schönsten frühmorgens oder im späten Abendlicht. Wanderungen zum Cadillac Mountain nehmen mehrere Stunden in Anspruch; ein beliebter, relativ einfacher Aufstieg ist der **South Ridge Trail** ⑨ vom Blackwoods-Campingplatz aus (6,5 km einfach).
Auch im Westteil von Mount Desert Island liegen lohnende Ziele; z. B. der malerische **Echo Lake** ⑩ oder die Südspitze der Insel: Hier sind der **Ship Harbour Nature Trail** bzw. der **Wonderland Trail** ⑪ (jeweils 2 km) zu empfehlen.
Weit weniger Besucher kommen zu den außenliegenden Parkteilen. Auf **Baker Island** ⑫ (unregelmäßige Fährverbindung von Bar Harbour) und der **Schoodic Penin-**

Der Streifenskunk besprüht Angreifer mit dem äußerst übelriechenden Sekret seiner Analdrüsen – also Vorsicht!

Brautenten-Erpel könnten kaum bunter sein; die kleinen Enten nisten in Baumhöhlen.

sula (80 km östlich Bar Harbour) lassen hohe Klippen das Spiel der Brandung besonders eindrucksvoll erleben. Die weit im Südwesten gelegene Isle du Haut ist von der Ortschaft Stonington aus mit dem Postboot erreichbar. Sie ist touristisch kaum erschlossen, hat aber einen einfachen Campingplatz.

Praktische Tips

Anreise

Mount Desert Island: über die ME-3 von der US-1 (Ellsworth) aus; in den Sommermonaten fahren Greyhound-Busse die Strecke Bangor – Bar Harbour. Schoodic Peninsula: über die US-1 und ME-186. Isle du Haut: Überfahrt von Stonigton; bis dort auf der ME-15 (Abzweigung von der US-1 hinter Orland).

Klima/Reisezeit

Kühle Sommer mit Temperaturen zwischen 25°C und 12°C. Häufiger Nebel (durchschnittlich an 60 Tagen/Jahr) und 1300 mm Niederschläge/Jahr. Beste Reisezeit: Mai bis Oktober.
ACHTUNG: Der kleine Acadia-Nationalpark hat über 4 Mio. Besucher pro Jahr aufzuweisen – soviel wie der Grand Canyon! Wenn möglich, die Hauptsaison im Juli/August meiden!

Unterkunft

2 Campingplätze im Park: Blackwoods ganzjährig geöffnet, aber von 15. Juni bis 15. September Reservierung über MISTIX (s. S. 227); Seawall geöffnet von Mai bis September. Große Auswahl von Unterkünften in den Ortschaften außerhalb (Bar Harbour, Northeast Harbour, Southwest Harbour, Ellsworth).

Adressen

➪ Hauptquartier: Acadia National Park, P.O. Box 177, Bar Harbour, ME 04609, Tel. (207) 288–3338.

Die »Blue Flag« aus der Familie der Schwertliliengewächse.

26 Voyageurs-Nationalpark

Von Gletschern geformte, einsame Seenlandschaft an der kanadischen Grenze; ausgedehnte Wälder mit seltenen Blumen; Weißkopf-Seeadler, Fischadler und Eistaucher; Kanadische Biber, Schwarzbären und Wölfe; erlebnisreiche Kanufahrten auf den Spuren der Voyageurs.

»Eine Wüste aus Fels, Wald und Wasser« nannten die ersten Weißen die Landschaft im Norden Minnesotas nahe der kanadischen Grenze. Hier liegen, eingebettet in flachwelliges Gelände und umrahmt von dunklen Wäldern, Tausende einsamer Seen, von denen einige im 882 km^2 großen, 1975 gegründeten Voyageurs-Nationalpark unter Schutz stehen.

Besucher bewegen sich auf uraltem Untergrund: Geologisch gesehen gehört das Gebiet zum seit der Frühzeit der Erde bestehenden Festlandskern des Kanadischen Schildes (s. S. 10). Bänder aus Grünschiefer (ein chloritreiches Gestein vulkanischer Herkunft) durchsetzen zusammen mit wertvollen Erzen sein Urgestein und machten Minnesota zum wichtigen Rohstofflieferanten der USA. Seit mindestens 1,5 Milliarden Jahren ist der Kanadische Schild der Abtragung ausgesetzt, wobei besonders Eiszeiten ihre Spuren in Form von Moränen und ausgehobelten, mit Wasser gefüllten und oft miteinander verbundenen Becken hinterließen – Nord-Minnesotas heutige Seenplatte!
Rund 40% der Nationalparkfläche ist Wasser, aufgeteilt in vier große zusammenhängende und mit Inseln gespickte Seen (Rainy, Namakan, Kabetogama und Crane

Kanadische Biber verändern die Landschaft: Im von ihnen aufgestauten Wasser sterben die Bäume ab.

Die Eingänge einer Biberburg liegen meist unter der Wasseroberfläche, die Wohnung im oberen, trockenen Teil.

Ein Kanadischer Biber bringt einen Weidenzweig zu seiner Unter-Wasser-Vorratskammer im Damm.

Lake), die die Kabetogama-Halbinsel umschließen. Diese Seen waren vom späten 18. Jh. bis Mitte des 19. Jh. Teil der Hauptverkehrsroute der sogenannten Voyageurs frankokanadischer Herkunft, die Biberfelle und andere Handelsgüter zwischen den Großen Seen und dem kanadischen Nordwesten transportierten. In ihren leichten, 10 und mehr Meter langen, von den Indianern übernommenen Birkenrindenkanus paddelten sie bis zu 16 Stunden am Tag! Entlang der von ihnen befahrenen Route verläuft heute die Staatsgrenze zwischen den USA und Kanada.

Pflanzen und Tiere

Die Vegetation des Nationalparks ist Teil des borealen Waldgürtels der Nordhemisphäre, der in den USA in Nord-Minnesota seine südlichste Verbreitungsgrenze erreicht. Nadel- und Laubbäume wechseln sich dabei je nach Standort ab.
Sumpfgebiete, See- und Flußufer sind bevorzugter Lebensraum von Schwarzfichte, Tamaracklärche und Lebensbaum. An Laubbäumen findet hier man Schwarzeschen, »Speckled Alder« (eine Erle) und verschiedene Weiden. Am feuchten Boden entfalten in der kurzen Vegetationsperiode »Painted Trilliums« und die Schwertlilie »Blue Flag« (S. 203) ihre Blütenpracht. Seichte Buchten schmücken sich mit gelbblühenden Teichrosen, Drachenwurz und frischem Rohrkolben.
In den trockeneren und felsigen Regionen der höheren Lagen mischen sich auch Kiefern unter die Balsamtannen und Weißfichten. Vor allem die Rotkiefer ist häufig; die Ostamerikanische Weymouthskiefer, der mit 60 m größte Nadelbaum der östlichen Wälder, ist dagegen durch Holzeinschlag stark im Bestand zurückgegangen. Auf ihre Kosten haben Laubbäume wie Amerikanische Zitterpappeln (S. 15) und Papierbirken stark zugenommen. In der Vergangenheit waren Papierbirken sehr gefragt: Aus ihrer weißen, papierartigen Rinde fertigten Indianer (und später die Voyageurs) ihre leichten Birkenrindenkanus. An typischen Blumen findet man hier z. B. »Bunchberries« (S. 201), »Wild Columbines« und die prächtigen »Pink Lady's Slippers«. Letztere, eine Frauenschuhart, wird der Familie der Orchideen zugerechnet.
Die äußerst fischreichen Parkgewässer bilden für viele Vögel eine gute Nahrungsbasis. Hiervon profitieren Fischadler (S. 45), Kanadareiher, Silbermöwe, Gänsesäger und der schön schwarz-weiß gezeichnete Eistaucher – Minnesotas Staatsvogel mit dem unverkennbaren »Jodel«-Ruf. Am

Im ruhigen, seichten Wasser der klaren Seen siedeln sich Teichrosen an.

aufregensten ist aber die Beobachtung eines der bedrohten, in Minnesota aber noch relativ häufig vorkommenden majestätischen Weißkopf-Seeadlers, wenn er im Suchflug über die Seen streicht. Im Wald verbergen sich weitere interessante Vogelarten, z. B. Feuerkopf-Saftlecker, der dem europäischen Seidenschwanz ähnelnde Zedernseidenschwanz, Habicht und Bartkauz.
Zwischen 100 und 200 Schwarzbären (s. S. 53), Weißwedelhirsche (S. 197) und einige Elche (S. 45) vertreten die großen Säugetiere in den Wäldern. Die einst häufigen Rothirsche (S. 36) und Karibus wurden zu Anfang dieses Jahrhunderts durch Jagd ausgerottet; ihre Wiedereinführung wird erwogen. Flußniederungen sind das Reich der Kanadischen Biber. Die zahlreichen, aufgestauten Teiche dieser »Landschaftsarchitekten« kommen auch vielen anderen Tieren zugute, darunter Nordamerikanischen Fischottern und Bisamratten. Im Park leben außerdem 30–40 Wölfe (S. 54), deren Heulen man nachts gelegentlich hören kann.
Schließlich seien noch die vielen, teils unangenehmen Kleintiere erwähnt, mit denen jeder Besucher der wasserreichen Gebiete leben muß. Außer Moskitos, Kriebelmücken, Zecken und Stubenfliegen gehören dazu aber auch viele gern gesehene »nützliche« Insekten wie die Vierfleck-Libelle oder »White Admiral«-Schmetterlinge.

Eine Vierfleck-Libelle ruht auf einem Zweigende.

Im Gebiet unterwegs

Um den Park intensiv zu erleben, braucht man ein Wassertransportmittel. Die meisten Resorts an den Seeufern verleihen kleine Motorboote, Kanus, Haus- oder Se-

Der »Pink Lady's Slipper«, eine großblütige Orchideenart.

Die majestätischen Weißkopf-Seeadler, die Wappenvögel der USA, brüten im Nationalpark.

gelboote (Liste in den Besucherzentren). Vom Bootsmieter werden keine speziellen Lizenzen verlangt, man ist aber für das Boot verantwortlich und haftbar. Die Kenntnis der Verkehrsregeln und gutes Kartenmaterial sollte bei längeren Ausflügen selbstverständlich sein.
Dem Bootsfahrer steht die gesamte Wasserfläche des Nationalparks offen; für Übernachtungen kann man unter mehr als 100 kleinen, malerisch gelegenen Zeltplätzen wählen (s. Unterkunft). Für die Bewältigung größerer Strecken sind motorgetriebene Boote unerläßlich; wirkliches Naturerleben ist aber nur mit Kanus möglich. Für unternehmungslustige Leute stehen hierzu sehr schöne Ziele bereit, so z. B. der **Locater Lake** ①. Der See (der mit 3 weiteren Seen eine Art Kette bildet) liegt auf der Kabetogama-Halbinsel und ist nur über einen 3 km langen, interessanten Naturlehrpfad zu erreichen, zu dessen Ausgangspunkt man sich am besten mit einem gemieteten Boot transportieren läßt. Am Ufer des Locator Lake liegen Kanus; den Schlüssel zum Öffnen der Kettenschlösser erhält man kostenlos bei der Anmeldung im Besucherzentrum Kabetogama Lake. Die Ruhe und Natur, die Übernachtung auf einem der einsamen Zeltplätze, die Beobachtung von Eistauchern, eventuell einem Weißkopf-Seeadler oder Schwarzbären hinterlassen unvergeßliche Eindrücke. Jedoch VORSICHT: Mit plötzlichen Wetteränderungen und auffrischendem Wind muß immer gerechnet werden!
Etwas mehr Anstrengung erfordert der **Cruiser Lake Trail** ②, der die Kabetogama-Halbinsel von Lost Bay nach Anderson Bay auf 15 km Länge durchquert. Auch hierzu ist Bootstransport nötig, bevor man die Stille des Waldes mit seinen versteck-

»Wild Columbines« sind häufige Akeleien des Nordostens.

Ein Gänsesäger beim »Ballet«.

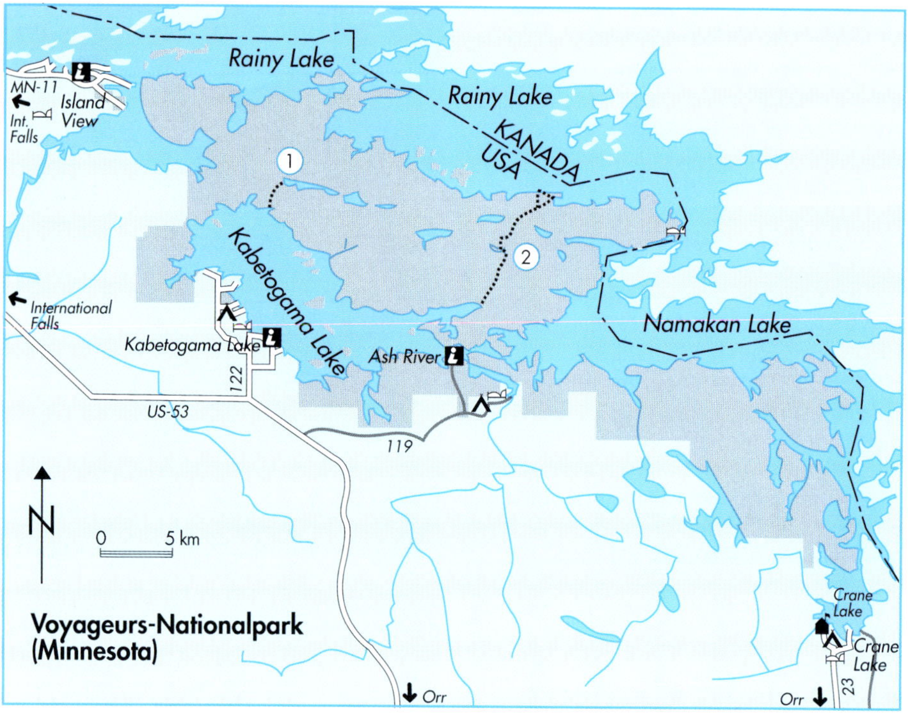

ten Seen und Biberteichen auf sich wirken lassen kann.
Vom Nationalpark organisierte, rangerbegleitete Bootstouren laufen von Mai bis September sowohl vom Rainy-Lake- als auch vom Kabetogama-Lake-Besucherzentrum aus (Information und Reservierung unter der Tel.- Nr. (218) 286–5470). Auch von Rangern geführte Kanutouren werden angeboten.

Praktische Tips

Anreise

Die 4 Parkeingänge sind von der US-53 aus zu erreichen: auf den County Roads 23 (Crane Lake von Orr aus), 129 (Ash River Trail nach Ash River), 122 (nach Kabetogama Lake) und auf der MN-11 Richtung Osten nach Island View von International Falls aus. Busse verkehren zwischen Duluth und International Falls.

Klima/Reisezeit

Kühles Festlandklima mit Durchschnittstemperaturen im kurzen Sommer zwischen 10°C und 25°C, im Winter zwischen 0 °C und -20 °C; durchschnittliche Regenmenge: 700 mm/Jahr; von November bis Mai sind die Seen zugefroren. Beste Reisezeit: Frühling bis Herbst, wobei die Hauptblütezeit im Mai/Juni und die Laubfärbung im September/Oktober besonders ansprechen.
ACHTUNG: Stechende und blutsaugende Insekten (Moskitos, Kriebelmücken, Zecken) machen entsprechenden Schutz nötig!

Unterkunft

Über 60 Resorts und Campingplätze in den Ortschaften am Rainy Lake, Kabetogama Lake, Ash River und Crane Lake (Liste in den Besucherzentren). Beliebt ist auch das 1913 errichtete, nur per Boot zu errei-

chende Kettle Falls Hotel auf der Kabetogama-Halbinsel. Weitere Unterkünfte in Orten an der US-53 (Orr, International Falls).
Über den Nationalpark verstreut liegen über hundert kleine, mit dem Boot oder Wasserflugzeug erreichbare, kostenlose »Boat-in Campsites« mit meist nur 1–2 Stellplätzen für Zelte.

Adressen
Hauptquartier:
- Voyageurs National Park, 3131 Highway 53, International Falls, MN 56649-8904, Tel. (218) 283–9821.

Besucherzentren:
- Rainy Lake, Tel. (218) 286–5258;
- Kabetogama Lake, Tel (218) 875–2111;
- Ash River, Tel. (218) 374–3221.

Blick in die Umgebung

In der **Boundary Waters Canoe Area (BWCA)** sind auf einer Fläche von über 3800 km^2 zahllose, zusammenhängende Seen entlang der kanadischen Grenze ausschließlich für Kanufreunde reserviert. Kanus können an verschiedenen Stellen zu Wasser gelassen werden und auf beliebig langen Routen läßt sich so die Natur genießen. Am besten ist das Unternehmen über sog. Outfitters (Ausrüster) zu organisieren, die sich um die Genehmigung kümmern und vom Kanu bis zur Verpflegung alles nach Wunsch zusammenstellen.
Interessant, auch für Naturfreunde, ist der **Iron Trail**, Minnesotas Eisenerz-Abbaugebiet entlang der US-169. Neben noch betriebenen Minen (wie Hull Rust, die größte Eisenerz-Tagebaumine der Welt bei Hibbing), existieren stillgelegte, teils wieder von der Natur zurückeroberte Abbaustätten, durch die mehrmals täglichen Führungen angeboten werden (z. B. die Hill Annex Mine bei Calumet). In der stillgelegten Soudan Underground Mine nahe Ely (heute ein State Park) bewegt man sich 702 m unter der Erdoberfläche !

Der Fichtenzeisig ist braun, mit kleinen gelben Flecken an Flügeln und Schwanz.

Der große, gräuliche Kanadareiher baut seine Nestplattform oft auf Bäumen in Gewässernähe.

Die 70–90 cm großen Eistaucher (hier im Sommergefieder) liegen tief im Wasser; bekannt ist ihr durchdringender Ruf.

Nebenreiseziele

N1 Devils Tower National Monument

Verschiedene Legenden der Indianer ranken sich um diesen seltsamen »Teufelsturm«, der die Hügellandschaft im Nordosten Wyomings um 386 m überragt. Er wuchs aus dem Boden, heißt es, um Stammesmitglieder vor einem riesenhaften Bären in Sicherheit zu bringen, der seine Krallen wütend in den Felsen schlug. In Wirklichkeit handelt es sich beim Devils Tower um einen durch Erosion freigelegten Lavapfropfen, der vor 60 Mio. Jahren in die heute abgetragenen Sedimentschichten eindrang und dort zu mehrkantigen Säulen erstarrte.

Das kleine bereits 1906 eingerichtete Schutzgebiet bietet neben dem markanten Felsen gute Beobachtungsmöglichkeiten für z. B. Weißwedelhirsche (S. 197) und Schwarzschwanz-Präriehunde (S. 25). Truthahngeier (S. 149) umkreisen zusammen mit Präriefalken (S. 121) den Devils Tower, Rotkopfspechte und Berghüttensänger (S. 96) besiedeln seinen bewaldeten Fuß. Das Monument besitzt ein kleines Besucherzentrum, 4 Wanderwege und 1 Campingplatz (geöffnet von Mitte Mai bis Ende September). Adresse: Devils Tower National Monument, Devils Tower, WY 82714, Tel. (307) 467–5283.

N2 Craters of the Moon National Monument

Diese »Mondlandschaft« am Rande der Snake River Plain im Süden des Bundesstaates Idaho umfaßt ein über 1650 km² großes Gebiet verschieden strukturierter Lavaflüsse, große Lavatunnel sowie Schlacken- und Schweißschlackenkegel, die über 240 m aus der Ebene aufragen.

Blick auf zwei große Schweißschlackenkegel des Craters of the Moon National Monuments.

Außerdem sind bis zu 4 m lange Lavabomben zu finden, und an manchen Stellen hinterließen ehemalige Bäume Spuren im Gestein. All diese Strukturen entstanden vor 15000–2000 Jahren, als unter dem Einfluß des Yellowstone-Hot-Spots (s. S. 34) Magma durch Risse in der Erdkruste nach oben quoll.
Heute beleben Pflanzen die Lavaströme: z. B. Wermutsträucher (S. 17) und »Common Rabbitbrushes« (S. 164) sowie die attraktiven »Blazing Stars« (S. 146). An Tieren bietet das nur 215 km² große Monument neben z. B. Virginia-Uhus und Buntfalken (S. 166) auch Großohrhirsche (S. 165) und Kleine Taschenmäuse.
Vom Besucherzentrum führt eine 11 km lange Ringstraße durch das Kerngebiet, von der Stichstraßen zu Aussichtspunkten und Lehrpfaden abgehen. Das Monument besitzt einen Campingplatz. Adresse: Craters of the Moon National Monument, P.O.Box 29, Arco, Idaho 83213, Tel. (208) 527–3257.

N3 North-Cascades-Nationalpark

Der 2040 km² große Nationalpark im Norden des Bundesstaates Washington beherbergt einen der rauhesten und unzugänglichsten Teile des Kaskadengebirges (s. S. 65). Die mit über 300 Gletschern besetzten Berge erreichen hier Höhen von 2400–3000 m und werden von 2 jungen Vulkanen gekrönt. Wie auch im Glacier-Nationalpark (s. S. 50) wurde die Landschaft in den letzten 2–3 Mio. Jahren wiederholt von Eismassen aus dem Norden stark überformt.
Riesenlebensbäume und Westamerikanische Hemlocktannen (s. S. 70) bewachsen vor allem die feuchteren westlichen Täler; vom Wind zerzauste Felsengebirgstannen (S. 64) bilden den Übergang zu den (sub-) alpinen Matten. Eisgraue Murmeltiere (S. 66) und Pikas (S. 160) besiedeln die

Der seltsame Lavapropf des Devils Tower steht inmitten des gleichnamigen, sehr tierreichen National Monument.

höheren Zonen, und auch Schwarzbären (s. S. 53) sind häufig.
Insgesamt bietet das Schutzgebiet über 580 km ausgebauter Wege, auf denen man alle Lebensräume in meist mehrtägigen Wanderungen durchstreifen kann. Die Hauptzufahrtsstraße (von Mai bis Oktober geöffnet) ist der North Cascades Hwy. (Wash-20), der mitten durch die den Park trennende Ross Lake National Recreation Area führt. Hier liegen Wasserkraftwerke, Stauseen, Aussichtspunkte, Campingplätze, Hotels und Lodges. Adresse: North Cascades National Park, 2105 Hwy. 20, Sedro Woolley, WA 98284, Tel. (206) 856–5700.

N4 Mount St. Helens National Volcanic Monument

Wohl kaum ein Vulkanausbruch der letzten Jahre fand soviel Beachtung wie die Eruption des Mount St. Helens im Bundesstaat Washington am 18. Mai 1980: Die aufgeblähte Nordflanke des Vulkans sackte plötzlich in sich zusammen und donnerte als Gesteinslawine zu Tal. Gleichzeitig

Die nach dem Ausbruch des Mount St. Helens (1980) zu Tal rasende Glutwolke mähte auch große Bäume wie Streichhölzer nieder.

raste eine gewaltige Wolke aus Asche, Dämpfen und heißen Gasen den Hang hinunter, breitete sich fächerförmig aus und machte rund 600 km^2 Wald dem Erdboden gleich. Weitere Asche-Eruptionen, Schlamm- und Schuttlawinen forderten letztlich 60 Menschenleben und richteten auch in der Tierwelt enorme Zerstörungen an.
Seitdem ist dieser jüngste und aktivste Vulkan des Kaskadengebirges (s. S. 65) zur Ruhe gekommen, wird aber ständig mit Hilfe von Seismographen überwacht. Vor allem verfolgt man das Anwachsen des sich im Krater neu aufbauenden Lavadoms.
1982 wurde ein 445 km^2 großes Gebiet rund um den Vulkan unter Schutz gestellt; gleichzeitig wurden Straßen ausgebaut. Sie erlauben dem Besucher heute einen einmaligen Einblick in den am stärksten verwüsteten Nordteil, der allmählich wieder von Pflanzen und Tieren besiedelt wird. Auf von Rangern geführten Touren und Wanderwegen kann man sich dieses vulkanische Wunder dann noch weiter erschließen. Mehrere Informationszentren stehen für den Besucher bereit, und auch das Straßen- und Wegenetz wird laufend verbessert. Verschiedene Unternehmen bieten sehr empfehlenswerte Helikopterflüge zum Vulkan an. Adresse: Mount St. Helens National Volcanic Monument, Yale Bridge Road, Amboy, WA 98601, Tel. (360) 750-3900.

N5 Great-Basin-Nationalpark

In dieses erst 1986 eingerichtete Schutzgebiet im Osten des Bundesstaates Nevada wurde u. a. das ehemalige Lehman Caves National Monument einbezogen. Es liegt in der südlichen Snake Range, die im 3982 m hohen Wheeler Peak ihren höchsten Punkt erreicht. Die eindrucksvolle Bergkette steigt abrupt aus den trockenen Wermutstrauch-Ebenen des Großen Beckens (s. S. 13) auf und beherbergt verschiedene Pflanzengemeinschaften – vom

Nußkiefer-/Wacholder-Gürtel (S. 139) der tieferen Zonen bis zu den Wäldern der Great-Basin-Borstenkiefern (S. 132) an der Baumgrenze.
Eine Panoramastraße (**Wheeler Peak Scenic Drive**) schraubt sich von Osten bis auf etwa 3000 m in die Nähe des Wheeler Peaks hinauf. Oben führen verschiedene Wanderwege z. B. zu einigen knorrigen Borstenkiefern, deren Alter mit über 3000 Jahren angegeben wird. Weitere Attraktionen sind die **Lehman-Tropfsteinhöhlen** und der große Kalksteinbogen **Lexington Arch** im Süden des Parks. Das Schutzgebiet hat ein Besucherzentrum und 4 Campingplätze; man erreicht es von der US-6/50 aus über Baker. Adresse: Great Basin National Park, Baker, NV 89311, Tel. (702) 234–7331.

N6 Death-Valley-Nationalpark

Zwei nicht unbedingt zu einem Besuch verlockende Extreme sind vom »Tal des Todes« im Osten Kaliforniens bekannt: Es ist der heißeste Ort der USA (bisherige Höchsttemperatur: 56,7 °C im Juli 1913), und hier liegt die tiefste Stelle des Kontinents (86 m unter dem Meeresspiegel bei Badwater).
Es gibt aber auch andere Superlative in dem über 13 000 km^2 großen Nationalpark (Fotos S. 214): Die fotogenen Erosionshügel bei **Zabriskie Point,** farbige Badlands (s. S. 23)auf dem **Artists Drive,** den Blick von **Dantes View,** ausgedehnte Salzpfannen bei **Badwater,** wunderschöne Sanddünen bei **Stovepipe Wells** und **Scottys Castle** (der realisierte Traum eines reichen Mannes).
Dazu kommt eine erstaunliche Pflanzenvielfalt, die sich im Tal allerdings nur nach genügend Regenfällen in Form einer kurzfristigen Wildblumenblüte äußert. Auf den begrenzenden, oft schneebedeckten Bergen (die 3368 m Höhe auf dem Gipfel des Telescope Peaks erreichen) findet man u. a. aber auch eine Nußkiefer-/Wacholder-Vegetationsstufe (s. S. 139) und ab 2800 m sogar eine subalpine Stufe mit Nevada-Zirbelkiefern und Great-Basin-Borstenkiefern (S. 132).
Im Death Valley ist Saison von Oktober bis April. Im heißen Sommer sind die Übernachtungsmöglichkeiten eingeschränkt. Touristische Zentren sind Furnace Creek (Besucherzentrum, Lodge, Campingplätze) und Stovepipe Wells Village (Lodge, Campingplatz). Adresse: Death Valley National Park, Death Valley, CA 92328, Tel. (619) 786–2331.

N7 Joshua-Tree-Nationalpark

Als größte Yucca-Art erreichen die von den Mormonen benannten Josuabäume über 10 m Höhe und ein Alter von vermutlich mehreren hundert Jahren. Wie die Saguaros der Sonora-Wüste (s. S. 107) blühen sie im April/Mai und bieten vielen Tieren Lebensraum und Nahrung. Im südkalifornischen Joshua-Tree-Nationalpark, der 225 km östlich von Los Angeles liegt, wachsen die Josuabäume besonders

Riesige Josuabäume säumen die Straße im Joshua-Tree-Nationalpark.

Blick auf die Sanddünenlandschaft bei Stovepipe Wells im Death-Valley-Nationalpark (N 6).

Die zerklüfteten Badlands beim Zabriskie Point (Death Valley) im Licht der Morgensonne.

Versteinerte Baumstämme und farbige Badlands kennzeichnen den Petrified-Forest-Nationalpark.

häufig; als charakteristische Gewächse der Mojave-Wüste sind sie aber auch in Süd-Nevada und West-Arizona zu finden. Das Schutzgebiet ist landschaftlich sehr reizvoll, da u. a. Monzonit, ein granitähnliches Gestein, zu äußerst formenreichen, die Phantasie anregenden Gebilden verwittert. Wanderwege, 3 Besucherzentren und 9 Campingplätze erwarten den Besucher. Adresse: Joshua Tree National Park, 74485 National Park Drive, Twentynine Palms, CA 92277, Tel. (619) 367–7511.

N8 Petrified-Forest-Nationalpark

Versteinerte Baumstämme und farbige Badlands (s. S. 23) sind Hauptanziehungspunkte dieses kleinen, in Ost-Arizona gelegenen Nationalparks. Die Baumstämme sind Überreste von mittlerweile ausgestorbenen, mit den Araukarien verwandten Nadelhölzern, die vor 225 Mio. Jahren im Gebiet wuchsen. Damals war das heutige Tafelland eine riesige, von bewaldeten Bergen umgebene Schwemmlandebene, in der abgestorbene Bäume von Flüssen deponiert wurden. Mit Schlamm und Sand überdeckt, wurden sie, luftdicht abgeschlossen, dem Prozeß der Einkieselung unterworfen: Die im Sickerwasser enthaltene Kieselsäure (SiO_2) ersetzte das Holz, wobei dessen Struktur erhalten blieb. Anschließend kristallisierte sie zu Quarz aus, dem beigemengte Mineralien (Eisen, Mangan) eine oft prachtvolle Färbung verliehen. Nach der Hebung des Gebiets und Verwitterung des Deckmaterials wurden die Stämme im heutigen »versteinerten Wald« exponiert, der auf dem **Long Logs Trail**, dem **Giant Logs Trail** und der **Blue Mesa** besonders schön zu sehen ist. Das Rainbow Forest Museum und Besucherzentrum bietet zudem interessante Erklärungen zu den vielen Funden von Sauriern und anderen,

heute ausgestorbenen Tierarten aus der Zeit des Trias.
Im Nationalpark ist das Sammeln des versteinerten Holzes strikt verboten! Im Bedarfsfall können Stücke von Privatleuten außerhalb erworben werden. Adresse: Petrified Forest National Park, P.O. Box 2217, AZ 86028, Tel. (602) 524–6228.

N9 Canyon De Chelly National Monument

Das Monument besteht aus 3 steilen Canyons, die vom Chinle-Fluß aus den roten Sandsteinschichten des Colorado-Plateaus herauspräpariert wurden. Der bekannteste ist Canyon De Chelly, der »Schicksalscanyon« der Navajo-Indianer. 1864 brach hier Leutnant Kit Carson den letzten Widerstand dieses Stammes, indem er dessen Felder verbrannte, die Schafherden tötete und die überlebenden Indianer deportierte. Heute ist der Canyon wieder im Besitz der Navajos. Er liegt innerhalb ihres Reservats und wird von ihnen und der Nationalparkbehörde gemeinsam verwaltet. Vor den Navajos lebten bis zum 14. Jh. Anasazi-Indianer (s. S. 152) im Gebiet. Aus ihrer Zeit stammen viele Ruinen von Felsnischenwohnungen wie **White House** (Foto S. 218) oder **Antelope House.** Aus religiösen und historischen Gründen ist ein Besuch der Canyons nur mit einem Navajo-Führer möglich. Hierzu werden Touren vom Besucherzentrum oder der Thunderbird Lodge aus durchgeführt. Einzig White House darf ohne Führer besichtigt werden. Man erreicht es auf einem reizvollen 2 – 3 stündigen Wanderweg vom Canyonrand zum Tal. Mit dem Auto können Aussichtspunkte entlang der Canyonränder angefahren werden; einer davon gestattet den Blick auf die über 240 m hohe Felsnadel **Spider Rock** (S. 11). Adresse: Canyon de Chelly National Monument, P.O. Box 588, Chinle, AZ 86503, Tel. (602) 674–5500/5501.

N10 Monument Valley Navajo Tribal Park

Diese bezaubernde Landschaft im Nordosten Arizonas und Südosten Utahs ist weltbekannt. Sie wurde zum Inbegriff des amerikanischen Westens und mußte in Dutzenden von Westernfilmen und Werbespots als Kulisse herhalten. Tatsächlich ist der Anblick der riesigen Steintürme atemberaubend, sei es als schwarze Schemen bei Sonnenaufgang oder rotleuchtend unter blauem Himmel (Foto S. 219). Monument Valley liegt auf Navajo-Land. Für den Besuch wird eine Gebühr verlangt; Nationalparkpässe haben hier keine Gültigkeit. Im Park gibt es keine Wanderwege, aber eine holperige, für Besucher zugelassene Piste windet sich durch die rote Ebene und gestattet es, die fotogenen Tafelberge aus verschiedenen Blickwinkeln zu sehen. Mehrmals am Tag bieten Navajos Gruppenrundfahrten auch zu anderen, für Privatautos gesperrten Zielen an. Adresse: Monument Valley Navajo Tribal Park, P.O. Box 93, UT 84536, Tel. (801) 727–3287.

N11 Capitol-Reef-Nationalpark

Hauptattraktion dieses Schutzgebietes sind vielseitige, farbenprächtige Felsgebilde (Foto S. 219). Weiße Sandsteindome (als Namensgeber dem Capitol in Washington gleichend), Steilklippen und tief eingeschnittene Canyons reihen sich dabei zu einem scharfkantigen, unüberwindlich erscheinenden Gesteinswall (»Reef«) auf, der sich über 150 km durch Süd-Utah zieht. Dieser als Waterpocket Fold bezeichnete Wall stellt den erodierten Rand einer einstigen Faltung dar, die während der Hebung des Colorado-Plateaus am Scheitel aufbrach. Die Parkstraße (UT-24) und eine Panoramastraße verlaufen an ihrem Rande. Weitere, teilweise nur mit Allradfahrzeugen befahrbare Pisten ma-

chen die abgelegeneren Teile des Parks zugänglich.
Eine grüne Oase bildet der Fremont River, der den Park von West nach Ost durchschneidet. An seinen mit »Fremont Cottonwoods«, Weiden und Eschen dicht bewachsenen Ufern konzentriert sich das Pflanzen- und Tierleben; er lieferte einst auch das Wasser für die Fremont-Indianerkultur, deren Steingravuren man besichtigen kann. Um 1900 legten Mormonen bewässerte Obstgärten an, die heute noch Besucher mit frischen Kirschen, Birnen, Aprikosen oder Äpfeln versorgen. In der Nähe des Flusses liegt der Campingplatz. Adresse: Capitol Reef National Park, Torrey, UT 84755, Tel. (801) 425–3791.

N12 Great Sand Dunes National Monument

Mit bis zu 210 m Höhe sind die Great Sand Dunes die höchsten Sanddünen Nordamerikas. Sie liegen im San Luis Valley, einem vom Rio Grande durchflossenen Talkessel im südlichen Colorado, der im Osten von den Sangre de Christo Mountains, im Westen von den San Juan Mountains begrenzt wird. Der von diesen Bergen stammende Sand wurde vom Rio Grande im Tal angeschwemmt und durch den vorherrschenden Südwestwind am Fuße der Sangre de Christo Mountains aufgehäuft. Gelegentlich wechselnde Windrichtung und die Feuchtigkeit hält ihn vor Ort.
Die Dünen sind frei zugänglich; auf ihnen findet man den zu den Sandlaufkäfern gehörenden, endemischen »Great Sand Dunes Tiger Beetle«. Einige Wege existieren auch im umgebenden Gelände; zur Anfahrt aber sind abseits der ausgebauten Straße nur Allradfahrzeuge zugelassen. Im Park liegen ein Besucherzentrum und ein Campingplatz. Adresse: Great Sand Dunes National Monument, Mosca, CO 81146, Tel. (719) 378–2312.

N13 White Sands National Monument

White Sands liegt inmitten des weiten, wüstenhaften Tularosa Basin im Süden des Bundesstaates New Mexico. Gips, der aus den Sedimentschichten der umgebenden San-Andres- und Sacramento-Bergketten ausgewaschen wird, sammelt sich im Lake Lucero, der tiefsten Stelle dieses abflußlosen Beckens, und kristallisiert dort aus. Von der Erosion zu feinsten Körnchen zermahlen, wird er vom Wind zum größten Gipsdünenfeld der Welt angehäuft (Foto S. 222). Knapp 600 km^2 dieser fantastischen »Landschaft in Weiß« gehören zum Monument; die übrigen 170 km^2 liegen im das Schutzgebiet umschließenden Raketentestgelände (White Sands Missile Range). Da der Wind überwiegend aus Südwesten weht, wandern die Gipsdünen mit Geschwindigkeiten bis 12 m/Jahr in Richtung Nordosten. Mit zunehmender Größe werden sie dann allmählich durch Pflanzenwuchs stabilisiert. Einige der ersten Besiedler sind z. B. »Soaptree Yuccas«, »Common Rabbitbrushes« (S. 164) oder der »Fourwing Saltbush«. White Sands kann man sich sowohl auf einer 24 km langen Straße (Heart of the Sands Loop Drive) als auch auf einem kurzen Lehrpfad erschließen. Es besitzt ein schönes Besucherzentrum, aber keinen Campingplatz. Adresse: White Sands National Monument, P.O. Box 1086, Holloman AFB, NM 88330-1086, Tel. (505) 479-6124.

N14 Guadalupe-Mountains-Nationalpark

Der etwa 350 km^2 große Nationalpark im Westen von Texas umfaßt einen Teil der Guadalupe Mountains, eines langgestreckten, aus fossilen Riffkomplexen aufgebauten Kalksteingebirges. Rund um den Fuß der Berge ziehen sich die typischen Vegetationsgemeinschaften der Chihuahua-Wü-

Eine mächtige Felswand schützt die Ruinen des White House im Canyon de Chelly National Monument (N 9).

ste (s. auch S. 162 und S. 169), während man in den geschützten Canyons auf ein buntes Mosaik von Pflanzen der unterschiedlichsten Klimazonen stößt. Diese wanderten während der letzten »feuchten« Eiszeit hier ein und wurden später durch die nacheiszeitliche Austrocknung isoliert. In den niederschlagsreicheren Hochlagen dominieren Nadelwälder.
In den Guadalupes leben Graufüchse (S. 18), Streifenskunks (S. 203) und Pumas (S. 18). Lerchen- und Wiesenstärlinge (S. 27) besiedeln zusammen mit Louisianawürgern (S. 162) die Chihuahua- Wüste, Rostscheitelammern und Schluchtenzaunkönige bewohnen die Canyons. Unter den etwa 50 Reptilienarten finden sich die dunkel gezeichneten Seitenfleckenleguane, unter den Amphibien die seltsamen Südlichen Schaufelfüße (s. S. 171).
Das Gebiet eignet sich ausgezeichnet für geruhsame längere Wanderungen, die vom Frijole-Besucherzentrum an der US-62/180 sowie vom benachbarten Pine-Springs-Campingplatz ausgehen. Zum Park gehört auch der nahe gelegene **McKittrick Canyon**, der vor allem wegen seiner Herbstlaubfärbung als einer der schönsten Flecken von Texas gilt.
Adresse: Guadalupe Mountains National Park, HC 60, Box 400, Salt Flat, TX 79847, Tel. (915) 828-3251; Besucherzentren in Frijole, Tel. (915) 828-3251, und McKittrick Canyon, Tel. (915) 828-3381.

N15 Aransas National Wildlife Refuge

Dieses Schutzgebiet an der texanischen Golfküste ist ein Mekka für Tierbeobachter. Speziell Vogelfreunde kommen auf ihre Kosten. In den Monaten November bis März werden hier 350 Vogelarten gezählt – neben den ganzjährig nahe den Wasserstellen anzutreffenden Rosalöfflern (S. 181), Weißibissen, Nashorn- (S. 42) und Braunpelikanen, verschiedenen Reihern auch eine Menge Überwinterer, deren Stars zweifellos die stark bedrohten Schreikraniche sind. Praktisch die gesamte Restpopulation dieser eleganten Vögel (etwa 100) überwintert in Aransas und machte das Refugium weltweit bekannt.
Über 25 km windet sich eine Rundstraße durch die abwechslungsreiche Landschaft aus Sümpfen, Sanddünen, Gebüsch und Beständen von »Live Oaks«. Von ihr aus oder auf einem der Naturpfade kann man zudem Weißwedelhirsche (S. 197), Halsbandpekaris (S. 174), Nordopossums (S. 188), Neunbinden-Gürteltiere (S. 18), Rotluchse (S. 136) und andere Säuger beobachten. Sehr ergiebig sind auch Bootstouren (z. B. Captain Browns Tours), die von Mitte Oktober bis Mitte April angeboten werden.
Aransas ist geöffnet von Sonnenauf- bis Sonnenuntergang; zur Zufahrt verläßt man

Der Capitol-Reef-Nationalpark wartet mit verschiedenfarbigen Gesteinsformationen auf (N 11).

Das Monument Valley wurde als Kulisse vieler Wildwest-Filme bekannt; für viele ist es der Inbegriff des Südwestens (N 10).

den Hwy-35 auf der Country Road 239 (südlich Tivoli) oder der Country Road 774 (nördlich Rockport). Adresse: Aransas National Wildlife Refuge, P.O.Box 100, Austwell, Texas 77950, Tel. (512) 286–3559.

N16 Südliches Louisiana

Ausgedehnte Sümpfe und Schwemmländer mit großem Tierreichtum kennzeichnen das Mündungsgebiet des Mississippi und der westlich angrenzenden Regionen. Aus dem Angebot der dort liegenden Schutzgebiete hier einige ausgewählte Vorschläge.
Wer sich vom alten New Orleans, seinem Straßenjazz und der französischen Atmosphäre losgerissen hat, kann sich im **Louisiana Nature & Science Center** (Joe W. Brown Memorial Park, Ausfahrt Read Blvd. von der I-10) erschöpfend über Ökologie und Probleme der Sumpfländer informieren. Zur Teilnahme an einer **Bootstour durch die Sümpfe** (Swamp Tour) kann man unter verschiedenen Veranstaltern wählen. Sehr gut, weil von Ökologen geführt, sind Dr. Wagner's Honey Island Swamp Tours im Pearl-River-Gebiet nördlich von New Orleans. Empfehlenswert ist auch die Barataria-Sektion des **Jean Lafitte National Historical Park** (Besucherzentrum an der LA-3134 südlich von New Orleans), die Wälder mit dichtem »Saw Palmetto«-Unterwuchs (s. auch S. 177), mit Louisianamoos behangene Sumpfzypressen (S. 222) und kleine tierreiche Wasserarme (»Bayous«) bietet. Für weitere Sehenswürdigkeiten im Westen wäre folgende, 2–3 Tage dauernde Route denkbar:
Von New Orleans aus Fahrt zur **Grand Isle** auf der LA-1 durch typische Fischerdörfer entlang des Bayous LaFourche. Die Gegend um Port Fourchon und die Strände des Grand Isle State Parks sind für Vogelfreunde sehr lohnend.
Rückkehr von der Grand Isle und Weiterfahrt auf der US-90 Richtung Westen bis zur Abzweigung **Avery Island** bei New Iberia. Auf dem Privatgelände einer Salzmine und Tabasco-Fabrik wurden hier die »Jungle Gardens« errichtet. Abgesehen von vielen exotischen Pflanzen und Tieren beeindrucken vor allem prachtvolle alte, mit Louisianamoos dekorierte »Live Oaks«, Mississippi-Alligatoren (s. S. 183) und eine Reiherkolonie, in der im Frühjahr Hunderte von Silberreihern auf bereitgestellten Plattformen sowie Schmuck-, Blau- und Kuhreiher in den umgebenden Büschen und Bäumen nisten.
Weiter über Abbeville auf der LA-82 durch grenzenloses Sumpfland, vorbei am **Rockefeller Wildlife Refuge** (etwa 25 % aller nordamerikanischen Gänse- und Entenarten überwintern hier!), über einen Kanal bei Cameron (Fähre) nach Holly Beach; von dort aus auf der LA-27 zum **Sabine National Wildlife Refuge.** Dies ist ein äußerst lohnendes Ziel mit Besucherzentrum, Zehntausenden von Wasservögeln zur Zugzeit, Mississippi-Alligatoren, Sumpfkaninchen, Amerikanischen Nerzen u. a. Nach etwa 40 km in Richtung Norden wird die I-10 bei Lake Charles erreicht, auf der die schnelle Rückkehr nach New Orleans möglich ist.

N17 Mammoth-Cave-Nationalpark

Mit einer bisher erforschten Gesamtlänge von knapp 530 km gilt das Mammoth-Cave-Höhlensystem des Bundesstaates Kentucky heute als das längste der Welt. Es besteht aus einer Reihe von untereinander verbundenen, aus Kalkstein herausgewaschenen Tunnels, Kammern und Schächten, die z. T. mit Tropfsteinformationen oder Gipskristallen ausgeschmückt sind. Die Höhlen erreichen ihre tiefste Stelle bei rund 1140 m; ihre Temperatur liegt das ganze Jahr über bei etwa 12 °C. Viele Tiere haben sich an das Leben im Dunklen angepaßt, die Farbe verloren und ihre Sehfähigkeit zugunsten erweiterter Tastsinnes-

organe aufgegeben. So auch einige Arten von Fischen und Krebsen, die die unterirdischen Flußläufe des Echo und Styx River bevölkern.
Der Nationalpark umfaßt heute rund 210 km². Das hügelige, von Laubwäldern bedeckte Gelände wird von einem Netz von Wanderwegen durchzogen; Bootsfahrten werden auf dem den Park durchfließenden Green River angeboten. Zu den häufigeren Vögeln gehören Blauhäher (S. 194) und Rotkardinal (S. 189), die Säugetiere sind u. a. mit Weißwedelhirsch (S. 197) und Nordopossum (S. 188) vertreten.
Tickets für die von Parkrangern geführten Höhlentouren kauft man am besten am Tag zuvor beim Besucherzentrum bzw. bucht über Ticketron (s. S. 227). Die Touren dauern zwischen 1 1/4 Stunden (Travertine Tour) und 6 1/2 Stunden (Wild Cave Tour) und stellen unterschiedliche Ansprüche an die persönliche Ausdauer. Der Park besitzt 3 Campingplätze und einen Hotel-Lodge-Komplex. Er liegt unweit der I-65 (Exits 48 bzw. 53), etwa auf halber Strecke zwischen Louisville und Nashville. Adresse: Mammoth Cave National Park, Mammoth Cave, KY 42259, Tel. (502) 758–2251 bzw. (502) 758–2328 für Informationen über die Höhlentouren.

N18 Merritt Island/Cape Canaveral

Natur und Technik sind hier eng verzahnt: Auf Merritt Island, das zwischen dem Festland und der Canaveral-Halbinsel an der Ostküste Floridas liegt, hat die amerikanische Weltraumbehörde NASA das gigantische John F. Kennedy Space Center errichtet (sehr interessante Führungen!). Alles nicht genutzte, zum Teil abgesperrte Gelände bildet andererseits das Merrit Island National Wildlife Refuge, das als eines der wichtigsten seines Typs gilt. An seinen Stränden, in den Sümpfen und Lagunen finden mehr gefährdete Tierarten Schutz als in jedem anderen Wildlife Refuge dar USA; so etwa 300 Brutpaare des Waldstorches (S. 177), Weißkopf-Seeadler (S. 207), 200 Nagel-Manatis (S. 182) und die Atlantische Unechte Karettschildkröte mit einer der größten Nistpopulationen in der westlichen Hemisphäre. Insgesamt sind über 300 Vogelarten bekannt, von denen einige hier zu Zehntausenden überwintern. Der zugängliche Teil der Insel ist mit einem Besucherzentrum, Straßen und kurzen Fußwegen ausgestattet. Adresse: Merritt Island National Wildlife Refuge, P.O.Box 6504, Titusville, FL 32782, Tel. (407) 867–0667.

N19 Baxter State Park

Baxter State Park umschließt ein 800 km² großes Gebiet aus Wäldern und Seen um den höchsten Berg Maines, den 1608 m hohen Mt. Katahdin (zu Ehren des Begründers des Parks, Gouverneur Percival Baxter, auch Baxter Peak genannt). Er ist einer der größten State Parks der USA und zugleich Geheimtip von Naturliebhabern und Wanderern. Für Autos steht nur eine enge Zufahrtspiste zur Verfügung; große Campingfahrzeuge und Motorräder sind nicht zugelassen. Der Park ist mit 240 km Wanderwegen durchzogen, die von kurzen Naturlehrpfaden bis zu Tagestouren (z. B. auf den Mt. Katahdin) reichen.
Der hauptsächlich aus Schwarzfichten und Balsamtannen bestehende unverfälschte Wald ist reich an Wildblumen und Tieren, darunter vor allem auch Elche (S. 45) und Schwarzbären (s. S. 53). Für die Unterkunft stehen 8, teils an Seen gelegene Campingplätze und/oder Blockhütten bereit. An einigen Seen (Dacey Pond, Kidney Pond, South Branch Pond) können Kanus ausgeliehen werden.
Der Park liegt etwa 100 km nördlich von Bangor und ist über die I-95 zu erreichen. Für Information und die Reservierung eines Zeltplatzes ist das Hauptquartier in

Eine dicht mit Louisianamoos behangene Sumpfzypresse inmitten von eingeführten Wasserhyazinthen (N 15).

»Soaptree Yuccas« trotzen den unwirtlichen Lebensbedingungen des White Sands National Monuments.

der Ortschaft Millinocket zuständig (64, Balsam Drive, Tel. (207) 723–5140). Hier gibt es auch einige Motels.
TIP: Gegen Moskitos und Kriebelmücken sollte man sich wirksam schützen!

N20 Isle-Royale-Nationalpark

Die Isle Royal, eine über 2300 km² große Insel im Lake Superior, ist einer der unberührtesten und am wenigsten besuchten Nationalparks der USA. Sie ist vor allem wegen ihres Bestandes an Elchen und Wölfen bekannt, deren Koexistenz auf der Insel als ökologisches Lehrstück gilt und das Thema vieler wissenschaftlicher Arbeiten war. Elche kamen zu Anfang des 20. Jhr. auf die Insel und vermehrten sich zunächst ungehemmt auf Kosten der Vegetation. Dies änderte sich, als 1948 ein Rudel Wölfe den zugefrorenen See überquerte. Ihre Nachkommen reduzierten nach und nach den Elchbestand, der sich heute bei 800–1400 Individuen eingependelt hat – eine für die Pflanzendecke wieder tragbare Zahl.
Um Isle Royale richtig zu erleben, braucht man mehrere Tage Zeit und etwas Abenteuersinn. Auf der Insel existieren keine Straßen; man durchwandert die wald- und seenreiche Wildnis auf einsamen Wegen oder umrundet sie per Boot. Übernachtungen sind außer in einigen Lodges der Orte Rock Harbour und Windigo nur in den überall angelegten kleinen Campingplätzen möglich.
Zur Insel gelangt man mit dem Wasserflugzeug oder per Boot. Mitte Mai bis Ende Oktober besteht eine regelmäßige Bootsverbindung von Grand Portage (Minnesota, 3 Stunden) oder Copper Harbour (Michigan, 4 1/2 Stunden) aus. Unvorhersehbare Wetteränderungen können aber die Überfahrten lange verzögern! Im Rest des Jahres ist der Nationalpark geschlossen. Adresse: Isle Royale National Park, Houghton, MI 49931-1859, Tel. (906) 482–0984.

Reiseplanung

Vor der Reise

Informationen über Reisemöglichkeiten in die USA geben Reisebüros und die Automobilclubs. Die United States Tourism Comission, Platenstr. 1, 60320 Frankfurt verschickt Informationsmaterial nur noch gegen Gebühr (Bestellungen unter der Telefonnummer 0180/5313531). Im Notfall helfen auch die Botschaften:

- in Deutschland: Deichmanns Aue 29, 5300 Bonn 2, Tel. 0228/3391;
- in Österreich: Boltzmannsgasse 16, 1019 Wien IX, Tel. 0222/315511;
- in der Schweiz: Jubiläumsstraße 93, 3005 Bern, Tel. 031/437011.

Einreise (Visum, Zoll, Devisen)

Bei der Einreise mit einer Fluggesellschaft, die sich dem seit Sommer 1989 laufenden Programm der Visabefreiung angeschlossen hat, brauchen Deutsche und Schweizer für einen Aufenthalt bis zu maximal 90 Tagen lediglich einen Reisepaß (der noch mindestens 3 Monate über das Einreisedatum hinaus gültig sein muß), ein Ausreiseticket und ein bei der Fluggesellschaft erhältliches Formular zur Befreiung von der Visumpflicht (beim Ausfüllen auch Gastadresse angeben!). In allen anderen Fällen (auch bei der Einreise auf dem Land- oder Seeweg) wird ein Visum verlangt, das bei der zuständigen diplomatischen Vertretung zu beantragen ist. Über den neuesten Stand der Einreisebedingungen informiert ein speziell dafür eingerichteter automatischer Telefondienst der US-Botschaft in Bonn unter der Nummer 0190-270-789, rund um die Uhr.

Gegenstände des persönlichen Gebrauchs dürfen zollfrei eingeführt werden; Alkohol und Tabak unterliegen den international üblichen Beschränkungen. Am empfindlichsten reagiert der amerikanische Zoll auf Lebensmittel (Obst, Gemüse, Fleisch), Pflanzen, Narkotika und Waffen aller Art. Die unberechtigte Einfuhr dieser Produkte ist streng verboten; im Zweifelsfall deklarieren!

Landes- und Fremdwährungen können bis zu einem Wert von 10000 US-Dollar ein- und ausgeführt werden. Übersteigen die mitgeführten Zahlungsmittel (Bargeld und Reiseschecks) diese Summe, muß man sie deklarieren.

Gesundheit

In den hochzivilisierten USA ist man im Krankheitsfall zwar gut, aber teuer aufgehoben und muß Ärzte oder Krankenhäuser sofort bezahlen. Der Abschluß einer Kranken- und Unfallversicherung ist deshalb in jedem Fall anzuraten. Impfungen sind bei einer Einreise aus infektionsfreien Gebieten nicht vorgeschrieben. Ins Gepäck gehören neben der üblichen Reiseapotheke unbedingt Sonnenschutzmittel und Sonnenbrille (besonders für den Süden und Südwesten) sowie Insektenschutzmittel (für Florida, den Osten und die Großen Seen).

Reisezeit

Mit Ausnahme von Florida, das sich gut für einen Besuch im Winter eignet, bieten Frühjahr und Herbst die schönsten Erlebnismöglichkeiten (Blüte und »Indian Summer«). Zudem sind die Nationalparks in diesen Monaten weniger überfüllt. Juli und August sind auch in den USA die Hauptreisemonate, in denen es leicht zu Staus und Überbelegungen der Unterkünfte kommen kann; zudem wird es vor allem im Südwesten sehr heiß.

Anreise

Eine Vielzahl von Fluggesellschaften bietet USA-Flüge an, wobei der starke Konkurrenzkampf ein kaum überschaubares

Spektrum an Sonderpreisen und Vergünstigungen hervorgebracht hat, das man sich von einem Fachmann aufschlüsseln lassen sollte. Preisvergleiche können dabei viel Geld sparen. Die Flugzeit zur amerikanischen Ostküste (z. B. New York) beträgt etwa 7 Stunden, zur Westküste (z. B. San Francisco) etwa 11 Stunden (ohne Zwischenstopp).

Reisen Im Land

Mit dem Auto

Ohne die eigenen 4 Räder sind besonders die oft abgelegenen Nationalparks nur mühsam und zeitraubend zu bereisen. Zum Fahren braucht man in den USA praktisch nur noch den nationalen Führerschein; Leihwagen lassen sich in jeder größeren amerikanischen Stadt mieten, wobei neben den größten internationalen (Hertz, Avis, Thrifty, Budget, National, Dollar) auch zahlreiche örtliche Leihwagenfirmen existieren. Am einfachsten und kostengünstigsten ist es, sein Auto bereits im Herkunftsland zu buchen, etwa beim jeweiligen Automobilclub. Dies gilt besonders für die beliebten, meist hervorragend ausgestatteten und sehr geräumigen Wohnmobile. Möglichst alle notwendigen Versicherungen sollten dabei bereits im Mietvertrag eingeschlossen sein.
Die American Automobile Association (AAA) ist der größte, in vielen Städten vertretene Automobilclub der USA. Als Tourist kann man mit dem Mitgliedsausweis des heimischen Automobilclubs seine Hilfe in Anspruch nehmen und erhält kostenlos Karten und Tourenvorschläge.
Die wichtigsten Verkehrsregeln entsprechen im wesentlichen den europäischen. Besonders zu beachten sind jedoch:

- das absolute Alkoholverbot am Steuer;
- das Langsamfahren in der Nähe von Schulen: Schulbusse (gelb), dürfen auch in der Gegenrichtung nicht passiert werden, wenn Kinder ein- oder aussteigen oder die Warnblinkanlage leuchtet;
- die Höchstgeschwindigkeit: Bitte unbedingt einhalten! Sie ist meist auf Schildern in Meilen pro Stunde angegeben: Auf Autobahnen (Interstates) gewöhnlich 65, außerhalb der Ortschaften 45 bis 55, in den Ortschaften 25 bis 35 (Umrechnung: 1 Meile = 1,6 km).

Mit Bus, Bahn und Flugzeug

Die Busgesellschaft Greyhound besitzt das dichteste Verbindungsnetz in den USA und bietet eine bereits vor Reiseantritt im Heimatland zu kaufende günstige Zeitkarte an (Ameripass). Das gleiche gilt für den US Rail Pass der amerikanischen Eisenbahngesellschaft AMTRAK und die meisten der billigen Rundreisetickets der amerikanischen Inlands-Fluggesellschaften. Genauere Auskünfte geben die Reisebüros.

Sonstiges

Diplomatische Vertretungen

Botschaften:

- Deutschland: 4645 Reservoir Road NW, Washington D.C. 20007, Tel. (202) 198–4000;
- Österreich: 2343 Massachusetts Ave. NW, Washington D.C. 20008, Tel. (202) 483–4474 ;
- Schweiz: 2900 Cathedral Ave. NW, Washington D.C., Tel. (202) 745–7900.

Konsulate in vielen größeren Städten.

Elektrizität

110 Volt Wechselstrom. Für die dortigen Flachstecker einen Adapter mitnehmen.

Fotografie

Außer in Militärgebieten und Indianerreservaten keine Beschränkung; in letzteren können Aufnahmen jedoch abgesprochen werden. Filme sind in den USA meist teurer als in Deutschland; Kameras und optische Geräte billiger.

Geld

Geldwechsel ist in den USA allgemein schwierig; am besten bringt man seine US-Dollars mit. Zu empfehlen sind neben etwas Bargeld die überall als Zahlungsmittel akzeptierten Reiseschecks (in US-Dollar!). Euroschecks sind unbekannt! Ansonsten ist die Kreditkarte (Master(Euro)card, American Express, Visa) das gängigste Zahlungsmittel; beim Mieten eines Autos ist sie meist Voraussetzung; alternativ kann hier auch oft ein Sicherheitsbetrag hinterlegt werden.

Kleidung

Informell: Leichte Kleidung für den Süden und die Tiefländer; für die Gebirge und die nördlichen Gebiete auch wärmere Sachen, besonders beim Zelten. Stabile Schuhe für Wanderungen in den Felsregionen.

Maße und Temperatur

Vereinfacht lassen sich die häufigsten (englischen) Maßeinheiten so umrechnen:
1 inch = 2,5 cm,
1 foot = 0,3 m,
1 mile = 1,6 km,
1 acre = 0,4 ha,
1 gallon = 3,8 l.
Bei der Temperatur wird es bei der Umrechnung von Fahrenheit (°F) in Celsius (°C) etwas komplizierter:
°C = (°F – 32) x 5 : 9 !

Öffnungszeiten

Geschäfte: Ein Ladenschlußgesetz existiert nicht. Üblicherweise bewegen sich die Öffnungszeiten Montag bis Samstag in der Spanne zwischen 8 Uhr und 21 Uhr, wobei besonders die großen Einkaufszentren lange geöffnet haben (z. T. 24 Stunden). Auch an Sonntagen bestehen Einkaufsmöglichkeiten.
Banken: Meist Montag bis Donnerstag von 9 Uhr bis 15 Uhr, Freitag z. T. bis 18 Uhr.
Post: Überwiegend Montag bis Freitag von 8 Uhr bis 18 Uhr, Samstag 8 Uhr bis 12 Uhr.

Unterkunft

Die USA bieten eine Riesenauswahl an Hotels, Motels, Lodges, Privatunterkünften (Bed & Breakfast), Campingplätzen u. a. Trotzdem empfiehlt sich in der Hauptreisezeit eine rechtzeitige Vorausbuchung (s. auch Tips).

Telefon

Ortsgespräche (»local calls«) und Ferngespräche (»long distance calls«) kann man im Selbstwähldienst von Münz- oder Kreditkartentelefonen aus führen; am einfachsten sind jedoch die mittlerweile in vielen Supermarktketten und Hotels erhältlichen Telefonkarten (»prepaid phonecards«); sie arbeiten mit einem Nummerncode. Vorwahl für Deutschland: 01149, für Österreich: 01143, für die Schweiz: 01141. Im Notfall hilft immer der »Operator« (Nummer 0).
Alle 1–800-Nummern sind gebührenfrei; über die Nummer 1–800 292–0049 erreicht man z. B. einen deutschsprachigen Operator in Frankfurt, der dann das gewünschte Gespräch mit der Heimat sogar als R-Gespräch vermitteln kann.

Trinkgeld

Etwas, das man nie vergessen sollte, denn Dienstleistungen sind in den USA nicht im Preis einkalkuliert! In Restaurants und für Taxifahrer sind 15 % des Preises üblich; Gepäckträgern, Zimmermädchen etc. gibt man je nach Leistung, mindestens aber 1–2 Dollar!

Zeitzonen

Das Staatsgebiet der USA ist in 4 Zeitzonen aufgeteilt:
- Eastern Standard Time (MEZ – 6 Stunden): Staaten an der Ostküste bis zu den Großen Seen;

Tiere (im Bild ein Mississippi-Alligator) und Touristen – mit dem nötigen Abstand und Respekt ist ein für beide Seiten ungefährliches Miteinander immer möglich...

- Central Time (MEZ – 7 Stunden): zentrale Tiefländer einschließlich Texas;
- Mountain Time (MEZ – 8 Stunden): Rocky-Mountains-Staaten;
- Pacific Time (MEZ – 9 Stunden); Pazifik-Staaten, Nevada.

Änderungen ergeben sich z. T. durch die Einführung der Sommerzeit in manchen Bundesstaaten.

Nationalparks und andere Schutzgebiete

Zu den Schutzgebieten der USA zählen die 375 vom Bund verwalteten Nationalparks, National Monuments, National Preserves, National Historic Sites, National Seashores, National Forests, National Recreation Areas, die über 400 National Wildlife Refuges sowie die zahlreichen von den einzelnen Staaten verwalteten State Parks. Alle Nationalparks und viele andere Schutzgebiete kosten Eintritt (meist 5–10 US-Dollar). Beim Besuch mehrerer Parks lohnt sich deshalb der Kauf des für ein Jahr gültigen Golden-Eagle-Passes (zur Zeit 25 US-Dollar), der alle im Privatwagen mitfahrenden Personen zum Eintritt berechtigt. Ständig steigende Besucherzahlen, besonders in den Nationalparks, machen die Einhaltung der Regeln notwendig. Einige der wichtigsten sind:

☐ Nur die vorgeschriebenen Straßen und Wege benutzen! Für das Befahren der Jeep Trails im Hinterland ist die kostenlose schriftliche Erlaubnis der Nationalparkbehörden erforderlich!

☐ Camping nur an den dafür ausgewiesenen Plätzen! Für das Campen in den abgelegeneren Parkgebieten braucht man ein

»Backcountry Camping Permit«, das die Besucherzentren und Rangerstationen zumeist kostenlos ausgeben.

☐ Offenes Feuer nur auf den dafür ausgewiesenen Plätzen! Das Feuer überwachen! Buschfeuer sofort melden!

☐ Keine Abfälle liegenlassen und Toiletten benutzen, falls vorhanden! Wasser nicht durch Waschen oder Spülen verschmutzen!

☐ Wilde Tiere nicht füttern oder sich ihnen nähern! Es schadet ihrer Selbständigkeit und kann zu Unfällen führen!

☐ In Schutzgebieten mit Bären zusätzlich die Hinweise auf S. 53 beachten!

☐ Jagen und Jagdwaffen sind in den Nationalparks verboten!

☐ Angeln nur mit Erlaubnis!

☐ Keine Mitnahme von lebendem und totem Material aus den Schutzgebieten!

☐ Historische Zeugnisse von Indianerkulturen (Felsmalereien, Gebäude, Werkzeuge) sind nationales Erbe! Ihre Beschädigung oder Entfernung wird streng bestraft.

Zum Schluß noch einige Tips:

Informationen

Wenn möglich immer – in Extremgebieten unbedingt – Besucherzentren zuerst aufsuchen (zumeist geöffnet von 8.00 – 17.00 Uhr). Broschüren, Nationalparkzeitungen und Karten mitnehmen, Ausstellungen und Videos ansehen, Straßen- und Wegeverhältnisse erfragen. Außerdem angebotene Rangerprogramme nutzen und die von einigen Nationalparks ausgestrahlten Radioprogramme hören, deren Wellenlänge auf Tafeln am Straßenrand angezeigt wird. Auch die vielerorts angelegten, meist kurzen Lehrpfade geben einen guten Einstieg in das jeweiligen Gebiet.

Camping

Die Campingplätze in den Nationalparks haben meist eine maximale Aufenthaltsdauer. Bei Plätzen ohne Vorreservierung in der Hauptsaison früh anreisen. Ansonsten vielerorts Reservierung über MISTIX:
Tel. (619) 452-8787 von Europa aus;
Tel. 1-800-365-2267 innerhalb der USA;
für State Parks: 1-800-444-7275.
Manchmal sind auch auf den vorzureservierenden Plätzen freie Plätze zu haben. Buchung dann vor Ort. Oft bieten Campingplätze in den umgebenden State Parks und Recreation Areas gute Alternativen.

Wandern in Berg- und Trockengebieten

☐ Vor allem bei längeren Touren vor dem Start Erkundigungen über Wegbedingungen, Schwierigkeitsgrad, Höhengewinn, Wetter usw. einziehen und stets eine Karte mitnehmen!

☐ Vorsicht vor Überanstrengung und Unterkühlung in großen Höhen: Plötzliche Wetterumstürze sind hier zu jeder Jahreszeit möglich!

☐ Genügend Wasser mitnehmen: In heißen Gegenden muß man bis 4 l/Person/Tag einkalkulieren!

☐ Vorsicht vor Giardiasis! *Giardia lamblia*, ein Einzeller, kommt in vielen Wasserläufen vor und verursacht Durchfälle und Bauchkrämpfe. Deshalb den Bächen oder Seen entnommenes Wasser mindestens 1 Minute abkochen.

☐ Sonnenschutz nicht vergessen!

☐ Vorsicht vor Klapperschlangen: Auf den Weg schauen und nicht blind in Löcher oder Höhlen greifen!

☐ Bei Gewittern exponierte Punkte meiden!

☐ Möglichst nicht alleine wandern bzw. eine andere Person (z. B. den zuständigen Ranger) über die Route und die ungefähre Zeit der Rückkehr informieren!

Sonstiges

☐ Obwohl in vielen Parks Benzin zu haben ist, immer mit vollem Tank anreisen! In Trockengebieten auch genügend Wasser mitnehmen!

☐ Wertsachen nicht unbeaufsichtigt lassen. Besonders an Park-, Aussichts- und Picknickplätzen Autos abschließen!

Anhang

Literatur

Audubon Society Field Guides:
- North American Birds, Eastern Region
- North American Birds, Western Region
- North American Insects and Spiders
- North American Mammals
- North American Reptiles and Amphibians
- North American Wildflowers, Eastern Region
- North American Wildflowers, Western Region

Blume, H., USA, Eine geographische Länderkunde, Band 1, Wissenschaftliche Buchgesellschaft Darmstadt, 3. Auflage 1987

Geo Guide, USA – Nationalparks, RV Verlag, 1991

Golden Field Guides:
- Birds of North America
- Trees of North America

Harris, A. G. / E. Tuttle, Geology of National Parks, Kedall/Hunt Publishing Company, University of Iowa, Fourth Edition 1990

Hohermuth, F. / M. Runge, USA Nationalparks, Acadia Verlag, 5. Auflage 1989

Kramm, H.J./H. Brunner, Geographie der USA, VEB Haack, Geographisch-Kartographische Anstalt Gotha, 3. Auflage 1990

Nordamerika, Flora und Fauna, rororo Sachbuch, 1975

Peterson Field Guides:
- Reptiles and Amphibians, Eastern/Central North America
- Reptiles and Amphibians, Western North America

The Complete Guide to America's National Parks, National Park Foundation, 1990–91 Edition

Bildnachweis

G. Amberg: 97 u, 98 u
E. Bauer/Biofoto: 18 o, 54 u, 188 M
W. Bittmann: 1, 2/3, 10, 15, 17, 19 u, 23, 30 u, 40 u, 47 ur, 53, 71 o, 72, 73, 74 u, 76 o, 76 u, 77 o, 78, 80, 85, 88 o, 89 (4 Fotos), 90, 92/93, 96 or, 97 o, 98 o, 101, 104 u, 105 u, 108 (3 Fotos), 108/109, 109 or, 109 Mr, 112 o, 113 o, 116/117, 120 o, 120 u, 121 o, 122, 124 o, 125, 126, 128 o, 128 ur, 130 o, 131, 134/135, 137 o, 138, 139 l, 139 r, 142 o, 143 o, 144, 145 o, 145 u, 146, 147, 149 or, 150 o, 151 (4 Fotos), 152, 154, 155, 159 o, 159 u, 162 u, 165 or, 172 or, 172 ul, 173 ur, 176 o, 176 u, 177 o, 180 ul, 180 or, 180 ul, 181 ol, 181 ur, 183, 184, 185 o, 185 u, 186, 187, 188 ol, 189 or, 189 M, 191, 192 o, 193 u, 194 or, 194 u, 195 ol, 195 u, 197 o, 197 u, 198, 199, 201 u, 202 ol, 203 u, 204, 206 (3 Fotos), 207 M, 207 u, 209 M, 209 u, 213, 214 o, 214 u, 215, 218, 219 o, 219 u, 222 o
M. Braunger: 43, 55 o, 59 o, 65, 104 or
A. Christiansen/Biofoto: 19 o
M. Drobny: 128 ul
J. Foot/Okapia: 96 u
B. Fugger: 22, 25 u (2 Fotos), 26, 27 u, 29, 30 o, 38 u, 39 o, 39 u, 42 o, 50, 52 o, 59 u, 62 o, 63 o, 63 u, 64, 66, 68 ol, 69 ol, 69 or, 69 u, 118, 158 u, 164 Ml, 164 u, 167, 168 o, 169 o, 171, 172 Mr, 173 ol, 173 or, 210, 211, 212, 222 u
Hofbauer/M. Drobny: 104 ol
A. Koffka: 52 u, 182
F. Kögel: 11, 96 ol, 99
R. König: 81 u, 105 M, 165 u, 195 Mr, 202 u
Ch. u. P. Lambertz: 86, 149 u, 150 u
L. Lenz: 27 o, 177 u, 189 ol, 192 u
A. Limbrunner: 44
H. Lober: 132 o
R. Meyer: 38 o, 58 o
W. Meyer: 27 M, 88 u
Z. Meyer: 142 u
NAS/T. McHugh/Okapia: 121 ur, 164 ol
S. Osolinski: 35, 36, 40 o, 45 u, 46 Ml, 46 u, 46/47, 51, 58 u, 60 u, 77 u, 81 o, 84, 91, 93 u, 107, 109 u, 112 u, 114, 115, 149 ol, 160, 162 o, 169 u, 172 ol, 175, 180 ur, 181 or, 181 ul, 188 or, 193 o, 194 ol, 195 or, 207 o, 226
E. Pott: 25 o, 31, 45 o, 54 o, 55 u, 57, 60 o, 74 o, 94, 123, 136, 143 ur, 150 M, 156, 161, 164/165, 174, 179, 201 o, 202 or, 203 or, 205 l, 205 r
B. Putz: 166
H. Reinhard: 71 u
U. u. J. Schimmelpfennig: 46 ol, 47 ul, 62 u, 68 or, 100, 113 ul, 113 ur, 121 ul, 130 u, 132 u, 135 u, 143 ul, 168 u, 209 o
Ch. u. W. Streit: 18 M, 18 u, 42 u, 68 u, 105 o, 124 u, 137 u, 158 o, 203 ol
K. Wothe: 79

Grafik S. 148: Barbara von Damnitz

Umschlagfotos:
Wolfgang Bittmann (vorn: Bryce Canyon; hinten: Weißkopf-Seeadler, »Blazing Star«)
Brigitte Fugger (großes Foto: Bisons im Theodore-Roosevelt-Nationalpark)
Foto S. 1: Zion-Nationalpark
Foto S. 2: Canyonlands-Nationalpark

Wörterbuch
Deutsch / Englisch / Wissenschaftlich

Pflanzen

Akelei / Columbine / Aquilegia spp.
Alpenrose, Rhododendron / Rhododendron spp.
Amerikanische Kastanie / American Chestnut / Castanea dentata
Amerikanische Zitterpappel,Espe / Quaking Aspen / Populus tremuloides
Arizona-Walnuß / Arizona Walnut / Juglans mayor
Arktischer Enzian / Arctic Gentian / Gentiana algida

Bärengras / Bear Grass / Xerophyllum tenax
Bärentraube / Manzanita / Arctospaphylos spp.
Bärlappgewächse / Clubmosses / Selaginella spp.
Balsamtanne / Balsam Fir / Abies balsamea
Bartflechte / Lichen / Usnea spp.
Berglorbeer / Mountain Laurel / Kalmia latifolia
Berufkraut / Daisy / Erigeron spp.
Birke / Birch / Betula spp.
Blaueiche / Blue Oak / Quercus douglasii
Blau-, Stechfichte / Blue Spruce / Picea pungens
Blumenhartriegel / Flowering Dogwood / Cornus florida
Borsten-, Grannenkiefer / Bristlecone Pine / Pinus aristata
Büffelgras / Buffalogras / Buchloe dactyloides

Colorado-Akelei / Blue (Colorado) Columbine / Aquilegia caerulea

Douglasie / Douglas Fir / Pseudotsuga menziesii
Drachenwurz, Sumpfkalla / Water Arum / Calla palustris
Drehkiefer / Lodgepole Pine / Pinus contorta

Elliottkiefer / South Florida Slash Pine / Pinus elliottii var. densa
Engelmannsfichte / Engelmann Spruce / Picea engelmannii
Eschenahorn / Boxelder / Acer negundo

Faßkaktus / Barrel Kaktus / Ferocactus spp.
Felsengebirgstanne / Subalpine Fir / Abies lasiocarpa
Frauenhaarfarn / Maidenhair Fern / Adiantum spp.
Fuchsschwanzkiefer / Foxtail Pine / Pinus balfouriana

Gauklerblume / Monkeyflower / Mimulus spp.
Gebirgs-Hemlocktanne / Mountain Hemlock / Tsuga mertensiana
Gelbbirke / Yellow Birch / Betula alleghaniensis
Gelbe Gauklerblume / Common Monkey Flower / Mimulus guttatus
Gelb-, Goldkiefer / Ponderosa Pine / Pinus ponderosa
Gift-Sumach / Poison Ivy / Rhus radicans
Götterblume / Shooting Star / Dodecatheon spp.
Grauerle / Mountain,Thinleaf Alder / Alnus incana
Grautanne / White Fir / Abies concolor
Great-Basin-Borstenkiefer / Great Basin Bristlecone Pine / Pinus aristata longaeva
Großblättrige Buche / American Beech / Fagus grandifolia
Großblättriger Ahorn / Bigleaf Maple / Acer macrophyllum
Große Küstentanne / Grand Fir / Abies grandis

Hickorynuß / Hickory / Carya spp.

Jeffrey-Kiefer / Jeffrey Pine / Pinus jeffreyi
Josuabaum / Joshua Tree / Yucca brevifolia

Kalifornischer Goldmohn, Schlafmützchen / California Poppy / Eschscholzia californica
Kalifornische Roßkastanie / California Buckeye / Aesculus californica
Kalifornische Schwarzeiche / Black Oak / Quercus kelloggii
Kanada-Schattenblümchen / Canada Mayflower / Maianthemum canadense
Knopfblume / Buttonbush / Cephalacanthus occidentale
Knopfmangrove / Buttonwood / Conocarpus erectus
Königspalme / Royal Palm / Roystonea elata
Kokardenblume / Gaillardia spp.
Kreosotbusch / Creosote Bush / Larrea tridentata, divaricata
Küstensequoie / Redwood / Sequoia sempervirens
Kugelmalve / Globe Mallow / Sphaeralcea spp.

Lärche / Lark / Larix spp.
Lebensbaum / Northern White Cedar / Thuja occidentalis
Louisianamoos / Spanish Moss / Tillandsia usneoides

Magnolie / Magnolia / Magnolia spp.
Mahagoni / Mahogany / Swietiana mahagoni
Mammutbaum / Sequoia / Sequoiadendron giganteum
Mexikanischer Goldmohn / Mexican Gold Poppy / Eschscholzia californica mexicana
Mexikanische Nußkiefer / Mexican Pinyon / Pinus cembroides
Mezquite-Strauch / Mesquite / Prosopis spp.
Missouri-Tragant / Missouri Milkvetch / Astragalus missouriensis
Mormonentulpe / Sego Lily / Calochortus nuttallii
Moosphlox / Moss Phlox / Phlox subulata

Nachtkerze / Evening Primrose / Oenothera spp.
Nevada-Zirbelkiefer / Limber Pine / Pinus flexilis
Nootka-Scheinzypresse / Alaska (Yellow) Cedar / Chamaecyparis nootkatensis
Norne / Calypso Orchid,Fairy Slipper / Calypso bulbosa
Nußkiefer / Pinyon Pine / Pinus edulis

Ocotillo, Kerzenstrauch / Ocotillo / Fouquieria splendens
Opuntie, Feigenkaktus / Opuntia, Pricklypear / Opuntia spp.
Ostamerikanische Weymouthskiefer / Eastern White Pine / Pinus strobus
Orgelpfeifenkaktus / Organ Pipe Cactus / Cereus (Stenocereus) thurberi

Pantherlilie / Leopard Lily / Lilium pardalinum
Papierbirke / Paper Birch / Betula papyrifera
Parkinsonie / Paloverde / Parkinsonia spp.
Pechkiefer / Pitch Pine / Pinus rigida
Prachttanne / Red Fir / Abies magnifica
Purpurtanne / Pacific Silver Fir / Abies amabilis

Rauchzeder / Incense Cedar / Calocedrus decurrens
Riemenlippe / Bog Rein Orchid / Habenaria dilatata
Riesenlebensbaum / Western Redcedar / Thuja plicata
Riesenschilf / Giant Reed / Arundo donax
Robinie / Black Locust / Robinia pseudoacacia
Rocky-Mountains-Wacholder / Rocky Mountains Juniper / Juniperus scopulorum
Rohrkolben / Cattail / Typha spp.
Rotfichte / Red Spruce / Picea rubens
Rotkiefer / Red Pine / Pinus resinosa
Rote Mangrove / Red Mangrove / Rhizophora mangle

Sägegras / Sawgrass / Mariscus jamaicensis
Saguaro / Saguaro, Giant Cactus / Cereus (Carnegiea) gigantea
Samtesche / Velvet Ash / Fraxinus velutina
Schachtelhalm / Horstail / Equisetum spp.
Schachtelhalmstrauch / Mormon Tea,Green Ephedra / Ephedra viridis
Schwarzesche / Black Ash / Fraxinus nigra
Schwarzfichte / Black Spruce / Picea mariana
Schwarze Mangrove / Black Mangrove / Avicennia germinans
Schwertfarn / Sword Fern / Polystichum munitum
Sitkafichte / Sitka Spruce / Picea sitchensis
Stachelmohn / Prickly Poppy / Argemone spp.
Staudenaster / Purple Aster / Aster ledophyllus
Stengelloses Leimkraut / Moss Campion / Silene acaulis
Sumpfzypresse / Bald Cypress / Taxodium distichum

Tamaracklärche / Tamarack / Larix laricina
Tamariske / Tamarisk / Tamarix spp.
Teichrose / Pond Lily / Nuphar spp.
Texas-Walnuß / Little Walnut / Juglans microcarpa

Utah-Agave / Utah Century Plant / Agave utahensis
Utah-Wacholder / Utah Juniper / Juniperus osteosperma

Virginische Zeder / Eastern Redcedar / Juniperus virginiana

Wasserhyazinthe / ? / Eichhornia crassipes
Weidenröschen / Fireweed / Epilobium angustifolium
Weißeiche / White Oak / Quercus alba
Weißfichte / White Spruce / Picea glauca
Weiße Mangrove / White Mangrove / Laguncularia racemosa
Weißstämmige Zirbelkiefer / Whitebark Pine / Pinus albicaulis
Wermutstrauch, Beifuß / Sagebrush / Artemisia spp.
Westamerikanische Hemlocktanne / Western Hemlock / Tsuga heterophylla
Westamerikanische Weymouthskiefer / Western White Pine / Pinus monticola
Würgefeige / Strangler Fig / Ficus aurea

Zuckerahorn / Sugar Maple / Acer saccharum
Zuckerkiefer / Sugar Pine / Pinus lambertiana

Wirbellose
Apfelschnecke / Apple Snail / Pomacea caliginosa
Eiswurm / Ice Worm / Annelidae
Fleckenfalter / Checkerspot / Fam. Nymphalidae
Kriebelmücken / Black Flies / Simulium spp.
Langbeinfliegen / Dolichopodid Flies / Dolichopodidae
Monarchfalter / Monarch / Danaus plexippus
Nacktschnecken / Banana Slugs / Gastropoda
Salzfliegen / Ephydrid Flies / Ephydra spp.
Schwammspinner / Gipsy Moth / Lymantria dispar
Schwarze Witwe / Black Widow / Latrodectus mactans
Tannenlaus / Balsam Wooly Adelgid / Adelges piceae
Tarantel / Tarantula / Dugesiella echina
Tarantel / Desert Tarantula / Aphonopelma chalcodes
Vierfleck-Libelle / Four-spot Skimmer / Libellula quadrimaculata

Fische / Amphibien / Reptilien
Aga-Kröte / Giant Toad / Bufo marinus
Amerikanisches Krokodil / American Crocodile / Crocodylus acutus
Amerikanischer Riesensalamander / Hellbender / Cryptobranchus alleganiensis
Arizona-Korallenschlange / Arizona Coral Snake / Micruroides euryxanthus
Armmolche / Sirens / Sirenidae
Atlantische Unechte Karettschildkröte / Atlantic Loggerhead Turtle / Caretta caretta caretta
Big-Bend-Moskitofisch / Big Bend Mosquitofish / Gambusia gaigei
Blaurückenlachs / Kokanee Salmon / Oncorhynchus nerka
Chuckwalla / Chuckwalla / Sauromalus obesus
Europäische Forelle / Brown Trout / Salmo trutta
Florida-Schnappschildkröte / Florida Snapping Turtle / Chelydra serpentina
Gila-Krustenechse / Gila Monster / Heloderma suspectum
Gitterschwanzleguan / Zebra-tailed Lizard / Callisaurus draconoides
Halsbandleguan / Collared Lizard / Crotaphytus collaris
Krötenechsen / Horned Lizards / Phrynosoma spp.
Kurzhorn-Krötenechse / Short-horned Lizard / Phrynosoma douglassi
Laubfrösche / Tree Frogs / Hylidae
Leguane / Anoles,Lizards,Iguanas / Iguanidae
Lungenlose Salamander / Lungless Salamanders / Plethodontidae
Mississippi-Alligator / American Alligator / Alligator mississippiensis
Nordamerikanische Sandboa / Rubber (Northwestern Rubber) Boa / Charina bottae (plumbea)
Ochsenfrosch / Bullfrog / Rana catesbeiana
Pazifische Lachse / Salmons / Oncorhynchus spp.
Pazifischer Laubfrosch / Pacific Tree Frog / Hyla regilla
Pazifischer Riesen-Querzahnmolch / Pacific Giant Salamander / Dicamptodon ensatus
Prärieklapperschlange / Western (Prairie) Rattlesnake / Crotalus viridis
Purpurforelle / Cutthroat Trout / Oncorhynchus (Salmo) clarki
Querzahnmolche / Mole Salamanders / Ambystomatidae
Rauhhäutiger Molch / Rough-skinned Newt / Taricha granulosa
Regenbogenforelle / Rainbow Trout / Salmo gairdneri
Rennechsen / Whiptails / Cnemidophorus spp.
Rotbauch-Schmuckschildkröte / Florida Red-bellied Turtle / Chrysemys nelsoni
Rotkehl-Anolis / Green Anole / Anolis carolinensis
Schaufelfüße / Spadefoots / Scaphiopus spp.
Schienenechsen / Whiptails,Racerunner / Teiidae
Seitenfleckenleguan / Side-blotched Lizard / Uta stansburiana
Skinke,Glattechsen / Skinks / Scincidae
Skorpions-Krustenechse / Mexican Beaded Lizard / Heloderma horridum
Streifenskink / Five-lined Skink / Eumeces fasciatus
Südlicher Schaufelfuß / Couch's Spadefoot / Scaphiopus couchii
Taubleguane / Earless Lizards / Hoolbrokia spp.
Vierfleck-Libelle / Four-spot Skimmer / Libellula quadrimaculata
Wüstenschildkröte / Desert Tortoise / Gopherus agassizii
Wüsten-Stachelleguan / Yellow-backed (Desert) Spiny Lizard / Sceloporus magister
Zierschildkröte / Eastern Painted Turtle / Chrysemys picta picta

Vögel
Arkansastyrann / Western Kingbird / Tyrannus verticalis
Baltimoretrupial / Northern Oriole / Icterus galbula
Bandtaube / Band-tailed Pigeon / Columba fasciata
Bartkauz / Great Grey Owl / Strix nebulosa
Beifußhuhn / Sage Grouse / Centrocercus urophasianus
Berghüttensänger / Mountain Bluebird / Sialia currucoides
Beringmöwe / Glaucous-winged Gull / Larus glaucescens
Blauhäher / Blue Jay / Cyanocitta cristata
Blaukehl-Hüttensänger / Western Bluebird / Sialia mexicana
Blaureiher / Little Blue Heron / Egretta caerulea
Bootschwanzgrackel / Boat-tailed Grackle / Quiscalus major
Braunkopf-Kuhstärling / Brown-headed Cowbird / Molothrus ater
Braunpelikan / Brown Pelican / Pelecanus occidentalis
Brautente / Wood Duck / Aix sponsa
Buntfalke / American Kestrel / Falco sparverius
Buschhäher / Scrub Jay / Aphelocoma coerulescens
Carolinasittich / Carolina Parakeet / Conuropsis carolinensis
Carolinataube / Mourning Dove / Zenaidura macroura
Dachsammer / White-crowned Sparrow / Zonotrichia leucophrys
Diademhäher / Stellers Jay / Cyanocitta stelleri
Dreifarbenkolibri / Broad-tailed Hummingbird / Archilochus platycerus
Dreifarbenreiher / Tri-colored / Heron Egretta tricolor
Dunenspecht / Downy Woodpecker / Picoides pubescens
Eichelspecht / Acorn Woodpecker / Melanerpes formicivorus
Eiderente / Common Eider / Somateria mollissima
Einsiedlerdrossel / Hermit Thrush / Catharus guttatus
Einsiedelwaldsänger / Hermit Warbler / Dendroica occidentalis
Eistaucher / Common Loon / Gavia immer
Elfenbeinspecht / Ivory-billed Woodpecker / Campephilus principalis
Elfenkauz / Elf Owl / Glaucidium whitneyi
Elster / Black-billed Magpie / Pica pica
Erdkuckuck / Greater Roadrunner / Geococcyx californianus
Eskimobrachvogel / Eskimo Curlew / Numenius borealis
Fahlstirnschwalbe / American Cliff Swallow / Petrochelidon pyrrhonota
Falkennachtschwalbe / Common Nighthawk / Chordeiles minor
Felsengebirgshuhn / Blue Grouse / Dendragapus obscurus
Felsenzaunkönig / Rockwren / Salpinctes obsoletus
Feuerkopf-Saftlecker / Yellow-bellied (Red-breasted) Sapsucker / Sphyrapicus varius (ruber)
Fichtenkreuzschnabel / Red Crossbill / Loxia curvirostra
Fichtenzeisig / Pine Siskin / Carduelis pinus
Fischadler / Osprey / Pandion haliaetus
Fleckenkauz / Spotted Owl / Strix occidentalis
Gänsesäger / Common Merganser / Mergus merganser
Gambelmeise / Mountain Chickadee / Parus gambeli
Gilaspecht / Gila Woodpecker / Melanerpes uropygialis
Goldspecht / Common (Northern) Flicker / Colaptes auratus
Goldwaldsänger / Yellow Warbler / Dendroica petechia
Graubrusthäher / Mexican (Gray-breasted) Jay / Aphelocoma ultramarina
Grauwasseramsel / American Dipper / Cinclus mexicanus
Gryllteiste / Black Guillemot / Cepphus grylle
Gürtelfischer / Belted Kingfischer / Ceryle alcyon
Haarspecht / Hairy Woodpecker / Picoides villosus
Habicht / Northern Goshawk / Accipiter gentilis
Halsbanddrossel / Varied Thrush / Ixoreus naevius
Helmspecht / Pileated Woodpecker / Dryocopus pileatus
Helmwachtel / Gambel's Quail / Callipepla gambelii
Höhlenschwalbe / Cave Swallow / Petrochelidon fulva

Indianerbläßhuhn / American Coot / Fulica americana
Indianermeise / Tufted Titmouse / Parus bicolor
Indigofink / Indigo Bunting / Passerina cyanea
Junko (Winterammer) / Dark-eyed Junco / Junco hyemalis

Kaktuszaunkönig / Cactus Wren / Campylorhynchus brunneicephalus
Kalifornischer Kondor / California Condor / Gymnogyps californianus
Kanadagans / Canada Goose / Branta canadensis
Kanadakleiber / Red-breasted Nuthatch / Sitta canadensis
Kanadareiher / Great Blue Heron / Ardea herodias
Kanincheneule / Burrowing Owl / Athene cunicularia
Keilschwanzregenpfeifer (Schreiregenpfeifer) / Killdeer / Charadrius vociferus
Kiefernhäher / Clark's Nutcracker / Nucifraga columbiana
Kieferntangare / Western Tanager / Piranga ludoviciana
Königstyrann / Eastern Kingbird / Tyrannus tyrannus
Kolkrabe / Common Raven / Corvus corax
Kornweihe / Marsh (Hen) Harrier / Circus cyaneus
Kragenente / Harlequin Duck / Histrionicus histrionicus
Kreischeule / Screech Owl / Otus asio
Krummschnabel-Spottdrossel / Curve-billed Thrasher / Toxostoma curvirostre
Kuhreiher / Cattle Egret / Bubulcus ibis

Labradorente / Labrador Duck / Camptorhynchus labradorius
Lazulifink / Lazuli Bunting / Passerina amoena
Lerchenstärling / Eastern Meadowlark / Sturnella magna
Louisianawürger / Loggerhead Shrike / Lanius ludovicianus

Marmelalk / Marbled Murrelet / Brachyramphus marmoratus
Maskentrupial / Hooded Oriole / Icterus (Pendulinus) cucullatus
Meerscharbe / Pelagic Cormorant / Phalacrocorax pelagicus
Meisenhäher / Gray Jay / Perisoreus canadensis
Meisenwaldsänger / Parula Warbler / Parula americana

Nacktschnabelhäher / Pinyon Jay / Gymnorhinus cyanocephalus
Nashornalk / Rhinoceros Auklet / Cerorhinca monocerata
Nashornpelikan / American White Pelican / Pelecanus erythrorhynchus
Nonnenspecht / White-headed Woodpecker / Picoides albolarvatus

Ohrenscharbe / Double-crested Cormorant / Phalacrocorax auritus

Papstfink / Painted Bunting / Passerina ciris
Präriefalke / Prairie Falcon / Falco mexicanus
Purpurstärling / Brewer's Blackbird / Euphagus cyanocephalus
Purpurschwalbe / Purple Martin / Progne subis
Purpurtyrann / Vermillion Flycatcher / Pyrocephalus rubinus

Rabengeier / Black Vulture / Coragyps atratus
Riesenalk / Great Auk / Pinguinus impennis
Rosalöffler / Roseate Spoonbill / Ajaia ajaja
Rosenbauch-Schneegimpel / Rosy Finch / Leucosticte arctoa
Rostscheitelammer / Rufous-crowned Sparrow / Aimophila ruficeps
Rotbürzel-Waldsänger / Lucy's Warbler / Vermivora luciae
Rotkardinal / Northern Cardinal / Cardinalis cardinalis
Rotkehl-Hüttensänger / Eastern Bluebird / Sialia sialis
Rotkopfspecht / Red-headed Woodpecker / Melanerpes erythrocephalus
Rotschulterbussard / Red-shouldered Hawk / Buteo lineatus
Rotschulterstärling / Red-winged Blackbird / Agelaius phoeniceus
Rotschwanzbussard / Red-tailed Hawk / Buteo jamaicensis
Rundschwanzsperber / Cooper's Hawk / Accipiter cooperii

Sängervireo / Warbling Vireo / Vireosylva gilva
Scharlachtangare / Scarlet Tanager / Piranga olivacea
Schlangenhalsvogel / Anhinga / Anhinga anhinga
Schlichtmeise / Plain Titmouse / Parus inornatus
Schluchtenzaunkönig / Canyon Wren / Catherpes mexicanus
Schmalschnabelkardinal / Pyrrhuloxia / Cardinalis sinuatus
Schmuckreiher / Snowy egret / Egretta thula
Schneckenweih / Snail Kite / Rostrhamus sociabilis
Schopfwachtel / California Quail / Callipepla californica
Schreikranich / Whooping Crane / Grus americana
Schuppenwachtel / Scaled Quail / Callipepla squamata
Schwarzhalstaucher / Eared Grebe / Podiceps nigricollis
Schwarzkehlammer / Black-throated Sparrow / Amphispiza bilineata
Schwarzkinnkolibri / Black-chinned Hummingbird / Archilochus alexandri
Schwarzkopfphoebe / Black Phoebe / Sayornis nigricans
Schweifhuhn / Sharp-tailed Grouse / Pedioecetes phasianellus
Scott-Trupial / Scott's Oriole / Icterus (Pendulinus) parisorum
Silbermöwe / Herring Gull / Larus argentatus
Silberreiher / White Egret / Casmerodius albus
Spatelente / Barrows Goldeneye / Bucephala (Glauncionetta) islandica
Spottdrossel / Mockingbird / Mimus polyglottos
Star / European Starling / Sturnus vulgaris
Steinadler / Golden Eagle / Aquila chrysaetos
Sternelfe / Calliope Hummingbird / Stellula calliope
Stockente / Mallard / Anas platyrhynchos
Streifenkauz / Barred Owl / Strix varia

Tannenhuhn / Spruce Grouse / Canachites canadensis
Taubenteist / Pigeon Guillemot / Cepphus columba
Trompeterschwan / Trumpeter Swan / Cygnus buccinator
Trottellumme / Common Murre / Uria aalge
Truthuhn / Wild Turkey / Meleagris gallopavo
Truthahngeier / Turkey Vulture / Cathartes aura

Veilchenschwalbe / Violet-green Swallow / Tachycineta thalassina
Virginia-Uhu (Amerikanischer Uhu) / Great Horned Owl / Bubo virginianus

Walddrossel / Wood Thrush / Hylocichla mustelina
Waldstorch / Woodstork / Mycteria americana
Wanderdrossel / American Robin / Turdus migratoria
Wanderfalke / Peregrine Falcon / Falco peregrinus
Wandertaube / Passenger Pigeon / Ectopistes migratoria
Wasserpieper / Water Pipit / Anthus spinoletta
Weißbrustsegler / White-throated Swift / Aeronautes saxatalis
Weißflügeltaube / White-winged Dove / Zenaida asiatica
Weißibis (Schneesichler) / WhiteIbis / Eudocimus albus
Weißkehlammer / White-throated Sparrow / Zonotricha albicollis
Weißkopf-Seeadler / Bald Eagle / Haliaeetus leucocephalus
Weißschwanz-Schneehuhn / White-tailed Ptarmigan / Lagopus leucurus
Westmöwe / Western Gull / Larus occidentalis
Wiesenstärling / Western Meadowlark / Sturnella neglecta
Wilsondrossel / Veery / Catharus fuscescens
Wüstenbussard / Harris‹ Hawk / Parabuteo unicinctus

Zaunkönig / Winter Wren / Troglodytes troglodytes
Zedernseidenschwanz / Cedar Waxwing / Bombycilla cedrorum
Zimtkolibri / Rufous Hummingbird / Selasphorus rufus
Zwergkleiber / Pygmy Nuthatch / Sitta pygmaea

Säugetiere

Amerikanischer Nerz / Mink / Mustela vison
Antilopenhase / Antelope Jack Rabbit / Lepus alleni
Audubonkaninchen / Desert Cottontail / Sylvilagus audubonii

Bisamratte / Muskrat / Ondatra zibethicus
Bison / Bison / Bison bison
Braunbär / Grizzly, Brown Bear / Ursus arctos
Buschschwanz-Ratte / Bushy-tailed Woodrat / Neotoma cinerea

Chickaree / Chickaree / Tamiasciurus douglasii
Columbia-Ziesel / Columbian Ground Squirrel / Spermophilus columbianus

Dickhornschaf / Bighorn (Mountain) Sheep / Ovis canadensis

Eisbär / Polar Bear / Ursus maritimus
Eisfuchs / Alopex lagopus / Arctic Fox
Eisgraues Murmeltier / Hoary Marmot / Marmota caligata
Elch / Moose / Alces alces

Felsenziesel / Rock Squirrel / Spermophilus variegatus
Fichtenmarder / Pine Marten / Martes americana
Florida-Waldkaninchen / Eastern Cottontail / Sylvilagus floridanus

Gabelbock / Pronghorn / Antilocapra americana
Gebirgs-Chipmunk / Alpine Chipmunk / Eutamias alpinus
Gelbbäuchiges Murmeltier / Yellow-bellied Marmot / Marmota flaviventris
Gelber Fichten-Chipmunk / Yellow Pine Chipmunk / Eutamias amoenus
Goldmantelziesel / Golden-mantled Ground Squirrel / Spermophilus lateralis
Graufuchs / Grey Fox / Urocyon cinereoargenteus

Grauhörnchen / Gray Squirrel / Sciurus carolinensis
Grauwal / Grey Whale / Eschrichtius gibbosus
Großohr-, Maultierhirsch / Mule Deer / Odocoileus hemionus
Guano-Fledermaus / Mexican Free-tailed Bat / Tadarida brasiliensis mexicana

Halsbandlemming / Collared Lemming / Dicrostonyx torquatus
Halsbandpekari / Collared Peccary / Dicotyles tajacu

Kaibab-Pinselohr-Hörnchen / Kaibab Squirrel / Sciurus aberti kaibabensis
Kalifornischer Eselhase / Blacktailed Jack Rabbit / Lepus californicus
Kalifornischer Seelöwe / Californian Sealion / Zalophus californianus
Kalifornisches Ziesel / California Ground Squirrel / Spermophilus beecheyi
Kanadischer Biber / Beaver / Castor canadensis
Karibu / Caribou / Rangifer tarandus
Kleiner Blutsauger / Diphylla ecaudata / Hairy-legged Vampire
Kleiner Chipmunk / Least (Badlands) Chipmunk / Eutamias minimus
Kleine Taschenmaus / Great Basin Pocket Mouse / Perognathus parvus
Kojote / Coyote / Canis latrans
Kurzschwanzspitzmaus / Blarina brevicauda / Short-tailed Shrew

Langschwanzwiesel / Long-tailed Weasel / Mustela frenata

Mexikanischer Wolf / Mexican Wolf / Canis lupus baileyi
Moschusochse / Muskox / Ovibos moschatus

Nagel-Manati / West-Indian Manatee / Trichechus manatus
Neunbinden-Gürteltier / Nine-banded Armadillo / Dasypus novemcinctus
Nördlicher See-Elefant / Northern Elephant Seal / Mirounga angustrostris
Nördliches Gleithörnchen / Northern Flying Squirrel / Glaucomys sabrinus
Nordamerikanischer Baumstachler / Porcupine / Erithizon dorsatum
Nordamerikanischer Fischotter / River Otter / Lutra canadensis
Nordamerikanisches Katzenfrett / Ringtail / Bassariscus astutus
Nordamerikanischer Waschbär / Raccoon / Procyon lotor
Nordluchs / Canadian Lynx / Felis (Lynx) lynx
Nordopossum / Virginia Opossum / Didelphis virginiana
Nutria / Nutria / Myocastor coypus

Olympisches Murmeltier / Olympic Marmot / Marmota olympus

Ord-Känguruhratte / Ord's Kangaroo Rat / Dipodomys ordii
Ozelot / Ocelot / Leopardus pardalis

Pika, Pfeifhase / Pika / Ochotona princeps
Pinselohr-Hörnchen / Abert's Squirrel / Sciurus aberti
Pinyonmaus / Pinyon Mouse / Peromyscus truei
Puma / Mountain Lion / Felis concolor

Roosevelt-Hirsch / Roosevelt Elk / Cervus elaphus roosevelti
Rotfuchs / Red Fox / Vulpes vulpes
Rothirsch (Wapiti) / Elk (Wapiti) / Cervus elaphus
Rothörnchen / Red Squirrel / Tamiasciurus hudsonicus
Rotluchs / Bobcat / Felis (Lynx) rufus
Rundschwanzziesel / Round-tailed Ground Squirrel / Spermophilus tereticaudus

Schneeschuhhase / Snowshoe Hare / Lepus americanus
Schneeziege / Mountain Goat / Oreamnos americanus
Schwarzbär / Black Bear / Ursus americanus
Schwarzfußiltis / Mustela nigripes / Black-footed Ferret
Schwarzschwanz-Präriehund / Black-tailed Prairie Dog / Cynomys ludovicianus
Seehund / Harbour Seal / Phoca vitulina
Seeotter / Sea Otter / Enhydra lutris
Silberdachs / Badger / Taxidea taxus
Stellers Seelöwe / Stellers Sea Lion / Eumetopias jubatus
Streifenbackenhörnchen / Eastern Chipmunk / Tamias striatus
Streifenskunk / Striped Skunk / Mephitis mephitis
Stummelschwanzhörnchen / Mountain Beaver / Aplodontia rufa
Südamerikanischer Nasenbär / Coati / Nasua nasua
Sumpfkaninchen / Marsh Rabbit / Sylvilagus palustris

Taschenmaus / Pocket Mouse / Perognathus spp.

Utah-Prairiehund / Utah Prairie Dog / Cynomys parvidens

Vielfraß / Wolverine / Gulo gulo

Waldmurmeltier / Woodchuck / Marmota monax
Weißfußmaus / White-footed Mouse / Peromyscus leucopus
Weißwedelhirsch / White-tailed Deer / Odocoileus virginianus
Weißschwanz-Antilopenziesel / White-tailed Antelope Squirrel / Ammospermophilus leucurus
Westlicher Fleckenskunk / Western Spotted Skunk / Mephitis (Spilogale) gracilis
Wolf / Gray (Timber) Wolf / Canis lupus

Englisch-Deutsch

Arten, die keinen deutschen Namen haben, sind hier mit ihrem wissentschaftlichen Artnamen verzeichnet.

Pflanzen
Alaska (Yellow) Cedar / Nootka-Scheinzypresse
Alligator Juniper / Juniperus deppeana
Alpine Aven / Geum rossi
Alpine Laurel / Kalmia microphylla
Alpine Shooting Star / Dodecatheon alpinum
Alpine Sunflower / Hymenoxys grandiflora
American Beech / Großblättrige Buche
American Bistort / Polygonum bistortoides
American Chestnut / Amerikanische Kastanie
Apache Plume / Fallugia paradoxa
Arctic Gentian / Arktischer Enzian
Arizona Walnut / Arizona-Walnuß

Baby Blue Eyes / Nemophila menziesii
Bald Cypress / Sumpfzypresse
Balsam Fir / Balsamtanne
Barrel Cactus / Faßkaktus
Beadruby / Maianthemum dilatatum
Bear Grass / Bärengras / Xerophyllum tenax
Bigleaf Maple / Großblättriger Ahorn
Big Sagebrush / Artemisia tridentata
Bigtooth Maple / Acer grandidentatum
Blackbrush / Coleogyne ramosissima
Black Ash / Schwarzesche
Black Locust / Robinie
Black Mangrove / Schwarze Mangrove
Black Oak / Kalifornische Schwarzeiche
Black Spruce / Schwarzfichte
Blazing Star / Mentzelia spp.
Bluebead Lily / Clintonia barealis
Bluebell / Campanula rotundifolia
Blue (Colorado) Columbine / Colorado-Akelei
Blue Flag / Iris versicolor
Blue Grama / Bouteloua gracilis
Blue Oak / Blaueiche
Blue Spruce / Blaufichte, Stechfichte
Bluet / Houstonia caerulea
Bog Rein Orchid / Riemenlippe
Boxelder / Eschenahorn
Bristlecone Pine / Borsten-, Grannenkiefer
Buffalogras / Büffelgras
Buckwheat / Erigonum
Bunchberry / Cornus canadensis
Buttonbush / Cephalacanthus occidentale
Buttonwood / Knopfmangrove

California Buckeye / Kalifornische Roßkastanie
California Poppy / Kalifornischer Goldmohn, Schlafmützchen
Calypso Orchid, Fairy Slipper / Norne
Canada Mayflower / Kanada-Schattenblümchen
Candelilla / Euphorbia antisyphilitica
Cane Cholla / Opuntia imbricata
Canyon Grape / Vitis arizonica
Cardinal Flower / Lobelia cardinalis
Catawba Rhododendron / Rhododendron catawbiense
Catclaw Acacia / Acacia greggii
Cattail / Rohrkolben
Chainfruit Cholla / Opuntia fulgida
Chinkapin Oak / Quercus mu(e)hlenbergii
Chisos Bluebonnet / Lupinus harvardii
Christmas Cactus / Opuntia leptocaulis
Cliffrose / Cowania mexicana
Clubmosses / Bärlappgewächse
Columbine / Akelei
Common Chokecherry / Prunus virginiana
Common Monkey Flower / Gelbe Gauklerblume
Common (Rubber) Rabbitbrush / Chrysothamnus nauseosus
Creosote Bush / Kreosotbusch
Curlycup Gumweed / Grindelia squarrosa

Desert Willow / Chilopsis linearis
Douglas Fir / Douglasie

Eastern Hemlock / Tsuga canadensis
Eastern Redcedar / Virginische Zeder
Eastern White Pine / Ostamerikanische Weymouthskiefer
Elephant Heads / Pedicularis groenlandica
Elephant Tree / Bursera microphylla
Engelmann's Pricklypear / Opuntia phaeacantha
Engelmann Spruce / Engelmannsfichte
Evening Primrose / Nachtkerze
Explorer's Gentian / Gentiana calycosa

False Solomon's Seal / Smilacina racemosa
Fawn Lily / Erythronium grandiflorum
Fire Pink / Silene virginica
Fireweed / Weidenröschen
Five-finger Fern / Adiantum pedatum
Flame Azalea / Rhododendron calendulaceum
Flowering Dogwood / Blumenhartriegel
Four-wing Saltbush / Atriplex canescens
Foxtail Pine / Fuchsschwanzkiefer
Fraser Fir / Abies fraseri
Fremont Cottonwood / Populus fremontii

Gaillardia / Kokardenblume
Gambel Oak / Quercus gambelli
Giant Dagger Yucca / Yucca carnerosana
Giant Helleborine,Stream Orchid / Epipactis gigantea
Giant Reed / Riesenschilf
Gilbert Yucca / Yucca gilbertiana
Glacier Lily / Erythronium montanum
Globe Mallow / Kugelmalve
Grand Fir / Große Küstentanne
Great Basin Bristlecone Pine / Great-Basin-Borstenkiefer
Greenleaf Manzanita / Arctostaphylos patula
Gumbo Limbo / Bursera simaruba

Hickory / Hickorynuß
Honey Mesquite / Mezquite-Strauch
Horstail / Schachtelhalm

Incense Cedar / Rauchzeder
Indian Paintbrush / Castilleja spp.
Indian Ricegrass / Stipa hymenoides
Ironwood / Olneya tesota

Jack-in-the-Pulpit / Arisaema triphyllum
Jeffrey Pine / Jeffrey-Kiefer
Joshua Tree / Josuabaum

Large-flowered Trillium / Trillium grandiflorum
Lechuguilla / Agave lecheguilla
Leopard Lily / Pantherlilie
Lewis Monkeyflower / Mimulus lewisii
Limber Pine / Nevada-Zirbelkiefer
Little Walnut / Texas-Walnuß
Live Oak / Quercus virginiana
Lodgepole Pine / Drehkiefer

Magenta Paintbrush / Castilleja parviflora
Magnolia / Magnolie
Mahogany / Mahagoni
Maidenhair Fern / Frauenhaarfarn
Manzanita / Bärentraube
Marshmallow / Kosteletzkya virginica
Marsh Marigold / Caltha leptosepala
Meadow Rose / Rosa blanda
Mesquite / Mezquite-Strauch
Mexican Blue Oak / Quercus oblongifolia
Mexican Gold Poppy / Mexikanischer Goldmohn
Mexican Pinyon / Mexikanische Nußkiefer
Milkweed / Asclepias spp.
Missouri Milkvetch / Missouri-Tragant
Monkeyflowers / Gauklerblumen

Mormon Tea,Green Ephedra / Schachtelhalmstrauch
Moss Campion / Stengelloses Leimkraut
Moss Phlox / Moosphlox
Mountain Hemlock / Gebirgs-Hemlocktanne
Mountain Laurel / Berglorbeer
Mountain,Thinleaf Alder / Grauerle
Mountain Townsendia / Townsendia alpigena

New Mexico Maguey / Agave neomexicana
Northern Gentian / Gentiana amarella
Northern White Cedar / Lebensbaum

Ocotillo / Ocotillo, Kerzenstrauch
One-seed Juniper / Juniperus monosperma
Opuntia, Pricklypear / Opuntie, Feigenkaktus
Organ Pipe Cactus / Orgelpfeifenkaktus
Our Lord's Candle / Yucca whipplei
Owlclover / Orthocarpus purpurescens

Pacific Dogwood / Cornus nuttallii
Pacific Silver Fir / Purpurtanne
Painted Trillium / Trillium undulatum
Paloverde / Parkinsonie
Paper Birch / Papierbirke
Pasqueflower / Anemone
Pearly Everlasting / Anaphalis margaritacea
Pickerel Weed / Pontederia cordata
Pinemat Manzanita / Arctostapylos nevadensi
Pink Azalea / Rhododendron nudiflorum
Pink Lady's Slipper / Cypripedium acaule
Pinyon Pine / Nußkiefer
Pitch Pine / Pechkiefer
Plains Pricklypear / Opuntia polyacantha
Poison Ivy / Gift-Sumach
Ponderosa Pine / Gelbkiefer, Goldkiefer
Pond Lily / Teichrose
Prickly Poppy / Stachelmohn
Primrose Willow / Ludwigia peruriana
Prince's (Desert) Plume / Stanleya pinnata
Purple Aster / Aster ledophyllus / Staudenaster

Quaking Aspen / Amerikanische Zitterpappel, Espe

Red Fir / Prachttanne
Red Mangrove / Rote Mangrove
Red Pine / Rotkiefer
Red Spruce / Rotfichte
Redwood / Küstensequoie
Redwood Sorrel / Oxalis oregana
Redwood Violet / Viola sempervirens
Rhododendron / Alpenrose, Rhododendron
Rhodora / Rhododendron canadense
Rocky Mountains Juniper / Rocky-Mountains-Wacholder
Rosebay Rhododendron / Rhododendron maximum
Rough Mule Ear / Wyethia scabra
Royal Palm / Königspalme

Sacred Datura / Datura meteloides
Sagebrush / Wermutstrauch, Beifuß
Saguaro, Giant Cactus / Saguaro
Salmonberry / Rubus spectabilis
Saw Palmetto / Serenoa repens
Sawgras / Sägegras
Scarlet Globemallow / Spaeralcea coccinea
Scarlet Paintbrush / Castilleja miniata
Sego Lily / Mormonentulpe
Senita Cactus / Cereus (Lophocereus) schottii
Sequoia / Mammutbaum
Shooting Star / Götterblume
Showy Orchis / Orchis spectabilis
Silverleaf Lupine / Lupinus obtusilobus
Silver Sagebrush / Artemisia cana
Silvery Lupine / Lupinus argenteus
Sitka Spruce / Sitkafichte

Skyrocket,Scarlet Gilia / Gilia (Ipomopsis) aggregata
Snow Plant / Sarcodes sanguinea
Soaptree Yucca / Yucca elata
Sotol / Dasylirion leiophyllum
South Florida Slash Pine / Elliott-Kiefer
Spanish Moss / Louisianamoos
Speckled Alder / Alnus rugosa
Squawbush / Rhus trilobata
Stiff-leaved White Pine / Tillandsia fasciculata
Strangler Fig / Würgefeige
Subalpine Fir / Felsengebirgstanne
Sugar Maple / Zuckerahorn
Sugar Pine / Zuckerkiefer
Sword Fern / Schwertfarn

Tanoak / Lithocarpus densiflorus
Tamarack / Tamaracklärche
Tamarisk / Tamariske
Teddybear Cholla / Opuntia bigelowii
Texas Madrone / Arbutus texana
Torrey Yucca / Yucca torreyi
Tree Sunflower / Coreopsis spp.
Tulip Tree / Tulpenbaum

Upright Prairie-Coneflower / Ratibida columnifera
Utah Century Plant / Utah-Agave
Utah Juniper / Utah-Wacholder

Vanilla Leaf / Achlys triphylla
Velvet Ash / Samtesche

Water Arum / Drachenwurz, Sumpfcalla
Western Hemlock / Westamerikanische Hemlocktanne
Western Pasque Flower / Anemone occidentalis
Western Redbud / Cercis occidentalis
Western Redcedar / Riesenlebensbaum
Western Wheatgras / Agropyron smithii
Western White Pine / Westamerikanische Weymouthskiefer
Whitebark Pine / Weißstämmige Zirbelkiefer
White Brittlebush / Encelia farinosa
White Fir / Grautanne
White Mangrove / Weiße Mangrove
White Oak / Weißeiche
White Spruce / Weißfichte
Wild Columbine / Aquilegia canadensis
Wild Geranium / Geranium maculatum
Wyoming Paintbrush / Castilleja linariaefolia

Yellow Birch / Gelbbirke
Yellow Lady's Slipper / Cypripedium calceolus
Yellow Skunk Cabbage / Lysichitum americanum

Wirbellose

Apple Snail / Apfelschnecke

Balsam Wooly Adelgid / Adelges piceae
Banana Slug / Nacktschnecke
Black Flies / Kriebelmücken
Black Widow / Schwarze Witwe
Brine Fly / Ephydra hians

Checkerspot / Fleckenfalter

Desert Tarantula / Tarantel
Dolichopodid Flies / Langbeinfliegen

Ephydrid Flies / Salzfliegen

Florida Tree Snail / Liguus fasciatus
Four-spot Skimmer / Vierfleck-Libelle

Gipsy Moth / Schwammspinner
Great Sand Dunes Tiger Beetle / Cicindela theatina

Ice Worm / Eiswurm

Monarch / Danaus plexippus
Mono's Shrimp / Artemia monica

Tarantula / Tarantel

Western Tiger Swallowtail / Papilio rutulus
White Admiral / Limenitis arthemis

Zion Snail / Physa zionis

Fische / Amphibien / Reptilien
American Alligator / Mississippi-Alligator
American Crocodile / Amerikanisches Krokodil
Appalachian Woodland Salamander / Plethodon jordani
Arizona Coral Snake / Arizona-Korallenschlange
Atlantic Loggerhead Turtle / Atlantische Unechte Karettschildkröte

Big Bend Mosquitofish / Big-Bend-Moskitofisch
Big Bend Slider / Chrysemys scripta gaigeae
Brown Trout / Europäische Forelle
Bullfrog / Ochsenfrosch

Canyon Treefrog / Hyla arenicolor
Chuckwalla / Chuckwalla
Collared Lizard / Halsbandleguan
Couch's Spadefoot / Südlicher Schaufelfuß
Crater Lake Rough-skinned Newt / Taricha granulosa mazamae
Cutthroat Trout / Purpurforelle

Desert Tortoise / Wüstenschildkröte

Earless Lizards / Taubleguane
Eastern Painted Turtle / Zierschildkröte

Five-lined Skink / Streifenskink
Florida Red-bellied Turtle / Rotbauch-Schmuckschildkröte
Florida Snapping Turtle / Florida-Schnappschildkröte

Giant Toad / Aga-Kröte
Gila Monster / Gila-Krustenechse
Green Anole / Rotkehl-Anolis

Hellbender / Amerikanischer Riesensalamander
Horned Lizards / Krötenechsen

Kokanee Salmon / Blaurückenlachs

Lungless Salamanders / Lungenlose Salamander

Mexican Beaded Lizard / Skorpions-Krustenechse
Midget Faded Rattlesnake / Crotalus viridis concolor
Mole Salamanders / Querzahnmolche
Mountain Yellow-legged Frog / Rana muscosa

Northern Rough-skinned Newt / Taricha granulosa granulosa

Pacific Giant Salamander / Pazifischer Riesen-Querzahnmolch
Pacific Tree Frog / Pazifischer Laubfrosch

Rainbow Trout / Regenbogenforelle
Ringneck Snake / Diadophis punctatus
Rio Grande Leopard Frog / Rana berlandieri
Rough-skinned Newt / Rauhhäutiger Molch
Rubber (Northwestern Rubber) Boa / Nordamerikanische Sandboa

Seven-striped Whiptail / Cnemidophorus inornatus heptagrammus
Short-horned Lizard / Kurzhorn-Krötenechse
Side-blotched Lizard / Seitenfleckenleguan
Sirens / Armmolche
Skinks / Skinke, Glattechsen
Southwestern Earless Lizard / Holbrookia texana scitula
Spadefoots / Schaufelfüße

Tiger Salamander / Ambystoma tigrinum
Tree Frogs / Laubfrösche

Western Diamondback Rattlesnake / Crotalus atrox
Western Pond Turtle / C(h)lemmys marmorata
Western (Prairie) Rattlesnake / Prärieklapperschlange
Western Terrestrial Garter Snake / Thamnophis elegans
Western Whiptail / Cnemidophorus tigris
Whiptails / Rennechsen

Yellow-backed (Desert) Spiny Lizard / Wüsten-Stachelleguan

Zebra-tailed Lizard / Gitterschwanzleguan

Vögel
Acorn Woodpecker / Eichelspecht
American Cliff Swallow / Fahlstirn-schwalbe
American Coot / Indianerbläßhuhn
American Dipper / Grauwasseramsel
American Kestrel / Buntfalke
American Robin / Wanderdrossel
American White Pelican / Nashornpelikan
Anhinga / Schlangenhalsvogel

Bald Eagle / Weißkopf-Seeadler
Band-tailed Pigeon / Bandtaube
Barred Owl / Streifenkauz
Barrows Goldeneye / Spatelente
Belted Kingfischer / Gürtelfischer
Black-billed Magpie / Elster
Black-chinned Hummingbird / Schwarzkinnkolibri
Black-throated Sparrow / Schwarzkehl-ammer
Black Guillemot / Gryllteist
Black Phoebe / Schwarzkopfphoebe
Black Vulture / Rabengeier
Blue Grouse / Felsengebirgshuhn
Blue Jay / Blauhäher
Boat-tailed Grackle / Bootschwanzgrackel
Brewer's Blackbird / Purpurstärling
Broad-tailed Hummingbird / Dreifarben-kolibri
Brown-headed Cowbird / Braunkopf-Kuhstärling
Brown Pelican / Braunpelikan
Burrowing Owl / Kanincheneule

Cactus Wren / Kaktuszaunkönig
California Gull / Kalifornische Möwe
California Condor / Kalifornischer Kondor
California Quail / Schopfwachtel
Calliope Hummingbird / Sternelfe
Canada Goose / Kanadagans
Canyon Wren / Schluchtenzaunkönig
Carolina Parakeet / Carolinasittich
Cattle Egret / Kuhreiher
Cave Swallow / Höhlenschwalbe
Cedar Waxwing / Zedernseidenschwanz
Clark's Nutcracker / Kiefernhäher
Common Eider / Eiderente
Common (Northern) Flicker / Goldspecht
Common Loon / Eistaucher
Common Merganser / Gänsesäger
Common Murre / Trottellumme
Common Nighthawk / Falkennacht-schwalbe
Common Raven / Kolkrabe
Cooper's Hawk / Rundschwanzsperber
Curve-billed Thrasher / Krummschnabel-Spottdrossel

Dark-eyed Junco / Junko (Winterammer)
Double-crested Cormorant / Ohrenscharbe
Downy Woodpecker / Dunenspecht

Eared Grebe / Schwarzhalstaucher
Eastern Kingbird / Königstyrann
Eastern Bluebird / Rotkehl-Hüttensänger
Eastern Meadowlark / Lerchenstärling
Elf Owl / Elfenkauz
Eskimo Curlew / Eskimobrachvogel
European Starling / Star

Gambel's Quail / Helmwachtel
Gila Woodpecker / Gilaspechtlis
Glaucous-winged Gull / Beringmöwe
Golden Eagle / Steinadler
Gray Jay / Meisenhäher
Great Auk / Riesenalk
Great Blue Heron / Kanadareiher
Great Grey Owl / Bartkauz
Great Horned Owl / Virginia-Uhu (Amerikanischer Uhu)
Greater Roadrunner / Erdkuckuck

Hairy Woodpecker / Haarspecht
Harlequin Duck / Kragenente
Harris Hawk / Wüstenbussard
Hermit Thrush / Einsiedlerdrossel
Hermit Warbler / Einsiedelwaldsänger
Herring Gull / Silbermöwe
Hooded Oriole / Maskentrupial

Indigo Bunting / Indigofink
Ivory-billed Woodpecker / Elfenbeinspecht

Killdeer / Keilschwanzregenpfeifer (Schreiregenpfeifer)

Labrador Duck / Labradorente
Lazuli Bunting / Lazulifink
Little Blue Heron / Blaureiher
Loggerhead Shrike / Louisianawürger
Lucifer Hummingbird / Luziferkolibri
Lucy's Warbler / Rotbürzel-Waldsänger

Mallard / Stockente
Marbled Murrelet / Marmelalk
Marsh (Hen) Harrier / Kornweihe
Mexican (Gray-Breasted) Jay / Graubrusthäher
Mockingbird / Spottdrossel
Mountain Bluebird / Berghüttensänger
Mountain Chickadee / Gambelmeise
Mountain Quail / Bergwachtel
Mourning Dove / Carolinataube

Northern Cardinal / Rotkardinal
Northern Goshawk / Habicht
Northern Oriole / Baltimoretrupial

Osprey / Fischadler

Painted Bunting / Papstfink
Parula Warbler / Meisenwaldsänger
Passenger Pigeon / Wandertaube
Pelagic Cormorant / Meerscharbe
Peregrine Falcon / Wanderfalke
Pigeon Guillemot / Taubenteist
Pileated Woodpecker / Helmspecht
Pine Siskin / Fichtenzeisig
Pinyon Jay / Nacktschnabelhäher
Plain Titmouse / Schlichtmeise
Prairie Falcon / Präriefalke
Purple Martin / Purpurschwalbe
Pygmy Nuthatch / Zwergkleiber
Pyrrhuloxia / Schmalschnabelkardinal

Red-breasted Nuthatch / Kanadakleiber
Red Crossbill / Fichtenkreuzschnabel

Red-headed Woodpecker / Rotkopfspecht
Red-necked Phalarope / Odinshühnchen
Red-shouldered Hawk / Rotschulterbussard
Red-tailed Hawk / Rotschwanzbussard
Red-winged Blackbird / Rotschulterstärling
Rhinoceros Auklet / Nashornalk
Rockwren / Felsenzaunkönig
Rosy Finch / Rosenbauch-Schneegimpel
Roseate Spoonbill / Rosalöffler
Rufous-crowned Sparrow / Rostscheitelammer
Rufous Hummingbird / Zimtkolibri

Sage Grouse / Beifusshuhn
Scaled Quail / Schuppenwachtel
Scarlet Tanager / Scharlachtangare
Scott's Oriole / Scott-Trupial
Screech Owl / Kreischeule
Scrub Jay / Buschhäher
Sharp-tailed Grouse / Schweifhuhn
Snail Kite / Schneckenweih
Snowy Egret / Schmuckreiher
Spotted Owl / Fleckenkauz
Spruce Grouse / Tannenhuhn
Stellers Jay / Diademhäher

Tree Swallow / Sumpfschwalbe
Tri-colored Heron / Dreifarbenreiher
Trumpeter Swan / Trompeterschwan
Tufted Titmouse / Indianermeise
Turkey Vulture / Truthahngeier

Varied Thrush / Halsbanddrossel
Veery / Wilsondrossel
Vermillion Flycatcher / Purpurtyrann
Violet-green Swallow / Veilchenschwalbe

Water Pipit / Wasserpieper
Western Bluebird / Blaukehl-Hüttensänger
Western Gull / Westmöwe
Western Kingbird / Arkansastyrann
Western Meadowlark / Wiesenstärling
Western Tanager / Kieferntangare
White Egret / Silberreiher
White Ibis / Weißibis (Schneesichler)
White-crowned Sparrow / Dachsammer
White-headed Woodpecker / Nonnenspecht
White-tailed Ptarmigan / Weißschwanz-Schneehuhn
White-throated Sparrow / Weißkehlammer
White-throated Swift / Weißbrustsegler
White-winged Dove / Weißflügeltaube
Whooping Crane / Schreikranich
Wild Turkey / Truthuhn
Wilson's Phalarope / Wilsonhühnchen
Winter Wren / Zaunkönig
Wood Duck / Brautente
Wood Peewee / Waldtyrann
Wood Stork / Waldstorch
Wood Thrush / Walddrossel

Yellow-bellied (Red-breasted) Sapsucker / Feuerkopf-Saftlecker
Yellow Warbler / Goldwaldsänger

Säuger

Abert's Squirrel / Pinselohr-Hörnchen
Arctic Fox / Eisfuchs
Alpine Chipmunk / Gebirgs-Chipmunk
Antelope Jack Rabbit / Antilopenhase

Badger / Silberdachs
Beaver / Kanadischer Biber
Bighorn (Mountain) Sheep / Dickhornschaf
Bison / Bison
Black-footed Ferret / Schwarzfußiltis
Black-tailed Prairie Dog / Schwarzschwanz-Präriehund
Black Bear / Schwarzbär
Blacktailed Jack Rabbit / Kalifornischer Eselhase
Bobcat / Rotluchs
Bushy-tailed Woodrat / Buschschwanz-Ratte

Cactus Mouse / Peromyscus eremicus
California Ground Squirrel / Kalifornisches Ziesel
Californian Sealion / Kalifornischer Seelöwe
Canadian Lynx / Nordluchs
Caribou / Karibu
Chickaree / Chickaree
Cliff Chipmunk / Eutamias dorsalis
Coati / Südamerikanischer Nasenbär
Collared Lemming / Halsbandlemming
Collared Peccary / Halsbandpekari
Colorado Chipmunk / Eutamias quadrivittatus
Columbian Ground Squirrel / Columbia-Ziesel
Coyote / Kojote

Desert Cottontail / Audubonkaninchen

Eastern Chipmunk / Streifenbackenhörnchen
Eastern Cottontail / Florida-Waldkaninchen
Elk (Wapiti) / Rothirsch (Wapiti)

Golden-mantled Ground Squirrel / Goldmantelziesel
Gray (Timber) Wolf / Wolf
Gray Squirrel / Grauhörnchen
Grey Fox / Graufuchs
Grey Whale / Grauwal
Grizzly,Brown Bear / Braunbär

Hairy-legged Vampire / Kleiner Blutsauger
Harbour Seal / Seehund
Hoary Marmot / Eisgraues Murmeltier

Island Fox / Urocyon littoralis

Kaibab Squirrel / Kaibab-Pinselohr-Hörnchen

Least (Badlands) Chipmunk / Kleiner Chipmunk
Long-tailed Weasel / Langschwanzwiesel

Marsh Rabbit / Sumpfkaninchen
Mexican Free-tailed Bat / Guano-Fledermaus
Mink / Amerikan. Nerz
Moose / Elch
Mountain Beaver / Stummelschwanzhörnchen
Mountain Goat / Schneeziege
Mountain Lion / Puma
Mule Deer / Großohr- bzw.Maultierhirsch
Muskox / Moschusochse
Muskrat / Bisamratte

Nine-banded Armadillo / Neunbinden-Gürteltier
Northern Elephant Seal / Nördlicher See-Elefant
Northern Flying Squirrel / Nördliches Gleithörnchen
Nutria / Nutria

Ocelot / Ozelot
Olympic Marmot / Opympisches Murmeltier
Opossum / Nordopossum
Ord's Kangaroo Rat / Ord-Känguruhratte

Pika / Pika, Pfeifhase
Pine Marten / Fichtenmarder
Pinyon Mouse / Pinyonmaus
Polar Bear / Eisbär
Porcupine / Nordamerikanischer Baumstachler
Pronghorn / Gabelbock

Raccoon / Nordamerikanischer Waschbär
Red Fox / Rotfuchs
Red Squirrel / Rothörnchen
Ringtail / Nordamerikanisches Katzenfrett
River Otter / Nordamerikanischer Fischotter
Rock Squirrel / Felsenziesel
Roosevelt Elk / Roosevelt-Hirsch
Round-tailed Ground Squirrel / Rundschwanzziesel

Sea Otter / Seeotter
Short-tailed Shrew / Kurzschwanzspitzmaus
Snowshoe Hare / Schneeschuhhase
Stellers Sea Lion / Stellers Seelöwe
Striped Skunk / Streifenskunk

Uinta Ground Squirrel / Spermophilus armatus
Utah Prairie Dog / Utah-Prairiehund

Western Spotted Skunk / Westlicher Fleckenskunk
West Indian Manatee / Nagel-Manati
White-footed Mouse / Weißfußmaus
White-tailed Antelope Squirrel / Weißschwanz-Antilopenziesel
White-tailed Deer / Weißwedelhirsch
Wolverine / Vielfraß
Woodchuck / Waldmurmeltier

Yellow-bellied Marmot / Gelbbäuchiges Murmeltier
Yellow Pine Chipmunk / Gelber Fichten-Chipmunk

Register

Fett gedruckte Seitenzahlen verweisen auf Fotos, schräg gedruckte auf Essays (im Text blau unterlegt). Seitenzahlen mit dem Zusatz »ff.« bezeichnen den Beginn eines Hauptreiseziels.

Tier- und Pflanzennamen

Orte, Gebiete, Nationalparks

Die Natur als Reiseziel

Pressestimmen zur Reihe »Reiseführer Natur«:

»Besser, informativer und übersichtlicher kann man es eigentlich nicht machen...«
Die Zeit

»...ein Muß für jeden Naturliebhaber...«
Frankfurter Rundschau

»...attraktiv und übersichtlich gestaltet, zudem kenntnisreich, nie aber langweilend verfaßt...«
Frankfurter Allgemeine Zeitung

»...sehr ansprechend aufgemacht...«
Süddeutscher Rundfunk

»...eine ausgezeichnete Reihe...«
Bayerisches Fernsehen

»...schöne Reiseführer, die man nicht nur gern und mit Gewinn vor Ort in die Hand nimmt. Sie laden auch ein, in Gedanken zu reisen oder einfach darin zu schmökern...«
Das Tier

Bereits erschienen:

Afrika, Südliches • Alaska • Australien • Brasilien, Venezuela • Frankreich, Südliches • Galapagos • Griechenland – Festland und Küste • Indien • Island • Kanada • Kanarische Inseln • Malaysia • Mallorca, Menorca, Ibiza, Formentera • Nepal, Sikkim und Bhutan • Neuseeland • Ostafrika • Schottland mit England und Wales • Seychellen, Mauritius • Skandinavien, Nördliches, mit Finnland • Skandinavien, Südliches • Spanien • Türkei • USA

In Vorbereitung:

Südwesten der USA

Im BLV Verlag finden Sie Bücher zu folgenden Themen: Garten und Zimmerpflanzen • Natur • Heimtiere • Jagd • Angeln • Pferde und Reiten • Sport und Fitneß • Tauchen • Reise • Wandern, Bergsteigen, Alpinismus • Essen und Trinken • Gesundheit, Wohlbefinden, Medizin

BLV

Wenn Sie ausführliche Informationen wünschen, schreiben Sie bitte an:

BLV Verlagsgesellschaft mbH • Postfach 400320 • 80703 München
Telefon 089/12705-0 • Telefax 089/12705-543